Contenuti

Panoramica.

Era una scena orribile. Un uomo armato teneva in ostaggio adulti e bambini in una metropolitana di New York. Proprio quando sembrava certo che qualcuno sarebbe stato ferito o colpito, un passeggero maschio della stessa corporatura dell'uomo armato lo sfidò e gli strappò l'arma. Questo atto eroico ci dà un'idea dello scopo e dell'intensità delle emozioni umane.

Questi gesti suggeriscono che i sentimenti e le emozioni profonde possono fungere da guida necessaria quando gli esseri umani si trovano di fronte a situazioni troppo importanti per affidarsi all'intelletto. Le situazioni che scatenano queste risposte emotive sono.

- Affrontare il pericolo, vivere una
- perdita dolorosa, perseguire gli
- obiettivi nonostante le battute
- d'arresto, legarsi agli amici e
- costruire una famiglia.

domanda

La seguente affermazione è vera o falsa?

L'emozione non è importante quanto la logica nelle situazioni in cui si devono prendere decisioni.

Opzione.

1. vero

2. pseudo

Risposta.

In realtà, sia le emozioni che la logica sono importanti nel processo decisionale.

Opzione 1: Questa affermazione non è corretta. Nelle situazioni che comportano un processo decisionale, affidarsi alla sola logica non è più saggio che affidarsi all'emozione e al pensiero razionale insieme.

Opzione 2: Questa affermazione non è corretta. In tutte le situazioni decisionali e di azione, le emozioni sono altrettanto importanti, se non di più, del pensiero razionale.

In tutte le situazioni decisionali e comportamentali, le emozioni sono altrettanto o più importanti del pensiero razionale. In effetti, nella

- valutazione del comportamento e del potenziale umano si è data
- troppa importanza al pensiero razionale (QI).

Questo libro vi aiuterà a comprendere la teoria dell'intelligenza emotiva e ad esplorarne i fondamenti, esaminando le quattro aree seguenti

Lo scopo delle emozioni, la gestione delle emozioni, l'impatto dell'intelligenza emotiva

- e cosa serve per diventare colti
- emotivamente.

È possibile misurare la propria intelligenza solo con un test del QI o i punteggi del SAT determinano il successo sul lavoro?

domanda

In realtà, la maggior parte degli studi ha dimostrato che il QI non predice con precisione il successo sul posto di lavoro. Ci sono altri fattori che influenzano il successo sul lavoro. Quali dei fattori indicati pensa che influiscano sulla sua efficienza lavorativa?

Opzione.

1. conoscere bene se stessi e le proprie capacità

2. leva

3. Capacità di controllo emotivo.

4. capacità di leggere le persone

risposta

In effetti, la comprensione di se stessi e degli altri è un fattore chiave. Le capacità di motivazione, controllo emotivo e comprensione delle emozioni altrui possono fare la differenza per i vostri coetanei.

Opzione 1: Questa risposta è corretta. Avere una buona conoscenza di sé e delle proprie capacità aiuta a distinguersi sul lavoro. Infatti, conoscere i propri punti di forza e di debolezza significa essere onesti con se stessi e con chi ci circonda.

Opzione 2: Questa risposta è corretta. Perché credete in ciò che l'azienda rappresenta e vi sforzate di raggiungere e superare gli obiettivi dell'azienda.

Opzione 3: Questa risposta è corretta. Il controllo delle proprie emozioni influisce sul successo lavorativo, in quanto consente di essere proattivi nelle situazioni difficili e di interagire in modo produttivo e appropriato con clienti e colleghi.

Opzione 4: Questa risposta è corretta. La comprensione delle emozioni altrui può influire sul vostro successo al lavoro, in quanto sarete in grado di anticipare le esigenze e gli stati d'animo degli altri.

Le ricerche dimostrano che l'intelligenza emotiva gioca un ruolo importante quanto, o addirittura più, del QI. Migliorare le vostre capacità relazionali avrà un impatto positivo sulla vostra carriera. In questo libro esplorerete

- Che cos'è l'intelligenza emotiva, come
- valutare realisticamente se stessi, perché è
- importante controllare le proprie emozioni
- e come l'automotivazione influisce sulla
carriera.

I gruppi sono comuni sul posto di lavoro. Perché alcuni gruppi hanno successo e altri falliscono?

I membri del team sviluppano una cultura che contribuisce fortemente al loro successo. Alcuni gruppi hanno un'atmosfera stimolante e adattabile. Altri hanno un'atmosfera negativa che resiste al cambiamento e inibisce la crescita.

La capacità di gestire le emozioni in modo appropriato e di lavorare bene con gli altri è nota come intelligenza emotiva. Questa capacità è un fattore di successo per un team.

La partecipazione e la cooperazione sono fondamentali per il successo di un team. Questa pubblicazione analizza l'importanza di queste caratteristiche per il raggiungimento degli obiettivi del gruppo. Esamina inoltre i seguenti punti.

- Le competenze necessarie per essere un membro efficace del
- team, le tecniche per gestire le emozioni, come valutare
- l'intelligenza emotiva del team e le strategie per migliorare
- l'intelligenza emotiva del team.

Le buone squadre non nascono dal nulla. Sono composti dalle persone giuste nei posti giusti. Questi team hanno il sostegno e l'incoraggiamento necessari per avere successo. I membri del team si impegnano per il successo del gruppo e si sforzano di migliorare la propria capacità di avere successo nel frenetico ambiente aziendale di oggi. Questa pubblicazione vi aiuterà a contribuire efficacemente alla crescita del vostro team.

Le persone di maggior successo sono "intellettuali"? O hanno un altro tipo di cervello per prosperare sul posto di lavoro?

Come possiamo aumentare l'"intelligenza umana"? Innanzitutto, è necessario avere una buona conoscenza dell'intelligenza emotiva. Poi bisogna capire come e cosa migliorare. Questo documento esamina quanto segue.

- La differenza tra intelligenza emotiva e intelligenza
- intellettuale, perché l'intelligenza emotiva è
importante sul lavoro, l'origine dell'intelligenza emotiva
e come aumentare l'intelligenza emotiva.

Nel mondo del lavoro di oggi, per andare d'accordo con gli altri è necessaria l'intelligenza emotiva. Le "star" che vi circondano si distinguono dagli altri perché sanno usare le emozioni in modo efficace. Molte persone credono che le emozioni siano reazioni automatiche sulle quali non hanno alcun controllo. In realtà, le emozioni sono determinate da come si pensa. Esistono tecniche specifiche per imparare a controllare le emozioni. Questo libro vi fornirà le competenze necessarie per migliorare la vostra intelligenza emotiva.

L'intelligenza emotiva è un concetto ben noto. Ma che rapporto ha con la vostra efficacia come leader? Questa pubblicazione approfondisce l'importanza dell'intelligenza emotiva per i leader di oggi. Esamina.

- Perché i leader hanno bisogno di intelligenza
- emotiva, come sviluppare l'intelligenza emotiva,
- perché è importante sviluppare i subordinati e
- come aumentare l'intelligenza emotiva degli altri.

Questo libro fornisce una guida passo passo per migliorare la vostra efficacia come leader. Imparerete tecniche comprovate per migliorare le relazioni con i vostri subordinati. Troverete anche strategie di leadership che vi aiuteranno a ottenere di più con meno stress.

Capitolo 1: Definizione di intelligenza emotiva.

Questo capitolo esplora le basi dell'intelligenza emotiva sviluppando una comprensione della teoria dell'intelligenza emotiva ed esaminando le seguenti quattro aree.

- Obiettivi emotivi.
- Controllare le emozioni.

- Impatto dell'intelligenza emotiva.
- Cosa serve per sviluppare l'alfabetizzazione emotiva.

Obiettivi emotivi.

Cosa succede nel cervello quando le persone si commuovono fino alle lacrime? Quali reazioni e comportamenti avvengono nel cervello quando le persone sono furiose e perché le persone con un QI medio ottengono grandi successi e quelle con un QI alto falliscono miseramente?

Questa attenzione agli aspetti più emotivi della questione ha affascinato la comunità scientifica per molti anni.

Una nuova ricerca ha portato dati neurobiologici che danno uno sguardo al funzionamento interno del cervello. Questi dati rivelano il funzionamento dei centri di controllo emotivo e mettono in discussione la convinzione che il QI determini il successo.

Qualità come l'autocontrollo, la motivazione e la persistenza, cioè l'intelligenza emotiva, si stanno dimostrando altrettanto o più importanti del QI.

domanda

Perché queste qualità di "intelligenza emotiva" sono importanti per determinare l'intelligenza di un individuo? Selezionare tutte quelle che rivelano l'importanza dell'intelligenza emotiva.

Opzione.

1.   L'intelligenza emotiva contribuisce alla capacità di automotivarsi di un individuo.

2.   I punteggi del QI possono essere migliorati aumentando l'intelligenza emotiva.

3.   L'intelligenza emotiva svolge un ruolo importante nel controllo degli impulsi.

4.   Le emozioni prevalgono sulla logica in situazioni di alti e bassi emotivi. **Risposta.**

In effetti, l'intelligenza emotiva è associata a tutte le aree sopra citate, ad eccezione di punteggi di QI più elevati.

Opzione 1: Corretto. Un aspetto importante dell'intelligenza emotiva è il suo contributo alla capacità di automotivarsi di un individuo. Ad esempio, una persona con un QI elevato può essere più motivata ma avere meno successo di una persona con un QI basso.

Opzione 2: Questa risposta non è corretta. L'intelligenza emotiva non influisce sui punteggi del QI.

Opzione 3: Questa risposta è corretta. Il controllo degli impulsi (o autocontrollo) è solo una delle numerose caratteristiche che predicono e misurano l'intelligenza emotiva, ed è altrettanto importante, se non di più, del QI.

Opzione 4: Questa risposta è corretta. In momenti altamente emotivi, il corpo è condizionato a reagire con le emozioni piuttosto che con la logica. Si pensi, ad esempio, alla risposta "scappa o combatti".

In questa lezione, Scopo emozionale, capirete il ruolo importante che le emozioni svolgono nel determinare il successo dell'esperienza di vita di un individuo. In questa lezione imparerete a conoscere le seguenti aree.

- Il funzionamento delle emozioni, i centri di
- controllo emotivo, l'intelligenza emotiva e
- il QI.

Maria si svegliò di soprassalto. Il sangue le affluì agli occhi e i suoi sensi si acuirono. Si guardò rapidamente intorno alla casa, alla ricerca di qualsiasi motivo di preoccupazione.
Pochi secondi prima, era stata svegliata dal rumore di frammenti di vetro. C'era qualcuno in casa? Poteva esserci un intruso? La sua gatta Muffy miagolò e Maria vide il suo vaso preferito in frantumi sul pavimento della sala da pranzo. Tirò un sospiro di sollievo quando si rese conto che era stata Muffy a fare il rumore e non un intruso.

Le reazioni fisiche di Maria erano il risultato della paura. Tali reazioni fisiche sono insite nel sistema nervoso. Per l'uomo primitivo, queste reazioni erano spesso la differenza tra la vita e la morte. Nei tempi moderni, a volte si scontrano con le reazioni razionali. In questa sezione imparerete a conoscere le reazioni fisiologiche.

- Rabbia Paura
- Amore e felicità
- Sorpresa Disgusto
- Tristezza
-

Ogni emozione è un impulso ad agire. Forse avete sentito parlare della risposta "lotta o fuga". Ogni emozione svolge un ruolo unico nel preparare il corpo a una determinata risposta. Una delle emozioni più forti che si provano è la rabbia.

Per ulteriori informazioni, vedere le risposte fisiologiche individuali alla rabbia.

Risposta di "lotta".

Quando le persone sono arrabbiate, il sangue scorre sulle loro mani. Lo scopo originario è quello di prendere le armi, cioè di facilitare la risposta di "lotta".

adrenalina

Quando si è arrabbiati, la frequenza cardiaca aumenta, l'adrenalina viene rilasciata e si genera energia per un'azione intensa.

Strettamente correlata alla rabbia è la paura, o risposta di "fuga". Un improvviso aumento degli ormoni fa sì che il corpo sia in stato di allerta, si blocchi temporaneamente per poi essere pronto all'azione. Il sangue passa dal viso ai grandi muscoli, rendendo più facile la fuga. Queste reazioni permettevano agli uomini primitivi di concentrarsi sulla minaccia che avevano di fronte e di decidere se nascondersi o fuggire. Questo comportamento non è solitamente necessario nelle culture moderne, ma queste risposte fisiologiche si verificano ancora.

Per identificare la risposta "lotta e fuga", pensate a come reagireste se foste in attesa al semaforo e all'improvviso qualcuno iniziasse a bussare al finestrino della vostra auto. Probabilmente vi blocchereste per un attimo, stringereste un po' più forte il volante e comincereste subito a considerare le vostre opzioni. **Domanda.**

Quali emozioni sono coinvolte nella risposta "lotta o fuga"? **Opzioni.**

1. rabbia

2. essere spaventati

3. sorpresa

4. sentimenti spiacevoli (ad esempio odio, disgusto, repulsione, paura)

risposta

La risposta corretta indica le due emozioni che scatenano la mobilitazione "lotta o fuga".

Opzione 1: Questa risposta è corretta. La rabbia innesca una risposta di "lotta o fuga". Questo perché quando le persone sono arrabbiate, il sangue affluisce alle mani e la frequenza cardiaca aumenta.

Opzione 2: Corretto. La paura è coinvolta nella risposta "lotta o fuga". Il sangue fluisce dal viso ai grandi muscoli, facilitando la corsa e consentendo alle persone primitive di concentrarsi sulla minaccia di fronte a loro e di decidere se nascondersi o fuggire.

Opzione 3: Non è corretto. La sorpresa fa parte di una serie di emozioni che scatenano una forte risposta fisiologica, ma non è coinvolta nella risposta "lotta o fuga".

Opzione 4: Non è corretto. Il disgusto non è associato alla risposta "lotta o fuga". L'arricciamento del labbro superiore e il corrugamento del naso sono un tentativo dell'uomo primitivo di resistere agli odori nocivi o di sputare il cibo velenoso.

La rabbia e la paura fanno parte dello spettro delle emozioni. Altre emozioni che provocano reazioni fisiologiche diverse sono l'amore, la felicità, la sorpresa, il disgusto e la tristezza. Tenete presente che le persone non sempre esprimono le loro emozioni, ma alla base di esse ci sono reazioni fisiologiche.

Per maggiori informazioni, vedere le altre emozioni fondamentali radicate negli esseri umani.

Amore e felicità

L'amore e la felicità sono indicati da una sensazione generale di calma e appagamento. I segnali cerebrali sopprimono le emozioni negative e aumentano l'energia.

sentimenti spiacevoli (ad esempio odio, disgusto, repulsione, paura)

Il disgusto si esprime arricciando il labbro superiore e arricciando il naso. È quello che fanno gli uomini primitivi per tollerare gli odori sgradevoli o sputare il cibo velenoso.

pesciolini d'argento (Lepisma saccharina)

Il lutto produce una diminuzione della vitalità e dell'entusiasmo e altera il metabolismo dell'organismo. Spesso è accompagnato da lacrime. **Sorpresa.**

Il corpo reagisce alla sorpresa sollevando le sopracciglia per permettere alla luce di raggiungere la retina, consentendo di vedere un'area più ampia. Ciò era necessario agli uomini primitivi per valutare gli eventi inattesi e pianificare le azioni da intraprendere.

domanda

Le emozioni scatenano una serie di risposte fisiologiche, alcune delle quali sono presentate qui. Collegate ogni emozione a una o più reazioni che provoca.

Opzione.

A. sentimenti spiacevoli (ad esempio odio, disgusto, repulsione, paura)

B. amore

C. essere spaventati

D. **obiettivo** amore

1. zampe di gallina

2. mettere tutto il proprio cuore e la propria anima in qualcosa

3. Rafforzare la cooperazione

4. versare lacrime

5. congelamento (per paura)

Risposta.

Una risposta fisiologica al disgusto è un leggero arricciamento del naso, che è il tentativo dell'uomo delle caverne di resistere agli odori sgradevoli.

La risposta fisiologica alla paura è che il corpo entra in uno stato generale di allerta, pronto all'azione. Il sangue passa dal viso ai grandi muscoli, facilitando la corsa.

Le risposte fisiologiche all'amore promuovono la cooperazione e un senso generale di calma e soddisfazione. I segnali cerebrali sopprimono le emozioni negative e promuovono un aumento dell'energia.

Le lacrime scorrono come risposta fisiologica al lutto. Si verifica una diminuzione dell'energia e dell'entusiasmo e una riduzione del metabolismo corporeo, che spesso si traduce in un flusso di lacrime.

La risposta fisiologica alla paura era il congelamento del corpo, che permetteva agli uomini primitivi di concentrarsi sulla minaccia di fronte a loro e di decidere se nascondersi o fuggire.

Le reazioni fisiche sono incorporate nel sistema nervoso fin dai tempi primitivi. Sebbene siano essenzialmente un meccanismo di sopravvivenza, nella società moderna emozioni come quelle elencate possono interferire con il pensiero razionale e offuscare il giudizio.

- Rabbia Paura
- Amore e felicità
- Sorpresa
- Disgusto
- Tristezza
-

Otafuku e Kinashi stavano discutendo dei recenti avvenimenti nella carriera di Kinashi. Kinashi era stata scartata per una promozione che pensava di ottenere sicuramente; tre mesi dopo, si sentiva a suo agio con l'idea e si godeva la sua attuale posizione.

Tuttavia, quando ha detto a Otaku che era contenta di non aver ottenuto una promozione, ha alzato la voce e le sono venuti gli occhi lucidi. Chi vuole una vita così stressante?", alzò la voce e le lacrimarono gli occhi.

Tuttavia, per una persona emotivamente carica, il messaggio ha un doppio significato. La mente razionale di Kinashi pensa bene delle sue esperienze. Ma la mente emotiva di Kinashi è più impulsiva, a volte illogica, e ha un potere che contraddice le parole di Kinashi.

Quando Kinashi parlava con Otaku, erano in gioco sia la ragione che l'emozione.

Ogni essere umano ha due menti, per così dire: la mente emotiva e la mente razionale. Queste due menti sono spesso chiamate "testa" e "cuore". Imparate ad approfondire il funzionamento del centro di controllo emozionale.

- Come funziona la mente emotiva, come
- funziona la mente razionale e come
- interagiscono la mente emotiva e quella

razionale.

La mente emotiva e quella razionale interagiscono tra loro per costruire la vostra vita spirituale. Normalmente, la mente emotiva e quella razionale lavorano in armonia e in equilibrio.

Per ulteriori informazioni sulle funzioni, consultare i singoli tipi di mente.

mente emotiva

La mente emotiva si trova nell'amigdala, che alimenta e guida la mente razionale.

Mente razionale

La ragione nella neocorteccia affina e talvolta scavalca gli input provenienti dalle emozioni.

L'amigdala e la neocorteccia lavorano normalmente insieme, ma quando le emozioni sono elevate, l'amigdala prende il sopravvento sulla mente razionale. Quando le emozioni sono forti, l'amigdala svolge un ruolo importante nella risposta di una persona.

Esaminate una selezione di ogni funzione dell'amigdala per vedere come Dale, una sera, stava andando verso la sua auto quando ha incontrato una figura sospetta.

L'amigdala di Dale iniziò a elaborare i segnali sensoriali per determinare se la situazione fosse minacciosa. In caso affermativo, l'amigdala inviava messaggi di avvertimento al resto del cervello e del corpo.

tendenza

Se la Dale decide che la situazione è minacciosa, l'amigdala agisce come un cane da guardia, allertando rapidamente il corpo e preparandolo all'azione.

Facilitazione.

L'amigdala di Dale facilita la risposta "combatti o fuggi" del suo corpo, rilasciando gli ormoni necessari che gli consentono di muoversi e pensare rapidamente mentre agisce come cane da guardia.

Motivazione del sorpasso.

Oltre a scansionare, mettere in guardia e facilitare le risposte, l'amigdala di Dale dominerebbe ampie parti del cervello, compresa la neocorteccia (o mente razionale).

Un esempio interessante di come l'amigdala motiva il movimento è stato visto in un articolo di cronaca. Una donna su una sedia a rotelle elettrica stava attraversando un binario ferroviario quando un treno si è avvicinato e la sua sedia a rotelle è rimasta incastrata nei binari. Un automobilista di passaggio ha visto la sua situazione, è saltato fuori dalla sua auto e ha liberato la sedia a rotelle pochi secondi prima del passaggio del treno. La sedia a rotelle è stata danneggiata, ma né la donna né il samaritano sono rimasti feriti. Perché questa persona ha rischiato la propria vita per cercare di salvare un estraneo? Amigdala.

domanda

Il centro di controllo emotivo del cervello è una componente essenziale dell'intelligenza emotiva. Quale affermazione descrive la funzione del centro di controllo emotivo?

Opzione.

1. Il centro di controllo delle emozioni si trova nell'amigdala.
2. La neocorteccia è responsabile di tutti i ricordi emotivi.
3. L'ippocampo monitora costantemente gli eventi che potrebbero causare problemi.
4. Quando l'amigdala rileva un problema, fa scattare un allarme in diverse parti del corpo.

risposta

Il centro di controllo delle emozioni si trova nell'amigdala, responsabile della memoria emotiva. L'amigdala agisce come una sentinella, monitorando gli eventi.

Opzione 1: Questa risposta è corretta. La mente emotiva o centro di controllo si trova nell'amigdala, che alimenta la mente razionale e ne guida il comportamento.

Opzione 2: Questa risposta non è corretta. La neocorteccia è coinvolta nel pensiero razionale piuttosto che in quello emotivo. La neocorteccia affina e talvolta annulla gli input della mente emotiva.

Opzione 3: Questa risposta non è corretta. L'ippocampo non è coinvolto né nel pensiero emotivo né in quello razionale.

Opzione 4: Questa opzione è corretta. Quando il Centro di controllo emozionale rileva un problema, lancia un allarme alle varie parti del corpo, invitandole a prepararsi rapidamente all'azione.

La "testa" e il "cuore", queste due menti, sono sempre presenti in ogni situazione che si incontra. Il modo in cui ogni situazione viene vissuta dipende dal grado di emozione coinvolto e dall'area appena esaminata.

- Il funzionamento della mente emotiva, il
- funzionamento della mente razionale e
-

l'interazione tra la mente emotiva e quella
razionale.

Dave e John si sono appena laureati. Dave ha un QI di 20 punti superiore a quello di John, è impaziente e vuole tutto subito. John, invece, è in grado di sopprimere i suoi desideri immediati per raggiungere un obiettivo più grande. Inoltre, John ha la capacità di empatizzare con gli altri fin dall'infanzia.

Secondo lei, chi ha ottenuto un punteggio più alto all'esame SAT per l'ammissione all'università? Chi pensa che avrà più successo nella sua carriera?

John ha un punteggio SAT più alto e ha maggiori probabilità di avere successo nella sua carriera. Ha un'intelligenza emotiva più elevata, che è un indicatore di successo nella vita migliore del QI. In questa sezione si apprenderanno le seguenti informazioni.

- Elementi di intelligenza emotiva e quoziente intellettivo,
- caratteristiche delle persone con intelligenza emotiva e
- quoziente intellettivo elevati e come l'intelligenza di ogni

persona contribuisce al successo nella vita.

Il QI misura le capacità intellettuali di una persona ed è generalmente stabile nel corso della vita. Si ritiene che rappresenti circa il 20% dei fattori determinanti per il successo nella vita Le persone con un QI elevato sono caratterizzate da un'ampia gamma di abilità e interessi intellettuali, da sicurezza e scioltezza nell'esprimere pensieri e opinioni, da una tendenza all'ansia e alla preoccupazione e da una natura critica Il QI è composto da diverse abilità mentali.

Rivedere la definizione di ciascuna capacità mentale.

Comprensione linguistica - capacità di comprendere e definire le parole
Fluenza linguistica - capacità di richiamare velocemente le parole, ad esempio in modo rapido.

Completare cruciverba o tenere discorsi estemporanei **Numeracy** - capacità di risolvere problemi matematici **Abilità spaziali** - capacità di visualizzare oggetti e disegnare a memoria

Memoria - la capacità di ricordare e rievocare le informazioni

Percezione - la capacità di notare i dettagli e di individuare somiglianze e differenze

Ragionamento differenziale - capacità di seguire le regole generali

L'intelligenza emotiva comprende un'ampia gamma di abilità, tra cui il riconoscimento delle proprie emozioni, la capacità di regolare l'umore, il riconoscimento delle emozioni altrui, la motivazione di fronte alla frustrazione, il controllo degli impulsi e la gratificazione ritardata e l'empatia. L'intelligenza emotiva contribuisce a circa l'80% dei fattori che predicono il successo nella vita.

Dotato di un'elevata intelligenza emotiva, Jeffery è calmo, estroverso e allegro. Entra in empatia con gli altri, esprime i suoi sentimenti apertamente ma in modo appropriato e ha la capacità di costruire relazioni.

Domanda 1 di 3 casi di studio

scenario

Per comodità, gli esempi sono ripetuti in ogni domanda.

Questo caso di studio illustra l'intelligenza emotiva e il QI in azione. Mark e Christy lavorano insieme. Christy è una persona sicura di sé, che ha sempre ragione. Ha grandi idee, ma spesso mette a disagio le persone. Mark è riservato e non sembra essere molto proattivo. Tuttavia, è spesso perspicace durante le riunioni ed è particolarmente bravo a far funzionare i team in modo efficace. Christy e Mark hanno incontrato un problema. Christy si sforza di risolverlo da sola, mentre Mark prende il telefono e chiama un collega fidato.

Considerate il livello di intelligenza emotiva di Mark e Christy rispondendo alla domanda.

domanda

Quale delle due persone del caso di studio è considerata dotata di un'intelligenza emotiva superiore? **Opzioni.**

1. marchio
2. Christie.

Risposta.

In effetti, Mark è un individuo che dimostra un livello superiore di intelligenza emotiva.

Opzione 1: Corretta. Mark ha un alto livello di intelligenza emotiva grazie alla sua capacità di regolare il proprio stato d'animo, motivare se stesso e gli altri ed entrare in empatia. Non si fa prendere dal panico di fronte ai problemi.

Opzione 2: non corretta. Christy è sicura di sé e supponente e ha un basso livello di intelligenza emotiva - e di solito ha ragione. Ha grandi idee, ma spesso mette in difficoltà le persone e si scontra con i problemi che incontra.

Studio di caso 2 di 3 domande.

Quale delle seguenti caratteristiche è indicativa dell'intelligenza emotiva di Mark?

Opzione.

1. Buona capacità di creare team

2. cuore pesante

3. Prestare attenzione a se stessi 4. Osservare e trarre conclusioni

Risposta.

Le capacità di team building e di osservazione, così come la capacità di trarre conclusioni, dimostrano l'intelligenza emotiva di Mark.

Opzione 1: Questa risposta è corretta. Uno dei tratti che dimostrano l'intelligenza emotiva di Mark è che è un buon costruttore di squadre. Questo è possibile grazie alla sua capacità di costruire relazioni e di entrare in empatia.

Opzione 2: Questa risposta non è corretta. L'essere incline all'ansia non è una delle caratteristiche di Mark, ma un esempio di un QI più elevato piuttosto che di un'intelligenza emotiva.

Opzione 3: Questa risposta non è corretta perché i marchi con un'elevata intelligenza emotiva tendono ad apparire riservati e non coinvolti piuttosto che attirare l'attenzione su di sé.

Opzione 4: Questa risposta è corretta. Mark esprime la sua intelligenza emotiva perché trae conclusioni dopo un'attenta osservazione. In altre parole, è in grado di esprimere le sue emozioni in modo diretto ma appropriato.

Domanda 3 di 3 Studio di caso.

Come può Christy avere successo sul lavoro sviluppando la sua intelligenza emotiva?

Opzione.

1. Un'attenta riflessione può essere utile per far capire il punto di vista di qualcuno.
2. Risolvere i problemi più velocemente
3. sentirsi più sicuri di sé

risposta

Christie ha beneficiato della capacità di risolvere i problemi più rapidamente e di sentirsi meno ansiosa e criticata.

Opzione 1: Questa risposta non è corretta. Christie è già molto apprezzato per le sue idee, ma spesso dà fastidio alle persone, il che è caratteristico del suo alto quoziente intellettivo e della sua bassa intelligenza emotiva.

Opzione 2: Corretta. Lo sviluppo dell'intelligenza emotiva consentirà a Christie di risolvere i problemi più rapidamente, poiché sarà meno critica e più disposta a coinvolgere gli altri nel processo decisionale.

Opzione 3: Questa risposta è corretta. Lo sviluppo dell'intelligenza emotiva aumenta la capacità di Christie di regolare il proprio umore, in modo da sentirsi meno ansiosa e criticata.

domanda

Distinguere tra intelligenza emotiva e QI. Applicare una o più affermazioni appropriate a ciascun tipo di intelligenza.

Opzione.

A. Intelligenza emotiva

B. **Obiettivi del** QI

1. comprende la comprensione della lingua e la fluidità delle parole
2. è caratterizzato da "calma e leggerezza".
3. include l'essere motivati dalle battute d'arresto
4. 20% dei fattori di successo 5. Caratterizzato da assertività ed emozioni positive

Risposta.

Il QI comprende la comprensione del linguaggio (la capacità di comprendere e definire le parole) e la fluidità del linguaggio (la capacità di ricordare rapidamente le parole).

L'intelligenza emotiva è caratterizzata da calma e allegria, che sono molto importanti quando ci si relaziona con i colleghi.

L'intelligenza emotiva comprende anche la capacità di rialzarsi di fronte alle difficoltà. Questa caratteristica è fondamentale nel mondo degli affari, dove le difficoltà sono all'ordine del giorno.

Il QI contribuisce al 20% dei fattori che determinano il successo; il QI misura la capacità intellettuale di una persona ed è generalmente stabile nel corso della vita.

L'intelligenza emotiva, caratterizzata da assertività ed emozioni positive, aiuta ad ascoltare le idee.

L'intelligenza emotiva è un indicatore più preciso del successo nella vita rispetto al QI.

Lo è. Fortunatamente, è un'abilità che si sviluppa più facilmente della pura capacità intellettuale. In questo segmento avete imparato.

* Elementi di intelligenza emotiva e di quoziente
* intellettivo, caratteristiche delle persone con intelligenza
* emotiva e quoziente intellettivo elevati e come ciascuna

intelligenza contribuisce al successo nella vita.

Controllare le emozioni.

Oggi lo chiamiamo "controllo". In passato si chiamava moderazione. In ogni caso, l'essenza della "gestione delle emozioni" consiste nello sviluppare la capacità di reagire in modo appropriato nelle diverse situazioni.

Mantenere l'equilibrio emotivo e controllare le emozioni eccessive è la chiave del benessere emotivo. Le situazioni altamente stimolanti dal punto di vista emotivo possono ostacolare una vita produttiva e soddisfacente. Tuttavia, piuttosto che cercare di eliminare le reazioni emotive, la vita ha i suoi alti e bassi, le sue gioie e i suoi dolori, le sue cose belle e brutte.

Sviluppare la capacità di suscitare risposte emotive adeguate è un'abilità importante per la vita. Che vi piaccia o no, passate la maggior parte della vostra vita a cercare di controllare i vostri stati d'animo e le vostre emozioni.

domanda

Il raggiungimento dell'equilibrio di vita richiede la capacità di gestire le proprie emozioni. Quale affermazione è vera riguardo al valore della gestione delle emozioni?

Opzione.

1. Controllare le emozioni può aiutare a non sentirsi in colpa.
2. La soppressione emotiva può essere ottenuta gestendo le emozioni.
3. Il controllo delle emozioni può aiutare a raggiungere l'equilibrio.
4. Il controllo delle emozioni può ridurre l'impatto della rabbia e della preoccupazione.
5. Il controllo delle emozioni può aumentare la soddisfazione e la felicità nella vita.
6. Il controllo delle emozioni è un'abilità importante per diventare intelligenti dal punto di vista emotivo.

risposta

Infatti, controllando le nostre emozioni, possiamo ridurre e bilanciare gli effetti della rabbia e della preoccupazione e sviluppare una maggiore intelligenza emotiva.

Opzione 1: Questa risposta non è corretta. In alcune situazioni ci si può sentire ancora male, ma la gestione delle emozioni può aiutare a mantenere questi sentimenti appropriati.

Opzione 2: Questa risposta non è corretta. Quando le emozioni vengono represse, si perde il senso di equilibrio.

Opzione 3: Questa risposta è corretta. La gestione delle emozioni aiuta a mantenere l'equilibrio emotivo. La capacità di controllare le emozioni eccessive è la chiave del benessere emotivo.

Opzione 4: Questa risposta è corretta. Limitare gli effetti della rabbia e della preoccupazione significa condurre una vita produttiva e soddisfacente.

Opzione 5: Questa risposta non è corretta. Nulla nella vita garantisce la soddisfazione e la felicità, ma la gestione delle emozioni può aiutare a raggiungere questo obiettivo.

Opzione 6: Questa risposta è corretta. Lo sviluppo dell'intelligenza emotiva aiuta a coltivare risposte emotive appropriate in una varietà di situazioni.

In questa lezione sulla "Gestione delle emozioni", capirete il valore e la necessità dell'equilibrio emotivo. Verranno esplorate le seguenti aree.

- Conoscere se stessi, analizzare
- la rabbia, gestire l'ansia e le
- preoccupazioni.

Immaginate di essere intrappolati in un ascensore di un grattacielo di 50 piani insieme a molte altre persone. Gli allarmi suonano e l'ascensore di tanto in tanto si scuote e rimbalza, mettendo in agitazione i passeggeri.

Cosa pensate di fare in una situazione del genere? Lo fareste.

- Leggere un libro o conversare con altri passeggeri in attesa dei
- soccorsi. Leggere attentamente le istruzioni di sicurezza riportate sulla bacheca dell'ascensore o sul telefono di emergenza?

Le vostre reazioni alle esperienze emotive intense rivelano la vostra posizione emotiva preferita nei confronti dello stress e delle situazioni difficili. In questa sezione imparerete a conoscere i tre stili distintivi che le persone utilizzano per affrontare le emozioni.

- Inclusività
- Consapevolezza di sé
-

Le persone consumate dalle emozioni hanno spesso la sensazione di non avere alcun controllo sui propri stati d'animo. Tendono a "lasciar correre" le emozioni, a reagire in modo eccessivo e a pensare al peggio.

Le persone sono "in preda al panico" quando sono guidate dalle emozioni, come quando un ascensore si ferma e cercano freneticamente una via d'uscita prima di considerare le proprie opzioni.

Le persone che accettano i propri sentimenti raramente cercano di cambiarli. Queste persone sono consapevoli dei loro sentimenti, ma non credono di poterlo fare o non sono disposte a farlo.

Per ulteriori informazioni, vedere le singole tipologie di individui emotivamente ricettivi.

Tipo 1

Questo tipo di "accettatore" è una persona che è sempre di buon umore e quindi non ha bisogno o motivazione a cambiare.

Tipo 2

Un altro è chi è sempre di cattivo umore, lo accetta e non fa nulla per evitarlo.

Il terzo stile di lavoro con le emozioni è l'autoconsapevolezza. Le persone autoconsapevoli pensano consapevolmente mentre vivono i loro stati d'animo. Ad esempio, c'è una differenza tra il comportarsi come se si fosse infastiditi con qualcuno e il pensare: "Sono davvero infastidito". Quando è intrappolata in un ascensore, una persona consapevole riconosce la propria paura e inizia a esplorare le opzioni a sua disposizione.

Osservate le caratteristiche di una persona consapevole di sé in ognuno di questi aspetti.

passo indietro

L'autoconsapevolezza è la capacità emotiva di base di fare un passo indietro rispetto a un'esperienza e di osservare ciò che sta accadendo, invece di esserne completamente immersi.

controllo del guadagno

La consapevolezza di sé è il primo passo per ottenere un certo controllo. Non solo siete consapevoli dei vostri stati d'animo, ma siete anche consapevoli dei vostri pensieri su questi stati d'animo. Le persone consapevoli di sé sono in grado di uscire rapidamente da un cattivo umore.

Prospettive positive.

Le persone consapevoli di sé tendono ad essere più chiare sui propri sentimenti e ad avere confini più netti. Questo porta a una migliore salute psicologica e a una visione complessivamente positiva della vita.

feedback

L'autoconsapevolezza è un'osservazione rigorosamente imparziale, ma spesso è accompagnata da pensieri come "vorrei non sentirmi così" o "non dovrei sentirmi così".

Riconoscere le emozioni

Sebbene riconoscere un'emozione ed esserne consapevoli siano due cose diverse, i due elementi sono in realtà collegati. Essere consapevoli di essere depressi significa voler essere più felici.

1 caso di studio su 2

scenario

Il neurologo Antonio Damasio fornisce un esempio interessante di autopercezione emotiva. Un paziente a cui era stato asportato un tumore al cervello subì in seguito un drammatico cambiamento di personalità. Era in grado di pensare logicamente, ma non riusciva a valutare una serie di opzioni. L'intervento chirurgico aveva interrotto il collegamento tra l'amigdala e la neocorteccia. Di conseguenza, non era in grado di riconoscere le proprie emozioni. Poteva pensare logicamente, ma non poteva prendere decisioni. Non sentiva nulla di sufficientemente forte per prendere una decisione.

Rispondendo alle domande, i pazienti possono scoprire cosa impedisce loro di prendere una decisione.

domanda

Perché i pazienti del dottor Damasio non erano in grado di prendere decisioni?

Opzione.

1. Non sono in grado di pensare in modo logico.
2. Il legame tra emozione e ragione è stato spezzato.
3. Era consumato dalle sue emozioni e non riusciva a cambiarle.
4. Non c'era più alcun incentivo a provare emozioni.

risposta

In realtà, la ragione (neocorteccia) funzionava, ma la connessione con le emozioni (amigdala) era interrotta.

Opzione 1: Questa risposta è sbagliata. Il paziente del dottor Damasio era in grado di pensare logicamente, ma non era in grado di dare valore alle sue opzioni.

Opzione 2: Questa è la risposta corretta. Il paziente del dottor Damasio aveva una neocorteccia funzionante, la mente razionale, ma non era in grado di prendere decisioni perché il collegamento con l'amigdala, la mente emotiva, era stato interrotto.

Opzione 3: errata. I pazienti del dottor Damasio non sembravano consumati dalle loro emozioni, piuttosto mancavano di consapevolezza dei loro sentimenti.

Opzione 4: Questa risposta non è corretta. La volontà del paziente di provare sentimenti non era cambiata, ma non era cambiata la sua consapevolezza dei propri sentimenti. A causa dell'operazione non poteva provare sentimenti forti e non poteva decidere in un senso o nell'altro.

Domanda 2 di 2 Studio di caso.

La consapevolezza emotiva può essere complicata se portata agli estremi. Di quali estremi soffrivano i pazienti del dottor Damasio?

Opzione.

1. completamente inghiottito 2. privo di consapevolezza di sé

Risposta.

In effetti, i pazienti del dottor Damasio non erano consapevoli di ciò che "sentivano".

Opzione 1: Questa risposta non è corretta. Se il paziente del dottor Damasio fosse stato completamente fagocitato, sarebbe stato consapevole di più emozioni di quante ne potesse gestire, invece di non averne nessuna.

Opzione 2: Questa risposta è corretta. Il paziente del dottor Damasio soffriva di una mancanza di autoconsapevolezza, perché non era consapevole di come si sentiva rispetto a ciò che stava facendo. **Domanda.**

Vengono discussi tre stili distintivi per gestire le emozioni.

Abbinare uno o più comportamenti per ogni stile. **Opzione.**

A. comprendere

B. Accettazione. Consapevolezza di sé.

1. offrire uno stipendio molto alto per un periodo di tempo molto breve
2. di buon umore
3. essere in difficoltà
4. buon o cattivo umore
5. Siate chiari sui vostri limiti **Risposta.**

Infatti, le persone coinvolte sono più propense a farsi prendere dal "panico", le persone ricettive sono meno propense a mostrare le proprie emozioni e le persone consapevoli di sé sono più propense a osservare le proprie emozioni.

Le persone ricettive hanno ben chiari i propri sentimenti, ma non cercano di cambiarli, sia perché credono di non poterli cambiare, sia perché non sono disposte a fare nulla.

Le persone consapevoli di sé hanno la capacità di uscire dal cattivo umore.

Questo perché non solo sono consapevoli dei loro stati d'animo, ma anche dei loro pensieri su questi stati d'animo.

Quando vengono inghiottiti, diventano sopraffatti e incontrollabili. Tendono a lasciar correre le emozioni, a reagire in modo eccessivo e a pensare al peggio.

Le persone che si accettano non fanno nulla per sentirsi meglio o peggio. Questo perché non c'è alcuna necessità o incentivo a cambiare.

Le persone consapevoli di sé hanno chiari i propri limiti e i propri sentimenti, il che porta a un atteggiamento positivo nei confronti della salute psicologica e della vita in generale.

Esistono diversi gradi di consapevolezza di sé. Come abbiamo appreso in precedenza, agli estremi la consapevolezza emotiva può essere complicata. Per alcuni la consapevolezza è travolgente, ma per altri è quasi inesistente. Le persone troppo attente alle proprie emozioni possono essere facilmente fagocitate, aumentando l'intensità e la gravità delle loro reazioni in situazioni di stress.

Le persone che usano la distrazione per evitare di sintonizzarsi sulle proprie emozioni tendono a essere meno consapevoli di come reagiscono alle situazioni di stress. Le loro esperienze tendono quindi a essere meno importanti. Tuttavia, un certo grado di autoconsapevolezza emotiva è fondamentale per l'intelligenza emotiva.

Joe è tornato a casa dopo una giornata difficile. Prima il suo capo lo ha rimproverato per essere arrivato in ritardo su un progetto importante. Poi, quando ha chiamato la moglie per riparare il forno, ha scoperto che lei aveva dimenticato l'appuntamento e non poteva riparare il forno. Mentre tornava a casa, un automobilista lo ha interrotto e ha quasi causato un incidente. Quando entrò dalla porta, suo figlio gli disse che aveva perso il cappello e doveva comprarne uno nuovo. Joe gridò. Non fai mai niente per me.

Joe ha agito per rabbia. Di conseguenza, si è presto pentito. Molte persone lottano per controllare la propria rabbia. In effetti, la rabbia è l'emozione più difficile da controllare. In questa sezione imparerete come

- Risposte fisiologiche alla rabbia
- Come si scatenano le reazioni fisiologiche - le comuni idee sbagliate sulla rabbia.
- Come disinnescare la rabbia

La rabbia produce nell'organismo una duplice reazione con effetti a breve termine ma duraturi. La prima reazione è la sindrome di "lotta o fuga", in cui il corpo si sente minacciato e si prepara a un possibile attacco. Allo stesso tempo, il cervello invia segnali che aumentano la sensibilità agli eventi successivi.

Per ulteriori informazioni, vedere le risposte fisiologiche individuali alla rabbia.

l'energia che si sprigiona

Quando si scatena un sentimento di rabbia, il cervello invia una scarica di energia in tutto il corpo. Questo picco dura alcuni minuti, mentre il cervello valuta la situazione.

Avvertenza generale

Nel frattempo, il sistema nervoso entra in uno stato di allerta generale che dura da poche ore a diversi giorni.

Questo stato di eccitazione prolungata spiega perché le persone si arrabbiano più rapidamente se sono già state provocate. Il sistema nervoso è più preparato ad affrontare le minacce successive. In questo modo, la rabbia si trasforma in collera.

Contrariamente a quanto si crede, c'è poco o nulla da fare per sfogare la rabbia. Anzi, è uno dei modi peggiori per calmarsi dopo uno scoppio d'ira.

Alimenta l'eccitazione emotiva nel cervello e fa sentire più forti anziché meno arrabbiati.

domanda

Quanto dura la sindrome della lotta o della fuga?

Opzione.

1. pochi minuti

2. Ore **Risposta.**

In realtà, la sindrome "combatti o fuggi" dura pochi minuti, ma l'allerta generale del sistema nervoso si protrae per diverse ore o più.

Opzione 1: Questa risposta è corretta. La sindrome "combatti o fuggi" dura diversi minuti. Questo perché il corpo si prepara a un possibile attacco nel momento in cui si sente minacciato.

Opzione 2: Questa risposta non è corretta. La risposta immediata "lotta o fuga" non dura per diverse ore, ma lo stato concomitante del sistema nervoso può durare per ore o addirittura giorni.

Esistono tre tipi di intervento che possono essere utilizzati per alleviare o eliminare la rabbia. In realtà, qualsiasi sentimento di rabbia può essere evitato del tutto se colto nelle sue fasi iniziali. Ad esempio, Marvin si era appena scagliato contro il suo capo. Man mano che la sua rabbia aumentava, diventava sempre più difficile disinnescarla. Ha perso la testa e non era sicuro delle conseguenze delle sue azioni.

Esaminate ogni suggerimento e scoprite come Marvin può aiutarvi a calmarvi.

Sfidare il pensiero.

Un modo per disinnescare la rabbia è sfidare i pensieri che l'hanno scatenata. Questo metodo è più efficace quando viene fatto a un livello iniziale o moderato di rabbia. Una volta arrabbiata, la persona non è più in grado di pensare razionalmente e può solo cercare vendetta o rivalsa.

distrazione

Le distrazioni possono aiutare a ridurre gli stati d'animo di rabbia. La televisione, i film e la lettura possono distogliere la mente dai pensieri ostili. Tuttavia, fare acquisti e mangiare può esacerbare la rabbia ricordando la situazione scatenante.

attività fisica

L'esercizio fisico, soprattutto da soli, può aiutare a distrarre la persona dalla rabbia. Anche la respirazione profonda e gli esercizi di rilassamento sono efficaci.

domanda

Per affrontare in modo appropriato i sentimenti di rabbia, è importante comprendere i fattori fisiologici alla base della rabbia. Quale affermazione descrive cosa succede quando una persona è arrabbiata?

Opzione.

1. Quando qualcuno è arrabbiato, la rabbia si accumula in sé e viene alimentata dallo sfogo.

2. Quando qualcuno è arrabbiato, la frustrazione si accumula e l'urlare contro qualcuno la libera.

3. Quando una persona è arrabbiata, il cervello dà due risposte fisiologiche distinte.

4. Una volta che la rabbia si scatena, non può essere placata.

5. Guardare la televisione o i film può aiutare a placare le emozioni intense che sorgono quando una persona è arrabbiata.

risposta

Ricordate che quando qualcuno è arrabbiato, si verificano forti reazioni fisiologiche. Queste possono essere compensate da pensieri stimolanti, attività fisica o distrazioni.

Opzione 1: Questa risposta è corretta. Uno degli elementi fisiologici alla base della rabbia è che la rabbia si accumula su se stessa. Essa alimenta l'eccitazione emotiva del cervello, in modo che le persone non si sentano meno arrabbiate, ma più forti.

Opzione 2: Questa risposta non è corretta. Sfogare la rabbia non aiuta a dissiparla, perché alimenta l'eccitazione emotiva nel cervello e fa sentire più arrabbiati.

Opzione 3: Questa risposta è corretta. Due diverse risposte fisiologiche quando una persona è arrabbiata sono una reazione immediata e una reazione prolungata.

Opzione 4: Questa risposta non è corretta. Non è corretto affermare che si può fare poco per disinnescare la rabbia. Esistono tre tipi di interventi per alleviare la rabbia: distrarre, raffreddare e sfidare i pensieri arrabbiati.

Opzione 5: Questa risposta è corretta. Quando si è arrabbiati, la televisione e i film possono distogliere la mente dai pensieri ostili e quindi alleviare le intense emozioni che ne derivano.

La rabbia porta molte persone a comportarsi in modi di cui poi si pentono. I sentimenti di rabbia superano il pensiero razionale e degenerano in uno stato incontrollabile. Comprendere la risposta del corpo alla rabbia può aiutare a controllarla. In questa sezione avete imparato che.

- Risposte fisiologiche alla rabbia, come le
- risposte fisiologiche possono degenerare,
- idee sbagliate comuni sulla rabbia, modi
- per alleviare la rabbia.

"Oh cielo, sembra che abbia lasciato il computer acceso al lavoro, Dana mi ha detto più volte di spegnere il computer alla fine della giornata. Spero che il sistema non vada in sovraccarico e in cortocircuito. Se ciò accadesse, tutto scomparirebbe e io perderei il lavoro. Dovrò vivere con i miei suoceri e lavorare in un chiosco di hamburger".

Tutto questo vi ricorda qualcosa? Non siete i soli ad aver fatto di una montagna una collina di mole, ossessionandovi con i più piccoli dettagli.

La preoccupazione ha tradizionalmente un'immagine piuttosto negativa, ma non tutte le preoccupazioni sono negative. La preoccupazione ci permette di riflettere sui problemi e di sviluppare soluzioni positive. La preoccupazione cronica, invece, crea un ciclo di ansia e pensieri ossessivi improduttivi. In questo argomento imparerete a.

- La differenza tra preoccupazione e ansia
- Effetti positivi della
- preoccupazione, effetti negativi
- dell'ansia e tecniche per
minimizzare l'ansia.

Preoccupazione e ansia sono due punti di un continuum. La preoccupazione funziona quando i pensieri preoccupanti stimolano il cervello emotivo. Inizialmente può verificarsi una riflessione costruttiva. Più in basso, tuttavia, si verifica la cronicizzazione.

Osservate le rispettive reazioni a ciò che accade quando Pete, il responsabile delle vendite, è preoccupato o ansioso.

preoccupazioni

Quando Pete si preoccupa, la preoccupazione agisce come una prova di ciò che potrebbe andare male e fornisce un'opportunità priva di rischi per valutare le soluzioni. **Ansia.**

Quando Pete è ansioso, la sua ansia crea una visione a tunnel e si fissa su un unico risultato negativo del problema in questione.

La preoccupazione può avere una funzione molto utile. Gli aspetti della preoccupazione che inizialmente sembrano negativi possono in realtà avere conseguenze positive. La preoccupazione di solito si intensifica da un pensiero all'altro nel giro di pochi secondi. Questi pensieri sono una progressione costante di espressioni verbali di preoccupazione, ma raramente includono immagini.

Per ulteriori informazioni, si veda la sezione Sorprendenti benefici della preoccupazione.

Gestire le minacce

Quando si percepisce un pericolo, la preoccupazione permette di valutare le opzioni, di provare le strategie di fronteggiamento e di considerare l'esito desiderato.

risoluzione delle catastrofi

La catastrofizzazione è il processo di immaginare gli scenari peggiori, producendo una serie di pensieri spaventosi senza alcuna componente visiva. I pensieri catastrofici sono espressi solo come pensieri, non come immagini, e quindi non lasciano un'impressione duratura.

mera consolazione

La preoccupazione può inibire gli effetti fisiologici dell'ansia. Di fronte all'ansia, le persone entrano in processi di pensiero angoscianti. D'altra parte, le sensazioni ansiose, come il battito cardiaco, possono ridursi perché la mente viene distolta dai pensieri originari che l'hanno scatenata.

Sebbene la preoccupazione possa avere effetti positivi, l'ansia è un'esperienza strettamente negativa. L'ansia orienta la mente verso l'ossessione, concentrando l'attenzione solo sul problema in questione. Questo porta a un ciclo infinito senza speranza di risoluzione, causando inflessibilità e percezioni irrealistiche.

Identificate ogni caratteristica e specificate i problemi.

reazione fisiologica

L'ansia può innescare risposte fisiologiche come sudorazione, battito cardiaco accelerato e tensione muscolare.

Limitare le soluzioni creative.

L'ansia ci impedisce di distogliere la mente dalle preoccupazioni, anche quando queste sono presenti. Questo limita la capacità di generare soluzioni creative.

Ruminare i pericoli

L'ansia porta a ruminare ogni tipo di pericolo, anche quelli che non hanno alcuna probabilità di verificarsi. Queste persone trovano problemi ovunque.

essere presi dall'ansia

Alcune persone diventano dipendenti dall'ansia. Le persone che si preoccupano cronicamente di un problema che si verifica raramente possono credere che il problema non si verifichi perché ne sono ossessionate.

riconoscimento di sé

La ricerca ha dimostrato che il primo passo per ridurre l'ansia è la consapevolezza di sé. Ciò significa allenarsi a identificare le situazioni che scatenano la preoccupazione, le immagini che la suscitano e le sensazioni che segnalano l'ansia che compaiono nel corpo.

Sfidare il pensiero disturbato.

Una volta che si è consapevoli dei pensieri ansiosi, il passo successivo per eliminare l'ansia è quello di sfidare attivamente i pensieri preoccupanti. Ciò implica mettere in discussione le ipotesi e mantenere un sano scetticismo sul loro potenziale.

domanda

La preoccupazione e l'ansia hanno effetti molto diversi sulle emozioni. Abbinate a ogni stato emotivo uno o più effetti corrispondenti. **Opzioni.**

A. cura

B. Insicurezza **Obiettivo.**

1. Battito cardiaco, sudorazione, tremore

2. attività di sintesi

3. distrazione

4. Trovare soluzioni a potenziali problemi 5. Concentrarsi su pensieri dolorosi senza soluzioni **Risposta.**

Ricordate che la preoccupazione produce buoni risultati, ma l'ansia porta alla preoccupazione e alla ristrettezza di vedute.

Gli effetti dell'ansia possono essere il battito cardiaco, la sudorazione e il tremore, che sono reazioni fisiologiche non salutari.

L'ansia porta all'inflessibilità, al restringimento della visione e a un ciclo infinito senza prospettive di risoluzione.

Un esempio di preoccupazione è la prova dei pericoli e di come affrontarli.

Preoccuparsi di loro genera una riflessione costruttiva.

Un esempio di preoccupazione è pensare a soluzioni a potenziali problemi.

La preoccupazione offre un'opportunità priva di rischi per valutare le soluzioni.

L'effetto dell'ansia è quello di concentrarsi su pensieri angoscianti che non hanno soluzione, limitando la capacità dell'individuo di sviluppare soluzioni creative. **Domanda.**

Quali affermazioni identificano l'impatto emotivo dell'ansia e della preoccupazione?

Opzione.

1. L'ansia si auto-rinforza.

2. L'ansia concentra l'attenzione sulla minaccia immediata.

3. La preoccupazione provoca tremori e sudorazione.

4. La preoccupazione previene le "catastrofi".

5. I risultati positivi sono spesso attribuiti alla preoccupazione cronica.

Risposta.

La preoccupazione può avere un effetto positivo, mentre l'ansia può avere un effetto negativo.

Opzione 1: Questa risposta è corretta. Infatti, se una persona si preoccupa cronicamente di un problema che si verifica raramente, può credere che il problema non si verifichi perché ne è ossessionata.

Opzione 2: Questa risposta è corretta. L'ansia focalizza l'attenzione sulla minaccia immediata. Questo può essere problematico perché porta la mente verso l'ossessione, portando a un ciclo infinito senza speranza di risoluzione.

Opzione 3: Questa risposta non è corretta. L'ansia, non la preoccupazione, provoca tremori e sudorazione.

Opzione 4: Questa risposta non è corretta. La preoccupazione non previene, ma porta alla catastrofe e crea una serie di pensieri spaventosi senza alcuna componente visiva.

Opzione 5: Questa risposta è corretta. I buoni risultati sono spesso attribuiti alla cronistoria delle preoccupazioni, in quanto la preoccupazione agisce come una prova di ciò che può andare storto e fornisce un'opportunità priva di rischi per valutare le soluzioni.

Impatto dell'intelligenza emotiva.

Vi è mai capitato di essere così stressati da non riuscire a ragionare di fronte a un esame? Al contrario, siete mai riusciti a raggiungere un obiettivo con entusiasmo e fiducia, senza che nessuno vi ostacolasse?

Le situazioni appena descritte sono due facce della stessa medaglia: le emozioni possono interferire con la capacità di pensare e, al contrario, possono migliorare la capacità di pensare.

In ogni caso, le emozioni determinano i limiti della capacità di realizzare il proprio potenziale.

domanda

Essere emotivamente competenti non significa solo essere in contatto con le proprie emozioni. Infatti, l'intelligenza emotiva ha un impatto molto maggiore sulla vita. Quale affermazione è vera riguardo all'importanza di essere emotivamente competenti?

Opzione.

1. Essere emotivamente competenti garantisce il successo personale e professionale.

2. La competenza emotiva migliora la capacità di creare legami personali.

3. La competenza emotiva contribuisce ai punteggi del QI e alle prestazioni legate al QI.

4. La competenza emotiva favorisce la capacità di usare l'empatia.

Risposta.

In realtà, la competenza emotiva aumenta la capacità di creare legami personali e di provare empatia; non contribuisce al punteggio del QI né garantisce il successo personale o professionale.

Opzione 1: Questa risposta non è corretta. Sebbene non vi sia alcuna garanzia di successo personale o professionale, essere emotivamente competenti può aumentare le possibilità di successo.

Opzione 2: Questa risposta è corretta. Le persone che hanno una buona capacità di empatia sono in grado di riconoscere e rispondere in modo appropriato alle emozioni e alle preoccupazioni degli altri, il che migliora la loro capacità di creare connessioni.

Opzione 3: Questa risposta non è corretta. La competenza emotiva non può contribuire ai punteggi o alle prestazioni del QI. Questo perché tali capacità sono innate, stabili nel tempo e non hanno nulla a che fare con la competenza emotiva.

Opzione 4: Questa risposta è corretta. Essere emotivamente competenti favorisce la capacità di usare l'empatia. Le persone più empatiche sono più sensibili e in grado di adattarsi meglio alle emozioni.

In questa lezione, "L'impatto dell'intelligenza emotiva", esplorerete il modo in cui le emozioni influenzano le diverse aree della vostra vita, imparando a conoscere

- Le caratteristiche dell'intelligenza emotiva,
- l'importanza dell'intelligenza emotiva e il modo in cui
- le abilità sociali sono influenzate dall'intelligenza emotiva.

Lo psicologo Walter Mischel iniziò un interessante studio nel 1960. Lavorando con bambini di quattro anni in una scuola materna nel campus dell'Università di Stanford, utilizzò un modello interessante per valutare l'importanza dell'intelligenza emotiva. Ai bambini venivano promessi due marshmallow come merenda se potevano aspettare che qualcuno tornasse da una commissione. Se non potevano aspettare fino a quel momento, potevano mangiarne uno, ma in fretta.

Le scelte fatte da questi bambini sono state indicative dell'intelligenza emotiva e di uno dei tratti fondamentali associati all'intelligenza emotiva: il controllo degli impulsi.

Il controllo degli impulsi è solo uno dei numerosi tratti che predicono e misurano l'intelligenza emotiva. Altre caratteristiche che contribuiscono all'intelligenza emotiva sono.

- Manipolazione
- dell'umore
- Speranza

Ottimismo

Il controllo degli impulsi è spesso considerato il fulcro dell'autogestione emotiva. Questo probabilmente perché le emozioni, per loro natura, richiedono azioni e risposte. Ecco perché la ricerca di Walter Michel è così interessante. Un bambino di quattro anni ha aspettato la ricompensa di due marshmallow per 20 minuti, coprendosi gli occhi, cantando, giocando e parlando da solo. Tuttavia, gli altri bambini hanno ottenuto un marshmallow quasi subito dopo che il facilitatore ha lasciato la stanza.

Per ulteriori informazioni sul controllo degli impulsi, consultare i singoli aspetti.

azione

Quando il gruppo di test di Michel è stato seguito 14 anni dopo, è emersa una marcata differenza tra il gruppo che consumava marshmallow e quello che era in grado di ritardare il desiderio.

tentazione

I bambini che erano in grado di controllare i propri impulsi all'età di quattro anni sono risultati più competenti dal punto di vista sociale durante l'adolescenza. Sono risultati anche più assertivi e in grado di gestire meglio la frustrazione, lo stress e la pressione.

sfida

La ricerca di Michelle ha rilevato che i bambini con capacità di ritardare la gratificazione sono più propensi a lavorare con costanza su obiettivi importanti, anche di fronte alle difficoltà. D'altra parte, i bambini con difficoltà di controllo degli impulsi sono risultati più facilmente turbati e scoraggiati in caso di frustrazione.

idiosincrasia

I bambini di quattro anni che hanno tollerato la merenda hanno mostrato maggiore integrità rispetto a quelli che non l'hanno tollerata. Sono state riscontrate qualità come la fiducia, l'affidabilità e l'indipendenza. Il gruppo che ha afferrato i marshmallow aveva meno di queste qualità.

Predittore di vita

Il controllo degli impulsi è un forte predittore del successo nella vita, ovvero la capacità di identificare le situazioni in cui è vantaggioso resistere a un ritardo o a una tentazione per raggiungere un obiettivo.

capacità mentale

Le ricerche di Walter Michel hanno dimostrato che la capacità di controllare gli impulsi quando ci si concentra su un obiettivo è l'essenza della competenza emotiva. I suoi risultati dimostrano chiaramente che l'intelligenza emotiva è un elemento chiave per massimizzare le altre facoltà mentali.

domanda

Il Marshmallow Test di Walter Michel ha identificato diversi comportamenti associati al controllo degli impulsi. Quali di queste caratteristiche sono coerenti con i risultati di Michel?

Opzione.

1. (potere di) sfida

2. competenza sociale

3. autofinanziamento

4. aggressione

5. Forza6.**affidabilitàRisposta.**

Le risposte corrette identificano le azioni che corrispondono alle scoperte di Michelle.

Opzione 1: Questa risposta è corretta. Uno dei comportamenti associati al controllo degli impulsi è la capacità di affrontare le sfide, in quanto gli individui sono più propensi a perseguire senza sosta obiettivi validi.

Opzione 2: Corretta. I comportamenti associati al controllo degli impulsi includono la competenza sociale. Le persone con controllo degli impulsi sono pazienti e possono trattare con un'ampia gamma di personalità.

Opzione 3: Questa risposta è corretta. Le persone con un buon controllo degli impulsi sono anche più assertive e in grado di gestire meglio la frustrazione, lo stress e la pressione.

Opzione 4: Questa risposta non è corretta. L'aggressività è di per sé impulsiva, quindi non è un comportamento associato al controllo degli impulsi.

Opzione 5: Questa risposta non è corretta. La forza ha una connotazione negativa e non sarebbe considerata un comportamento associato al controllo degli impulsi.

Opzione 6: Questa risposta è corretta. Un comportamento associato al controllo degli impulsi è l'affidabilità. Questo perché l'affidabilità e l'indipendenza sono evidenti nelle persone affidabili.

Una seconda caratteristica che contribuisce alla competenza emotiva è la manipolazione dell'umore. Anche piccoli cambiamenti di umore possono influenzare la capacità di una persona di pensare con chiarezza. Verificate voi stessi come il vostro stato d'animo influisce sul vostro modo di pensare.

Persona 1.

Il buon umore migliora la mia capacità di pensare e di risolvere i problemi. Ridere libera la mia creatività e favorisce la mia capacità di vedere relazioni e risultati complessi. Fare battute mi aiuta a riflettere sui problemi".

Persona 2.

"Gli studi hanno dimostrato che le persone che ridono molto hanno maggiori probabilità di risolvere i problemi. Dopo aver visto in televisione programmi che trattano di fallimenti, sono più capaci di trovare soluzioni alternative ai problemi che pesano sulla loro mente".

Persona 3.

Preferisco essere di buon umore quando prendo decisioni importanti. Questo perché si può pensare in modo più positivo e più completo. È più facile pensare ai pro e ai contro, ricordare gli eventi positivi e prendere decisioni più appropriate quando si è in uno stato "positivo"".

Persona 4.

"Se si cerca di prendere una decisione quando si è di cattivo umore, si possono ricordare solo cose negative. Posso essere troppo cauto e prendere decisioni basate sulle mie emozioni e sulla paura".

Altri due tratti che contribuiscono all'intelligenza emotiva sono la speranza e l'ottimismo. Recenti ricerche dimostrano che la speranza è un fattore importante per una serie di competenze. Dall'affrontare gli esami al trattare con un capo difficile, la speranza non è solo una vaga convinzione. Si è visto che la speranza dà alle persone la fiducia di avere la volontà e i mezzi per raggiungere i propri obiettivi. In termini di intelligenza emotiva, la speranza gioca un ruolo importante nel non soccombere alla sconfitta, alla depressione, alla frustrazione e all'ansia. Le persone che hanno speranza sperimentano meno stress emotivo.

L'ottimismo è un'estensione della speranza. Se la speranza è non arrendersi alla sconfitta, alla depressione, alla frustrazione e all'ansia, l'ottimismo è l'atteggiamento che l'accompagna.

- L'ottimismo protegge le persone dall'apatia e dalla depressione.
- Le persone ottimiste vedono il fallimento come un evento che può
- essere superato. Le persone ottimiste evitano di attribuire la colpa degli insuccessi a caratteristiche personali che non possono cambiare.

Lo studio di Martin Seligman sui venditori di assicurazioni è forse uno dei più grandi esempi del potere dell'ottimismo. Seligman ha scoperto che i venditori ottimisti per natura vendevano il 37% in più rispetto ai venditori pessimisti. Questa differenza è stata attribuita a ciò che accadeva quando venivano rifiutati.

I venditori pessimisti interpretano il "no" in modo personale: "Sono un fallimento". Una persona ottimista interpreta il "no" in modo completamente diverso: "Devo provare un nuovo approccio".

domanda

Ecco alcune delle diverse caratteristiche emotive. Identificate tutte quelle che contribuiscono alla competenza emotiva.

Opzione.

1. Speranza e ottimismo
2. Occultamento e negazione
3. controllo dell'umore
4. Controllo degli impulsi **Risposta.**

Infatti, la speranza, l'ottimismo, la manipolazione dell'umore e il controllo degli impulsi sono caratteristiche emotive che contribuiscono alla competenza emotiva.

Opzione 1: Corretta. La speranza e l'ottimismo contribuiscono alla competenza emotiva. Questo perché la speranza dà alle persone la fiducia di avere la volontà e i mezzi per raggiungere i propri obiettivi. E l'ottimismo è un'estensione della speranza.

Opzione 2: Questa risposta non è corretta. Il mascheramento o la negazione privano le persone delle loro capacità emotive, coprendo o attribuendo la colpa.

Opzione 3: Corretta. La manipolazione dell'umore contribuisce alla competenza emotiva, poiché anche piccoli cambiamenti di umore possono alterare la capacità di pensare con chiarezza. Un atteggiamento positivo e un buon umore migliorano la capacità di pensare e di risolvere i problemi.

Opzione 4: Corretta. Il controllo degli impulsi contribuisce alla competenza emotiva ed è spesso considerato il fulcro dell'autogestione emotiva, poiché le emozioni richiedono intrinsecamente azioni e risposte.

La ricerca ha dimostrato che l'intelligenza emotiva ha diverse caratteristiche.

- Controllo degli
- impulsi,
- manipolazione

dell'umore, speranza,
ottimismo.

I bambini piccoli giocano insieme. Sally vede una bambina che piange e cerca di confortarla. Le accarezza i capelli e gioca con un piccolo giocattolo. Nel frattempo, Jimmy prende un giocattolo dal suo compagno di giochi e lo mette felicemente sulla sua testa. Jimmy prende in giro l'amico che piange: "Ah, ah, ho preso il tuo camion". Ora, 25 anni dopo. Chi è più popolare? L'estroverso? Il sensibile?

La capacità di empatia di Sally è evidente fin dalla più tenera età e contribuisce alla sua intelligenza emotiva. I vantaggi di questa capacità di empatia sono una maggiore adattabilità emotiva, una maggiore popolarità, una maggiore capacità di estroversione e una maggiore sensibilità. In questa sezione scoprirete che.

- Origini dell'empatia nei bambini, basi
- fisiologiche dell'empatia.
- Comunicare l'empatia attraverso messaggi non verbali.
- Conseguenze in assenza di empatia

L'empatia è la capacità di percepire lo stato emotivo degli altri e si manifesta spesso nell'infanzia, come nel caso di Sally. La ricerca ha dimostrato che i genitori, quando impartiscono una disciplina, possono sviluppare l'empatia nei loro figli sottolineando come il comportamento fa sentire qualcun altro, piuttosto che enfatizzare la "cattiveria" del comportamento. L'empatia può essere soppressa se non c'è sincronizzazione tra genitore e figlio, cioè se il genitore ignora costantemente i sentimenti del bambino.

I bambini che vengono ignorati possono evitare di esprimere i loro sentimenti e possono non provare emozioni. Questo perché, per capire i sentimenti degli altri, devono prima provare i propri.

La ricerca ha dimostrato che il nostro cervello è predisposto all'empatia. I primi studi sulle scimmie e quelli successivi sugli esseri umani hanno stabilito che l'empatia ha una base fisiologica.

Per i dettagli sulla lettura delle espressioni non verbali, si vedano i singoli aspetti.

Prove di imitazione delle scimmie

La ricerca ha dimostrato che le scimmie riconoscono le espressioni emotive degli altri. Studi sul cervello delle scimmie hanno evidenziato un'attività nella corteccia visiva e nell'amigdala quando si verifica questo comportamento empatico.

Prove nell'uomo

L'attività neuronale specializzata nell'amigdala si verifica, ad esempio, non solo quando si riconosce un volto familiare, ma anche quando si leggono espressioni facciali non verbali e gesti che trasmettono emozioni specifiche.

naturalmente

Quando le emozioni sono forti, come la rabbia, le reazioni fisiologiche (ad esempio, il cuore che batte forte, la sudorazione) interferiscono con la capacità di leggere i segnali non verbali dell'altra persona.

personalità calma e raccolta

Le persone in uno stato di calma sono in grado di accettare e leggere i sottili segnali non verbali degli altri perché il loro stato fisiologico non interferisce.

Le ricerche hanno dimostrato che oltre il 90% dei messaggi emotivi sono non verbali. Riconoscere gli indizi non verbali più comuni aumenta la capacità di empatizzare con gli altri. Si tratta di un'abilità in cui le donne sono generalmente più brave degli uomini.

Decifrando ogni stato emotivo, possiamo vedere come Jolene, un'abile manager delle risorse umane, legge i segnali e i messaggi non verbali.

Nervosismo o imbarazzo

"Mettere le mani o le dita davanti alla bocca esprime nervosismo o imbarazzo".

Dubbio o rifiuto

Stropicciarsi gli occhi può trasmettere sospetto o rifiuto: si sta inconsciamente dicendo che non si crede a ciò che si sta vedendo".

Disaccordo o risentimento

"Piegare le braccia spesso indica disaccordo o risentimento, soprattutto se accompagnato da sospiri o occhiate".

senso di impotenza

"Aprire le mani a palmo in su può trasmettere un messaggio di impotenza e di desiderio di essere compresi".

Aggressività.

"Il puntare, soprattutto con strumenti come le penne, indica aggressività. Spesso è accompagnato da un intenso contatto visivo".

Mancanza di interesse.

"Inclinarsi verso o allontanarsi dall'oratore trasmette una mancanza di interesse e un allontanamento dal coinvolgimento".

L'empatia e la simpatia sono facoltà diverse. L'empatia è la capacità di guardare a una situazione e provare ciò che voi stessi potreste provare, mentre la simpatia richiede di guardare alla situazione e provare ciò che l'altra persona sta provando (che potrebbe essere diverso dai vostri sentimenti).

Per ulteriori informazioni sugli psicopatici (persone mentalmente disturbate), consultare le caratteristiche individuali.

Non riesco a comprendere.

Le personalità psicopatiche non sono generalmente simpatiche.

Mancanza di empatia

La mancanza di empatia permette agli psicopatici di proiettare sulle loro vittime sentimenti molto diversi da quelli che la vittima prova realmente.

domanda

Una componente importante dell'intelligenza emotiva è la capacità di mostrare empatia. Quali affermazioni mostrano empatia?

Opzione.

1. L'empatia è la capacità di percepire lo stato d'animo degli altri.
2. La capacità di empatia si basa sull'amigdala.
3. La mancanza di empatia è indicata da un aumento della rabbia e del risentimento.
4. Più si è lucidi, maggiore è la capacità di mostrare empatia per gli altri.
5. I segni di empatia iniziano fin dall'infanzia.
6. Il grado di empatia è istintivo e non può essere modificato.

risposta

In effetti, la capacità di percepire le emozioni degli altri ha sede nell'amigdala e inizia fin dall'infanzia.

Opzione 1: Questa risposta è corretta. L'empatia è la capacità di percepire lo stato emotivo degli altri, spesso riscontrata nell'infanzia. Contribuisce all'intelligenza emotiva.

Opzione 2: Questa risposta è corretta. La capacità di empatia si basa sull'amigdala ed è evidente perché l'attività in questa parte del cervello si verifica quando si leggono espressioni facciali e gesti non verbali che trasmettono determinate emozioni.

Opzione 3: Questa risposta non è corretta. La mancanza di empatia non è caratterizzata da un aumento della rabbia o della collera, ma da una compromissione dell'interazione sociale.

Opzione 4: Questa risposta non è corretta. Essere verbalmente intelligenti non aiuta a mostrare empatia. Non è quello che si dice, ma il modo in cui si dimostra di capire i loro sentimenti a dimostrare la vera empatia.

Opzione 5: Corretto. I segni di empatia iniziano fin dall'infanzia. I genitori possono promuovere l'empatia nei loro figli sottolineando come un cattivo comportamento faccia sentire gli altri attraverso la disciplina, oppure possono soffocare l'empatia ignorando costantemente i sentimenti dei loro figli.

Opzione 6: Questa risposta non è corretta. L'empatia può iniziare nella prima infanzia, ma è un comportamento appreso e può cambiare a seconda del coinvolgimento dei genitori.

L'intelligenza emotiva è potenziata dalla capacità di empatia, la cui mancanza può compromettere gravemente le interazioni sociali. Le persone con un'elevata capacità di empatia sono più sensibili e in grado di adattarsi meglio alle emozioni. In questo segmento abbiamo appreso che.

- Le origini dell'empatia nei bambini, le basi fisiologiche
- dell'empatia, il modo in cui l'empatia viene
- comunicata attraverso messaggi non verbali e le
- conseguenze della mancanza di empatia.

Lana era tecnicamente competente e aveva una carriera promettente. Tuttavia, le mancavano semplici abilità sociali e grazia. Era estroversa fino all'audacia. E tendeva a sghignazzare nei momenti più spiacevoli. Il suo modo di fare troppo amichevole metteva a disagio anche molti colleghi.

La mancanza di interazione sociale e l'incapacità di Lana di riconoscere o elaborare le reazioni emotive degli altri causavano scompiglio emotivo ovunque andasse.

"Conosco una persona come Lana... Si potrebbe pensare: 'Beh, è ovvio che le mancano le buone maniere e le abilità sociali'". Le persone come Lana hanno in comune le seguenti caratteristiche

- Non sono in grado di leggere gli indizi sociali degli altri.
- Parlate soprattutto di voi stessi.
- Non è consapevole dei modi sottili con cui gli altri chiudono una conversazione. Incapacità di seguire le indicazioni degli altri per evitare domande scomode.

Il lavoro di Thomas Hatch e Howard Gardner sulle intelligenze multiple ha identificato quattro abilità sociali che contribuiscono e migliorano l'intelligenza emotiva e contrastano l'incompetenza menzionata in precedenza. Queste quattro abilità sociali sono.

- Organizzazione di gruppi,
- negoziazione di soluzioni,
- networking, analisi sociale.
-

La capacità di organizzare un gruppo è un'abilità importante per le persone emotive. Questa abilità ruota attorno alla capacità di avviare e coordinare gli sforzi di diverse persone verso un obiettivo comune.

Vedere le singole persone per come dimostrano le loro capacità di organizzazione del gruppo.

Kate.

Kate ha la capacità di interagire con persone di diversa provenienza e di prestare molta attenzione a ciò che fa emozionare le persone.

Sheryl.

Cheryl ha capacità di leadership di base. Ha una visione e si trova a suo agio nel dare direttive.

Le persone che sanno negoziare hanno un talento per la mediazione. Spesso sono anche in grado non solo di risolvere i problemi quando si presentano, ma anche, in molti casi, di tenerli sotto controllo.

I bravi negoziatori si concentrano su soluzioni e azioni piuttosto che su problemi e ostacoli.

Alcune persone sembrano essere in grado di percepire e relazionarsi con i sentimenti delle persone in modo naturale. Queste persone sono abili nel creare legami personali e sono in grado di riconoscere i sentimenti e le preoccupazioni degli altri e di rispondere in modo appropriato.

Per ulteriori informazioni, consultare le singole competenze del networking.

empatia

Gli individui hanno maggiori probabilità di partecipare a conversazioni e situazioni sociali se riescono a usare l'empatia in modo efficace.

collegamento

Le persone che hanno relazioni forti con gli altri sono in grado di percepire i loro sentimenti e le loro preoccupazioni e di rispondere in modo appropriato.

partecipando

Le persone che sanno fare rete si relazionano automaticamente con gli altri. Sono eccellenti giocatori di squadra e partner commerciali.

lettura della mente

Le persone brave a fare rete sono in grado di leggere rapidamente le emozioni e quindi di lavorare bene con quasi tutti. Questa abilità può aiutarvi ad avere successo come venditori, manager o insegnanti.

Oltre all'organizzazione di gruppi, alla negoziazione di soluzioni e alla creazione di legami, gli individui con abilità sociali che contribuiscono all'intelligenza emotiva possiedono, infine, l'abilità di "analisi sociale".

Per ulteriori informazioni sull'analisi della socievolezza, consultare gli aspetti individuali.

Sapere come si sentono gli altri

L'analisi sociale è l'abilità di conoscere e comprendere i sentimenti degli altri. Questo porta a una facile intimità o, per lo meno, a un rapporto immediato.

Rilevare le emozioni.

L'analisi sociale non consiste solo nel parlare con le persone. Si tratta di percepire i sentimenti delle persone, cioè "ciò che sta accadendo ora". Questa analisi permette di conoscere i sentimenti, le motivazioni e gli interessi delle persone.

domanda

Abbinate a ciascuna delle abilità sociali che potenziano l'intelligenza emotiva uno o più comportamenti corrispondenti.

Opzione.

A. organismo organizzatore

B. arte della negoziazione

C. connessioni personali

D. **Analisi** sociale **Obiettivo**

1. tenere nelle proprie mani il cuore e la mente del popolo

2. sociale

3. attività di andata e ritorno

4. funzione affidabile

5. Spostare persone diverse verso un obiettivo comune **Risposta.**

Infatti, le persone dotate di intelligenza emotiva hanno la capacità di organizzare le persone verso obiettivi comuni, di prevenire i conflitti, di creare fiducia e di individuare le emozioni potenziali.

Nell'analisi sociale, la comprensione delle motivazioni degli altri è una parte importante per farsi un'idea di ciò che sta accadendo. L'analisi fornisce una visione dei sentimenti, delle motivazioni e delle preoccupazioni delle persone.

Saper negoziare le soluzioni significa saper gestire le situazioni in modo diplomatico. Queste persone si concentrano su soluzioni e azioni piuttosto che su problemi e ostacoli.

Per creare connessioni, è importante migliorare l'arte delle relazioni umane. Queste persone sono in grado di riconoscere i sentimenti e le preoccupazioni degli altri e di rispondere in modo appropriato.

Per creare connessioni, è importante lavorare con un forte senso di fiducia. Queste persone sono eccellenti giocatori di squadra e partner commerciali perché collaborano automaticamente con gli altri.

Far convergere persone diverse verso un obiettivo comune è un esempio di organizzazione di un gruppo. Le persone con questa abilità sono in grado di relazionarsi con persone provenienti da contesti diversi, di prestare attenzione alle motivazioni delle persone e di fornire indicazioni in modo confortevole.

Le persone che fanno una buona impressione sociale hanno un alto grado di intelligenza emotiva. Oltre ad avere un'acuta percezione dei propri bisogni e del modo in cui soddisfarli, eccellono in quattro settori

- Organizzazione di gruppi,
- negoziazione di soluzioni,
- networking, analisi sociale.
- **Sviluppare l'alfabetizzazione emotiva.**

I media sono pieni di storie preoccupanti. Alcuni dicono che le armi sono la principale causa di morte negli Stati Uniti, mentre altri dicono che il tasso di omicidi è aumentato del 3%. Uno dice che il tasso di omicidi è aumentato del 3%.

Un altro studio mostra un aumento dei crimini violenti. Dove siamo diretti?

Le statistiche possono spaventare, ma c'è anche speranza. Molti dei problemi che affrontiamo oggi possono essere prevenuti o controllati attraverso l'alfabetizzazione emotiva. **Domanda.**

Alcuni pensano che l'alfabetizzazione emotiva sia una moda passeggera, ma c'è ragione di credere che abbia implicazioni significative e a lungo termine per la società nel suo complesso. Quale affermazione illustra l'importanza di sviluppare l'alfabetizzazione emotiva?

Opzione.

1. L'alfabetizzazione emotiva sostituirà presto il QI.

2. L'alfabetizzazione emotiva riguarda sia gli individui che la società nel suo complesso.

3. La maggior parte dei problemi della società potrebbe essere risolta aumentando l'alfabetizzazione emotiva.

4. L'aggressività può essere domata migliorando l'alfabetizzazione emotiva. **Risposta.**

In effetti, l'alfabetizzazione emotiva ha un impatto profondo sugli individui e sulla società. Non può risolvere tutti i problemi della società, ma può aiutare a risolvere problemi come l'aggressività.

Opzione 1: Questa risposta non è corretta. L'alfabetizzazione emotiva non sostituisce in alcun modo il QI, ma migliora la nostra capacità di relazionarci con gli altri.

Opzione 2: Questa risposta è corretta. L'alfabetizzazione emotiva riguarda gli individui e la società. Molti dei problemi che dobbiamo affrontare oggi possono essere risolti aumentando l'alfabetizzazione emotiva.

Opzione 3: Questa risposta non è corretta. L'alfabetizzazione emotiva non può risolvere tutti i problemi della società, ma può aiutare a risolvere problemi come la rabbia, l'aggressività e la violenza.

Opzione 4: Questa risposta è corretta. L'aggressività può essere domata aumentando l'alfabetizzazione emotiva. Infatti, più comprendiamo la relazione tra le due cose, meglio possiamo sviluppare l'alfabetizzazione emotiva in età precoce.

Pertanto, l'impatto dell'alfabetizzazione emotiva è significativo. In questa lezione,● vi farà capire il temperamento e l'alfabetizzazione emotiva.

- La necessità di una "alfabetizzazione
- emotiva" per educare le persone alle
proprie emozioni.

Come ogni genitore sa, ogni bambino è diverso dall'altro. Alcuni bambini sono naturalmente docili e piangono raramente, mentre altri sono facilmente soggetti a malumori. Queste differenze di temperamento durano tutta la vita: i bambini dolci diventano adulti socievoli e popolari, mentre i bambini timidi diventano adulti timorosi e ansiosi. Perché? Il temperamento è predestinato? L'alfabetizzazione emotiva è innata?

L'ereditarietà influenza l'alfabetizzazione emotiva. Tutte le persone "hanno" una predisposizione genetica a un particolare temperamento. Tuttavia, sebbene i temperamenti abbiano una base biologica, possono anche essere modificati. Questa sezione lo spiega.

- Il temperamento di base e le sue caratteristiche, le funzioni
- cerebrali specifiche e il loro effetto sul temperamento, e
- come le predisposizioni innate vengono modellate
dall'esperienza.

Gli studi condotti sui bambini dall'infanzia all'adolescenza hanno dimostrato che i bambini più timidi e paurosi tendono a mantenere il loro temperamento ansioso e timido fino all'età adulta, mentre i bambini più audaci e rilassati tendono a diventare adulti socievoli, sicuri e popolari.

Si vedano i rispettivi aspetti sull'impatto dell'ereditarietà sul temperamento.

Risposta genetica allo stress.

I bambini timidi hanno una maggiore risposta allo stress rispetto ai bambini coraggiosi e il loro cuore batte più velocemente quando si trovano di fronte a situazioni sconosciute. Si sentono minacciati da persone e ambienti nuovi.

Attività dell'amigdala e temperamento

L'amigdala dei bambini timidi si eccita più facilmente di quella dei bambini audaci e il sistema nervoso la attiva più rapidamente. Al contrario, l'amigdala dei bambini estroversi è meno eccitabile e il sistema nervoso ha una soglia più alta prima di attivare l'amigdala.

uccello genitore

Per alleviare la paura dei bambini timidi, è importante che i genitori pongano dei limiti precisi e li costringano ad ascoltare. Le coccole e l'indirettezza dei genitori nei confronti dei bambini timidi tendono a rafforzare le loro paure e a rendere più difficile per loro diventare adulti attivi.

Le persone sono geneticamente classificate per reagire positivamente o negativamente alle situazioni. A seconda dei modelli di onde cerebrali, le persone sono classificate come più inclini ad essere scontrose o allegre. Becky, genitore di due gemelle, può testimoniare queste differenze nelle sue due bambine.

Osservate i diversi temperamenti di ciascuno dei due gemelli.

Anna.

Anna ha un temperamento allegro e la capacità di riprendersi dalle battute d'arresto. Ciò è dovuto al lobo frontale sinistro attivo.

Yomna

Emma tende ad essere malinconica e negativa. Ciò è dovuto a un alto livello di attività nel lobo frontale destro.

Le esperienze emotive possono effettivamente alterare i circuiti neurali del cervello e influenzare i temperamenti radicati. Ad esempio, il figlio di Sandy, Ryan, aveva paura dell'acqua. Sandy ha aiutato Ryan a superare la sua paura frequentando con lui le lezioni di nuoto. Di conseguenza, i percorsi neurali di Ryan hanno avuto l'opportunità di costruire nuovi percorsi neurali per sostituire quelli esistenti che contenevano la sua paura dell'acqua.

La psicoterapia (riapprendimento emotivo) può ottenere lo stesso risultato e trascendere i temperamenti radicati ristrutturando le funzioni cerebrali.

domanda

Il temperamento e l'ereditarietà sono interrelati. Quale affermazione mostra esattamente come l'ereditarietà e il temperamento influenzino l'intelligenza emotiva? **Opzioni.**

1. I modelli cerebrali che influenzano il temperamento cambiano soprattutto durante l'infanzia.

2. L'aumento dell'attività dell'amigdala è associato alla timidezza e alla paura.

3. L'attività nel lobo frontale sinistro è un indicatore di un atteggiamento pessimistico o depresso.

4. La competenza sociale si acquisisce in età precoce e non cambia.

Risposta.

Non è stato possibile identificare come la genetica e il temperamento influenzino l'alfabetizzazione emotiva.

Opzione 1: Questa risposta è corretta. È più probabile che i modelli cerebrali cambino durante l'infanzia perché hanno meno opportunità di consolidarsi.

Opzione 2: Questa risposta è corretta. L'amigdala dei bambini timidi si eccita più facilmente di quella dei bambini audaci perché il sistema nervoso attiva l'amigdala più rapidamente.

Opzione 3: Questa risposta non è corretta. L'attività del lobo frontale sinistro indica una disposizione d'animo allegra e la capacità di riprendersi dai contrattempi.

Opzione 4: Questa risposta non è corretta. La competenza sociale è presente nell'infanzia, ma può essere modificata dal riapprendimento emotivo.

La genetica e il temperamento influenzano l'alfabetizzazione emotiva. Il temperamento ha una base biologica, ma viene plasmato attraverso le esperienze emotive e la

- Caratteristiche individuali del temperamento,
- come alcune funzioni cerebrali influenzano il
- temperamento e come l'esperienza "riscrive" le

predisposizioni innate.

Philip era stato licenziato dallo studio di commercialisti in cui aveva lavorato per oltre 12 anni. Tuttavia, tutti sono rimasti scioccati dal comportamento di Philip quel giorno. Quando Philip è tornato in ufficio, ha iniziato a sparare proiettili con un fucile automatico.

Due colleghi di Philip morirono e lui si tolse la vita prima che il calvario finisse.

Azioni come quelle di Philip sono un esempio lampante di una società che manca di intelligenza emotiva. In questa sezione si parlerà dei problemi specifici causati dalla mancanza di intelligenza emotiva.

* Problemi di astinenza e
* sociali, depressione, problemi
* di attenzione e di pensiero,
* comportamento aggressivo.

Il ritiro è probabilmente il problema sociale più comune causato dalla mancanza di intelligenza emotiva. Tutti hanno bisogno di una certa quantità di "tempo da soli", ma le persone con una significativa mancanza di intelligenza emotiva possono portare questa idea all'estremo; Beverly descrive come questo problema l'ha colpita.

All'inizio mi piaceva stare da sola, ma dopo un po' non riuscivo più a funzionare normalmente quando ero circondata da persone. Ho iniziato a trovare il contatto con le persone più fastidioso che piacevole.

La cosa successiva che ho capito è che non volevo dire niente a nessuno. Ero troppo riservata e sentivo di non potermi fidare di nessuno. Di conseguenza, le relazioni non andavano bene.

A causa della mia mancanza di legami e del mio ritiro, spesso tenevo il broncio. Mi sentivo davvero dispiaciuto per me stesso.

Poi ho avuto un calo generale di energia. Non ero mai "sveglia". Mi lamentavo costantemente di essere stanca o sopraffatta.

Sentirmi infelice è diventato uno stato di cose accettabile per me. Poiché trascorrevo meno tempo con le persone, la mia prospettiva si è ristretta e ho iniziato a vedere la vita con un pregiudizio negativo autodeterminato.

In seguito, hanno fatto eccessivo affidamento su droghe e alcol e sono diventati ancora più introversi.

Vi invieremo un articolo sulla netiquette come riferimento.

Per ora, torniamo agli affari.

La depressione può essere causata da diversi fattori, tra cui squilibri biochimici, ma anche dall'analfabetismo emotivo. Roger soffre di depressione e ha sperimentato quanto segue

- Solitudine, ansia e
- preoccupazione, necessità di
- essere perfetti, sensazione di
- non essere amati, nervosismo,
- tristezza.
-

Un terzo problema causato dall'analfabetismo emotivo è rappresentato dai problemi di attenzione e di pensiero. Questi problemi si manifestano spesso con un comportamento nervoso e un'attività eccessiva.

Osservare ogni persona per capire come i problemi di attenzione e di pensiero l'abbiano influenzata.

Jeremy.

"Ho difficoltà a stare fermo e molto spesso sono nervoso e non riesco a concentrarmi" "Ho difficoltà a concentrarmi sul problema da affrontare".

Felicia.

"Mi ritrovo costantemente a sognare a occhi aperti. È difficile far funzionare la mia testa.

Questo perché agisco senza riflettere.

domanda

Finora avete esplorato tre problemi specifici che possono derivare dall'analfabetismo emotivo. Collegate ogni comportamento a uno o più dei problemi di analfabetismo emotivo che ne derivano.

Opzione.

A. ritiro

B. depressione

C. Problemi di attenzione e di pensiero **Obiettivo.**

1. dispettoso

2. voglia di scappare

3. fuori forma

4. Sogni a occhi aperti 5. Mancanza di energia **Risposta.**

La risposta corretta è quella che allinea il comportamento ai problemi derivanti dalla mancanza di intelligenza emotiva.

La depressione può causare sentimenti di solitudine, tensione e tristezza, nonché la sensazione di non essere amati.

I soggetti con problemi di attenzione e di pensiero possono avere difficoltà a stare fermi. A causa di questo comportamento iperattivo, i soggetti diventano spesso nervosi e incapaci di concentrarsi o di focalizzare la mente sui problemi da affrontare.

Le crisi di astinenza possono essere eccessivamente segrete e rendere difficile la costruzione di relazioni.

Le persone con problemi di attenzione e di pensiero possono sognare a occhi aperti. Possono anche avere difficoltà a separare gli argomenti e agire senza pensare.

I sintomi dell'astinenza comprendono la scarsa energia dovuta alla mancanza di interazione, la stanchezza e il sovraccarico di lavoro.

Se il ritiro è probabilmente il problema sociale più comune che può essere causato dall'educazione emotiva, l'aggressività è probabilmente il più problematico.

Per ulteriori informazioni sull'aggressività, consultare i singoli aspetti.

L'azione neutra appare minacciosa.

Il comportamento aggressivo si basa su un pregiudizio percettivo che rende le persone molto sensibili al trattamento ingiusto. Di conseguenza, anche gli atti neutri appaiono minacciosi.

saltare a una conclusione sbagliata

Quando si salta al giudizio che la maggior parte delle azioni sono ostili o minacciose, si presta poca attenzione a ciò che sta realmente accadendo. Una volta fatta questa supposizione, la persona passa all'azione.

Bassa tolleranza emotiva.

Le persone aggressive hanno una bassa tolleranza alle emozioni e spesso si irritano per le cose più piccole. Una volta irritate, iniziano a considerare ogni azione come ostile e si concentrano sulla lotta.

Pregiudizio percettivo verso l'ostilità.

I pregiudizi percettivi verso l'ostilità si formano nell'infanzia. I bambini aggressivi sono spesso rifiutati dai loro coetanei e hanno difficoltà a fare amicizia. Questi bambini sono i più esposti al rischio di commettere reati violenti.

domanda

Diversi problemi sono causati dall'analfabetismo emotivo. Quali dei problemi qui elencati possono essere causati dall'analfabetismo emotivo?

Opzione.

1. dipendenza da alcol
2. ritiro
3. aggressione
4. depressione
5. **Risposte al** divorzio.

Infatti, il ritiro, la depressione e l'aggressività sono tutte conseguenze dell'analfabetismo emotivo. Inoltre, i problemi di attenzione e di pensiero sono dovuti alla mancanza di intelligenza emotiva.

Opzione 1: Questa risposta non è corretta. L'alcolismo può derivare da astinenza, aggressività e depressione, ma non è una conseguenza diretta dell'analfabetismo emotivo.

Opzione 2: Corretta. L'analfabetismo emotivo causa il ritiro perché le persone con una significativa mancanza di intelligenza emotiva hanno un'estrema avversione per il tempo trascorso da sole.

Opzione 3: Corretta. L'analfabetismo emotivo può portare all'aggressività. Le persone aggressive hanno una bassa tolleranza alle emozioni e spesso si irritano per le cose più piccole.

Opzione 4: Corretta. La depressione può essere causata da un analfabetismo emotivo dovuto a sentimenti di solitudine, paura e preoccupazione, necessità di essere perfetti, non amati, tensione, tristezza, ecc.

Opzione 5: non corretta. Sebbene il ritiro, l'aggressività e la depressione possano portare al divorzio, l'analfabetismo emotivo non è una causa diretta.

L'analfabetismo emotivo può causare una serie di problemi agli individui e alla società.

- Problemi di astinenza e
- sociali, depressione, problemi
- di attenzione e di pensiero,
- comportamento aggressivo.

Conoscete qualcuno che è autodisciplinato e vive una vita di integrità? Conoscete qualcuno che è in grado di motivare e guidare se stesso a livello personale e professionale? Conoscete qualcuno che ha la capacità di ritardare la gratificazione o di controllare i propri impulsi, la volontà, gli appetiti e le passioni? Conoscete qualcuno che sa fare la cosa giusta per sé e per gli altri?

Se è così, conoscete qualcuno che ha un tratto piuttosto antico chiamato "carattere". Il carattere è l'essenza dell'intelligenza emotiva.

Come possiamo aiutare gli individui, o noi stessi, a sviluppare la nostra personalità? Non è sufficiente predicare l'educazione emotiva. La personalità è costituita dalle seguenti competenze.

- Praticare l'autoconsapevolezza emotiva,
- utilizzare le emozioni in modo
- produttivo, leggere le emozioni degli

altri.

La pratica dell'autoconsapevolezza emotiva è essenziale per educare e costruire il carattere.

Per ulteriori informazioni su come esercitare l'autoconsapevolezza emotiva, consultare i singoli compiti.

Avalokitesvara

A tal fine, è necessario ampliare il proprio vocabolario emotivo, in modo da poter etichettare in modo appropriato le emozioni provate. Ad esempio, quando vi viene negata una promozione, siete semplicemente arrabbiati? Ma è più probabile che siate frustrati e feriti.

mano-vijnana (coscienza mentale, cognizione delle informazioni sensoriali)

Per comprendere le cause delle emozioni è necessario concentrarsi sull'osservazione del proprio comportamento e riconoscere le emozioni che si scatenano nelle diverse situazioni. Ad esempio, quando si viene trattati con indifferenza, ci si arrende o ci si sforza di farsi notare?

Kansai (metà sud-occidentale del Giappone, compresa Osaka)

Esiste una grande differenza tra pensieri e azioni. Per migliorare la vostra autoconsapevolezza emotiva, dovete capire la relazione tra i vostri pensieri e le vostre reazioni. Quando esaminate il vostro comportamento, prestate attenzione se i vostri pensieri e sentimenti sono dominanti.

La gestione delle emozioni richiede il monitoraggio del linguaggio personale e l'individuazione dei messaggi negativi interiori. Significa anche prendersi del tempo per capire cosa c'è dietro le emozioni e trovare il modo di gestire la paura, l'ansia, la rabbia e la tristezza.

Osservate il discorso di Eduardo durante una conversazione con il suo capo, Buck, dopo che gli è stata negata una promozione.

Eduardo: Buck, puoi dirci perché sei stato scartato per la promozione la scorsa settimana?

Buck: Sì, Eduardo, pensavo che Vivian fosse più adatta.

Eduardo: (a se stesso) Penso che sia la persona giusta per il lavoro, ma non il lavoro. Voglio solo dire a questo stronzo cosa penso di questa decisione. Non mi interessa cosa succederà... Sono molto arrabbiata. Ma se dico al signor Buck come mi sento ora, potrei perdere completamente il lavoro, ho bisogno del mio stipendio questa settimana. Devo esprimere la mia frustrazione in un modo più appropriato.

Eduardo: Quali fattori specifici sono stati utilizzati per determinare la persona migliore per il lavoro?

Indietro: esperienza lavorativa, durata del rapporto con l'azienda e opinioni di supervisori e colleghi.

Eduardo: (a se stesso) Forse non sono qui da tanto tempo quanto Vivian, ma ne so più di lei. Nessuno mi rispetta qui, ma sembra che io debba dimostrare il mio valore in questa organizzazione.

Eduardo: Capisco. Sono felice di sapere che l'anzianità di servizio è un fattore di promozione, poiché intendo ritagliarmi un futuro in questa azienda.

Un terzo metodo che può essere utilizzato per l'educazione emotiva è la lettura delle emozioni altrui. Ciò richiede la pratica di mettersi nella prospettiva degli altri.

Scoprite come Shelly, dirigente di marketing, sia diventata abile nel leggere le emozioni degli altri in ogni frase. **Shelly 1**

"Cerco davvero di mettermi nei panni dell'altro. Credo che prima di tutto si debbano riconoscere le differenze nei sentimenti delle persone".

Shelley 2.

"Stiamo lavorando sull'ascolto efficace e sul fare molte domande. Inoltre, cerco di essere consapevole delle mie reazioni a ciò che le persone dicono e fanno".

domanda

Esistono diversi metodi di educazione emotiva. Quali di questi metodi sono efficaci?

Opzione.

1. effusività
2. Maggiore consapevolezza di sé
3. scopo morale
4. empatia
5. lo stato d'animo di una persona
6. Miglioramento delle capacità logiche e di ragionamento **Risposta**

Le risposte corrette indicano che l'aumento della consapevolezza di sé, la gestione delle emozioni e la lettura empatica dei sentimenti altrui possono portare all'educazione emotiva.

Opzione 1: Questa risposta non è corretta. Ignorare le reazioni emotive non ci aiuta a comprenderle e in alcuni casi ne riduce l'impatto perché ci impedisce di capire cosa c'è dietro le emozioni.

Opzione 2: Corretto. I metodi che possono essere utilizzati per l'educazione emotiva includono l'etichettatura delle emozioni, la comprensione delle cause delle emozioni e il miglioramento dell'autoconsapevolezza, come la comprensione della relazione tra pensieri e reazioni.

Opzione 3: Questa risposta non è corretta. L'uso efficace della moralità non rientra nell'ambito dell'educazione emotiva, poiché la moralità riguarda il modo in cui viviamo, non il modo in cui reagiamo emotivamente.

Opzione 4: Corretto. Un metodo che può essere utilizzato per l'educazione emotiva è quello di usare le emozioni in modo produttivo attraverso il dialogo con se stessi, che dovrebbe aiutare a cogliere i messaggi negativi interni. Significa anche prendersi del tempo per capire cosa c'è dietro le proprie emozioni.

Opzione 5: Corretto. Un metodo che può essere utilizzato per l'educazione emotiva è quello di leggere le emozioni degli altri, ma questo richiede una pratica dal punto di vista degli altri.

Opzione 6: Questa risposta non è corretta. La logica e il ragionamento non coinvolgono le emozioni, quindi le abilità logiche e di ragionamento non aiutano a educare o a comprendere meglio le emozioni.

Non è sufficiente predicare che dobbiamo educare le persone alle loro emozioni. Piuttosto, la personalità consiste in abilità che devono essere esercitate. Per migliorare l'intelligenza emotiva, ricordatevi di concentrarvi su.

- Praticare l'autoconsapevolezza
- delle emozioni, usare le proprie
- emozioni e leggere quelle degli

altri.

Essere in grado di controllare l'impulso di concentrarsi solo su se stessi e di controllare gli impulsi negativi ha molti vantaggi per gli individui e per la società nel suo complesso. Queste abilità di intelligenza emotiva aprono la strada all'empatia e all'ascolto, che a loro volta portano alla compassione e alla carità. Questa combinazione dinamica favorisce la tolleranza e l'accettazione delle differenze, aumenta il rispetto reciproco e crea il potenziale per relazioni personali e professionali soddisfacenti.

È importante sviluppare l'intelligenza emotiva.

Capitolo II L'intelligenza emotiva sul posto di lavoro

Le ricerche dimostrano che l'intelligenza emotiva gioca un ruolo importante quanto, o addirittura più, del QI. Migliorare le vostre capacità relazionali avrà un impatto positivo sulla vostra carriera.

Questo corso esplora.

- Che cos'è l'intelligenza emotiva?
- Come valutarsi in modo realistico - perché è importante controllare le proprie emozioni.
- L'impatto della motivazione sulle carriere.

Intelligente con una differenza

Le persone più intelligenti sono sempre quelle che hanno più successo - chi ha il quoziente intellettivo più alto prevede il maggior successo nella vita? Oppure ci sono altri fattori che contribuiscono a determinare i risultati che otteniamo?

Il successo e le capacità non sono solo un fattore di QI. Probabilmente conoscete almeno una persona che eccelle a scuola ma che non ha avuto una carriera di successo. Allo stesso modo, probabilmente conoscete qualcuno che ha faticato a scuola ma ha avuto una vita lavorativa gratificante. Il QI è solo un aspetto dell'intelligenza. Esiste un altro aspetto dell'intelligenza, chiamato intelligenza emotiva. Si tratta della capacità di relazionarsi con gli altri e di controllare le emozioni. **Domanda.**

Perché l'intelligenza emotiva è importante sul posto di lavoro?

Opzione.

1. Una maggiore intelligenza emotiva consente di migliorare le relazioni con i colleghi.

2. L'intelligenza emotiva aiuta a prendere decisioni migliori.

3. Più alta è l'intelligenza emotiva, minore è la necessità di conoscenze tecniche.

4. L'intelligenza emotiva può aiutare a evitare conflitti improduttivi. **Risposta.**

Infatti, l'intelligenza emotiva aiuta le persone a capire gli altri e a costruire relazioni produttive. Inoltre, aiuta a evitare conflitti improduttivi e a prendere decisioni migliori.

Opzione 1: La risposta è corretta. Avere un'intelligenza emotiva significa poter costruire relazioni migliori con i colleghi grazie a competenze sociali come l'empatia.

Opzione 2: Questa risposta è corretta. L'intelligenza emotiva aiuta le persone a prendere decisioni migliori grazie alle loro capacità personali, tra cui l'autoconsapevolezza, l'autoregolazione e la motivazione.

Opzione 3: Questa risposta non è corretta. L'intelligenza emotiva non significa che le conoscenze tecniche non siano particolarmente necessarie.

Opzione 4: Questa risposta è corretta. L'intelligenza emotiva aiuta a evitare conflitti improduttivi, soprattutto con colleghi e clienti, perché sa come controllare le proprie emozioni.

Questa lezione esamina le idee sbagliate più comuni sull'intelligenza. Esplorerete le nuove definizioni di intelligenza e imparerete i tratti comuni ai top performer.

Scoprirete perché le comuni misure di intelligenza non sono appropriate sul posto di lavoro e le competenze che influenzano il successo sul posto di lavoro.

Daniel era la persona più intelligente della sua classe universitaria: aveva un alto quoziente intellettivo, voti quasi perfetti e punteggi massimi in diversi test standardizzati. Daniel può aspettarsi di avere una carriera di successo? Avrebbe prestazioni migliori rispetto ai suoi coetanei sul posto di lavoro? **Domanda.**

Questa affermazione è vera o falsa?

Gli esperti prevedono che Daniel avrà una carriera di successo grazie al suo elevato QI.

Opzione.

1. vero

2. pseudo

risposta

Il quoziente intellettivo non è un indicatore affidabile della possibilità che Daniel abbia una carriera di successo.

Opzione 1: Questa affermazione è falsa. È molto probabile che Daniel abbia successo, ma il quoziente intellettivo non è un indicatore preciso del successo nella carriera.

Opzione 2: Questa affermazione non è corretta. Il successo nella carriera non può essere previsto solo dal QI. Questo perché anche altre qualità, come l'efficacia emotiva, sono importanti per il successo.

L'idea che il QI predica il successo professionale è una delle idee sbagliate più comuni sull'intelligenza. Questo argomento spiega perché il QI non predice accuratamente il successo professionale.

Esplorate anche altre idee sbagliate comuni sull'intelligenza.

È comune pensare che le persone con un QI elevato siano avvantaggiate. Tuttavia, il QI non è necessariamente il fattore più importante per il successo nella vita e nella carriera. Ecco alcuni miti comuni sull'intelligenza.

- Il QI può predire il successo della carriera.
- Le aziende di maggior successo assumono i dipendenti più
- "intelligenti". I migliori candidati al lavoro hanno il QI più alto.

Daniel ed Eric hanno completato lo stesso corso di laurea in ingegneria. Il QI di Daniel era leggermente superiore a quello di Eric e i suoi voti erano perfetti. Il rendimento scolastico di Eric era solo leggermente superiore alla media.

Vedere per scoprire come ogni ingegnere ha sviluppato la propria carriera.

Daniel.

Daniel lavora in modo impeccabile e comprende a fondo le questioni tecniche. Tuttavia, nei cinque anni trascorsi in azienda, non è mai stato promosso.

ERIC

Eric ha una buona comprensione delle questioni tecniche e raramente commette errori. È stato promosso una volta e non vede l'ora di essere promosso di nuovo l'anno prossimo.

Daniel può essere intelligente, ma gli mancano le competenze chiave per avere successo. Eric non ha un QI elevato, ma è abbastanza intelligente da sapere come lavorare con le persone. Eric ha un'elevata intelligenza emotiva. Ha fatto carriera perché era divertente lavorare con lui ed era in grado di motivare chi gli stava intorno a raggiungere i propri obiettivi. Il lavoro di Daniel è perfettamente puntuale, ma mette a disagio i suoi colleghi e non è un membro efficace del team.

Il successo nella carriera non può essere previsto solo dal QI. Può essere necessario un certo quoziente intellettivo per entrare in un campo come quello dell'ingegneria, ma l'intelligenza accademica da sola non è in grado di predire il successo nel mondo del lavoro.

Un'altra idea sbagliata comune sull'intelligenza è che le aziende di successo assumano i dipendenti più "intelligenti".

Negli ultimi 15 anni, Brenda è stata manager responsabile delle assunzioni presso un'importante azienda informatica leader del settore. In questo ruolo ha imparato molto sulle competenze necessarie per essere un dipendente di successo.

Vedere la storia di reclutamento di Brenda a sua volta.

Dichiarazione 1.

"Non credo che i dipendenti con i migliori voti a scuola siano necessariamente quelli che hanno più successo nella nostra azienda. Abbiamo bisogno di persone con un'ampia gamma di competenze che non possono essere misurate dai punteggi dei test o dai voti".

Dichiarazione 2.

'Prima testavamo l'intelligenza dei candidati con test standardizzati. Venivano assunti solo quelli con punteggi elevati. I dirigenti si sentivano frustrati perché i dipendenti non lavoravano bene. I clienti non erano soddisfatti del servizio ricevuto".

Dichiarazione 3.

"Abbiamo valutato le caratteristiche condivise dai dipendenti di maggior successo. Queste abilità includono la gestione dei conflitti, la capacità di reagire al cambiamento, l'empatia, l'integrità e la capacità di leggere le emozioni degli altri e di rispondere in modo appropriato".

Dichiarazione 4.

Quello che cerchiamo ora è "intelligenza umana". Sanno come risolvere i conflitti e motivare le persone. I nostri dipendenti più brillanti hanno un'ampia gamma di
Hanno un alto quoziente intellettivo, ma condividono la caratteristica comune di un'elevata intelligenza emotiva".

Brenda sta cercando un nuovo responsabile per il reparto Servizi Tecnici, che è il centro di contatto con i clienti. Questa persona sarà responsabile di 15 persone che aiutano i clienti a risolvere i problemi del computer. Se il reparto di assistenza tecnica non funziona bene, la reputazione dell'azienda ne risentirà.

Il primo candidato che Brenda valuta è Ken, un addetto all'assistenza tecnica altamente qualificato; il secondo è Amber, che ha esperienza nella gestione di un reparto di assistenza clienti.

Ogni candidato rivela la valutazione di Brenda.

Ken.

"Ken è un ottimo rappresentante, ma il management consiste nel lavorare con gli altri. Non credo che Ken sia adatto perché gli piace lavorare da solo".

ambra

Amber è molto brava a motivare le persone, anche in situazioni molto difficili. Amber dà prova di leadership. È la scelta migliore".

Brenda non si è concentrata sul reclutamento dei candidati più "intelligenti". Cercava invece persone che dimostrassero di possedere le competenze richieste per il lavoro. Tuttavia, Brenda non si è concentrata sulle persone "più intelligenti", ma su quelle in grado di svolgere il lavoro.

Le capacità di intelligenza emotiva sono spesso più importanti del quoziente intellettivo o del percorso di studi per ottenere un buon lavoro. Cercate candidati che siano a tutto tondo.

domanda

Quali sono le idee sbagliate più comuni sull'intelligenza?

Opzione.

1. Il QI può predire il successo della carriera.
2. Le aziende di maggior successo impiegano dipendenti con il più alto quoziente intellettivo.
3. I migliori cercatori di lavoro hanno il QI più alto.
4. Il QI da solo non predice il successo della carriera.
5. Sul posto di lavoro, l'intelligenza emotiva può essere più importante dell'intelligenza accademica.

risposta

In effetti, tra le idee sbagliate sull'intelligenza c'è l'idea che il successo di una carriera possa essere previsto dal quoziente intellettivo, che le aziende di successo assumano i dipendenti più "intelligenti" e che i migliori candidati al lavoro siano quelli più intelligenti.

Opzione 1: Questa risposta è corretta: è un'idea errata comune che il QI possa predire il successo nella carriera. Sebbene un certo quoziente intellettivo possa essere necessario per entrare in un campo come quello dell'ingegneria, l'intelligenza accademica da sola non è sufficiente per ottenere il successo nel mondo del lavoro.

Opzione 2: Corretto. Un'idea sbagliata comune è che le aziende di successo assumano dipendenti con un alto quoziente intellettivo. Le aziende hanno bisogno di persone con un'ampia gamma di competenze che non possono essere misurate dai punteggi dei test o dai voti.

Opzione 3: Corretto. Un'idea sbagliata comune è che le persone migliori in cerca di lavoro abbiano il QI più alto. Le capacità di intelligenza emotiva sono spesso più importanti del QI per ottenere un buon lavoro. Le aziende vogliono candidati che siano a tutto tondo.

Opzione 4: Questa risposta non è corretta; non è un'idea sbagliata che il QI da solo non sia in grado di prevedere il successo nella carriera, poiché l'intelligenza da sola non è sufficiente per ottenere risultati sul posto di lavoro.

Opzione 5: errata. Non è un'idea sbagliata che l'intelligenza emotiva possa essere più importante dell'intelligenza accademica sul posto di lavoro, poiché le aziende cercano una gamma più ampia di competenze rispetto alla sola intelligenza accademica. Ci sono molte idee sbagliate sull'intelligenza; ricordate che il QI non è il fattore più importante per l'efficacia sul posto di lavoro. Molte altre qualità, come l'efficacia emotiva, sono importanti per il successo.

Cosa significa essere intelligenti: è il QI? Il senso comune? Buone capacità sociali?

L'intelligenza sul lavoro è composta da tre elementi. La presenza o l'assenza di uno di questi elementi determina l'"intelligenza" di una persona. I lavoratori di maggior successo sono forti nelle seguenti aree.

* QI (quoziente di
* intelligenza), competenza
* e intelligenza emotiva.

domanda
Quanto è importante il QI per il successo
lavorativo? **Opzioni.**
1. nessuno
2. 25 per cento 3,50 per cento
4,75 per cento
5,100 per
cento
Risposta.

Gli studi dimostrano che il QI rappresenta solo il 4%-25% del successo sul lavoro. Ciò significa che almeno il 75% del successo lavorativo è determinato da fattori diversi dal QI.

Il QI è una capacità di soglia. Per svolgere molte professioni è necessario un certo QI. Tuttavia, dopo aver soddisfatto i requisiti di soglia del settore, il QI incide solo per il 4%-25% sul successo della carriera.

Chi ha un QI pari o superiore a 120 può diventare medico. Tuttavia, un medico con un quoziente intellettivo di 140 non ha necessariamente più successo di un medico con un quoziente intellettivo di 130.

La competenza comprende le conoscenze professionali, la formazione e l'esperienza. È il bagaglio di conoscenze che le persone ricevono quando svolgono un lavoro.

Per ulteriori informazioni sulle competenze, consultare i singoli testi.

La specializzazione è più importante del QI.

Per certi versi, la specializzazione è più importante del QI. Infatti, anche un genio non è qualificato per fare il medico se non ha una formazione specifica.

L'esperienza è una competenza di soglia

L'esperienza è una competenza di soglia. Per entrare in un certo campo è necessaria la competenza, ma la competenza da sola non vi porterà ai vertici.

Il QI e la competenza da soli non possono spiegare tutta l'intelligenza, quindi quali sono gli elementi mancanti?

È l'intelligenza emotiva, la capacità di gestire le emozioni in modo appropriato e di lavorare bene con gli altri. Per ulteriori informazioni sull'intelligenza emotiva, consultare i singoli aspetti.

sinergia

L'intelligenza emotiva è legata al QI e alla competenza. I top performer possiedono tutte queste qualità. La competenza sul lavoro inizia con l'intelligenza. L'istruzione e l'esperienza costituiscono il livello successivo. L'ultimo elemento è l'intelligenza emotiva.

Quando è più importante.

Più il lavoro è complesso e sofisticato, più l'intelligenza emotiva diventa importante. La mancanza di intelligenza emotiva mina il QI e le competenze e rende difficile la collaborazione e la gestione dei team.

Quando l'intelligenza diventa stupidità.

Quando le emozioni sono alte, le persone intelligenti possono agire in modo sciocco. Possono urlare, dire cose offensive, abbassare il morale e persino allontanare i clienti. L'intelligenza emotiva è particolarmente importante sul posto di lavoro perché uno scarso controllo delle emozioni può essere dannoso.

domanda

Abbinare uno o più QI, competenze e intelligenza emotiva che mettano in pratica quanto appreso con un contributo adeguato alla competenza sul posto di lavoro. **Opzione.**

A. competenza

B. quoziente di intelligenza

C. Intelligenza emotiva **Gruppo target.**

1. Particolarmente importante nel lavoro complesso.

2. rappresenta tra il 4 e il 25% del successo lavorativo.

3. ha leggermente più successo sul lavoro rispetto al QI

4. Conoscenze acquisite lavorando sul campo **Risposta.**

In effetti, il quoziente intellettivo incide tra il 4% e il 25% sul successo lavorativo, mentre l'esperienza viene acquisita sul lavoro in misura leggermente superiore. L'intelligenza emotiva è particolarmente importante nei lavori complessi.

La mancanza di intelligenza emotiva è particolarmente importante nei lavori complessi, in quanto mina il QI e la professionalità e rende difficile il lavoro collaborativo e la gestione del team.

Il QI incide tra il 4% e il 25% sul successo lavorativo. Per svolgere molte professioni è necessario un certo quoziente intellettivo, ma una volta raggiunta la soglia, il resto lo fanno le competenze e l'intelligenza emotiva.

L'esperienza è un fattore di successo lavorativo leggermente superiore al quoziente intellettivo. È la soglia di competenza necessaria per entrare in un settore, ma la competenza da sola non è sufficiente per arrivare ai vertici.

La competenza è la conoscenza acquisita lavorando in un settore e comprende conoscenze specialistiche, formazione ed esperienza. La competenza è l'esperienza di base che le persone ricevono quando lavorano.

L'intelligenza sul posto di lavoro è costituita dalla combinazione di tre aree: quoziente intellettivo, professionalità e intelligenza emotiva Il quoziente intellettivo e la professionalità sono competenze di soglia e talvolta sono richieste per entrare in un settore. Tuttavia, una volta soddisfatti questi requisiti, è l'intelligenza emotiva a determinare la maggior parte del successo sul posto di lavoro.

Negli ultimi cinque anni Phil è stato uno dei venditori più performanti dell'azienda. Il suo capo, Darlene, lo descrive come "un grande essere umano". Riesce a mantenere i clienti soddisfatti. Quando sorgono problemi, fa da mediatore tra il personale della sede centrale e il cliente. Non si fa prendere dal panico sotto pressione.

Cosa rende Phil diverso dagli altri venditori?

Phil è emotivamente "competente", il che lo porta ad essere un top performer. I dipendenti di successo sono in grado di controllare una serie di emozioni e di trattare efficacemente con gli altri. Le competenze dell'intelligenza emotiva si dividono in due categorie principali.

- competenze personali" come la consapevolezza di sé, l'autogestione e l'orientamento agli obiettivi;• "competenze sociali" come l'empatia e le abilità sociali.

La prima competenza è quella "personale". Queste competenze si riferiscono al modo in cui gestiamo noi stessi. Queste competenze comprendono l'autoconsapevolezza, l'autogestione e l'orientamento agli obiettivi.

Per le definizioni delle singole capacità, si veda la sezione "Capacità".

consapevolezza di sé

Autoconsapevolezza significa essere consapevoli dei propri sentimenti, dei propri punti di forza, dei propri limiti e delle proprie capacità. In altre parole, si tratta di avere una chiara comprensione di se stessi, di ciò che si sa fare e di ciò che non si sa fare.

autogestione

Autogestione significa controllare le emozioni e gli impulsi. Significa anche essere onesti. Significa anche essere flessibili, responsabili e innovativi. Significa agire in prima persona anziché addossare ad altri la responsabilità del proprio successo.

orientato agli obiettivi

L'orientamento agli obiettivi è la capacità emotiva di raggiungere gli obiettivi. Comprende il desiderio di raggiungere gli obiettivi, il livello di impegno, l'iniziativa e la proattività.

Darlene sta discutendo le competenze personali di Phil con John, un altro manager. John e il suo team sono interessati all'impatto di queste competenze sulle prestazioni.

John: Che differenza fa l'autoconsapevolezza di Phil nel suo lavoro?

Darlene: Sa che il suo umore influisce su quello dei clienti. Se è nervoso, i clienti lo percepiscono. Ha un atteggiamento positivo che è contagioso.

John: Che dire della consapevolezza dei propri limiti? Che differenza può fare?

Darlene: Sanno che devono prendersi del tempo per imparare perché non sono bravi nelle cose tecniche.

John: L'autogestione sembra essere particolarmente importante nelle vendite. Può farci qualche esempio specifico?

Darlene Phil non esce mai dai binari, anche in situazioni di pressione. Adotta un approccio proattivo per risolvere i problemi piuttosto che incolpare gli altri. **John: In che modo** la motivazione di Phil lo rende un grande performer?

Darlene Phil si pone obiettivi elevati e dedica il suo tempo a raggiungerli.

Il secondo gruppo di abilità è costituito dalle abilità "sociali". Queste abilità determinano la capacità di interagire con gli altri. Per ulteriori informazioni, vedere le abilità sociali individuali e come utilizzarle al lavoro.

empatia

Empatia significa essere consapevoli dei sentimenti, dei bisogni e delle preoccupazioni degli altri. Comprende l'interessarsi alle preoccupazioni degli altri e aiutarli a sviluppare le loro capacità.

abilità sociale

Le persone con buone abilità sociali sono in grado di suscitare risposte efficaci da parte degli altri. Possono anche comunicare bene con gli altri, gestire bene i conflitti e dimostrare capacità di leadership.

L'empatia al lavoro

L'empatia è particolarmente importante nelle relazioni con i clienti. Infatti, anticipare e soddisfare le esigenze dei clienti è essenziale per il successo sul posto di lavoro. I clienti vogliono che i loro fornitori si interessino attivamente alle loro preoccupazioni.

Abilità sociali al lavoro

Le abilità sociali sono importanti per trattare con clienti e colleghi. Le persone con buone capacità sociali possono lavorare bene in un ambiente di squadra. Sono anche in grado di influenzare positivamente gli altri e di guidare in modo efficace. **Domanda.**

Identificare i tratti dell'intelligenza emotiva presenti nei top performer.

Opzione.

1. empatia
2. abnegazione
3. indipendenza
4. autoregolazione
5. Motivazione **Risposta.**

Infatti, l'empatia, l'autoregolazione e la motivazione sono attributi dell'intelligenza emotiva che si ritrovano nei top performer.

Opzione 1: La risposta è corretta. L'empatia è un attributo dei top performer, poiché anticipare e soddisfare le esigenze è importante per il successo sul posto di lavoro.

Opzione 2: Questa risposta non è corretta. L'auto-negazione non è un attributo dei top performer. Essi tendono a non rinnegare se stessi, ma dimostrano autocontrollo.

Opzione 3: Questa risposta non è corretta. I top performer possono essere indipendenti in alcune situazioni, ma l'indipendenza non è uno degli attributi dell'intelligenza emotiva presenti nei top performer.

Opzione 4: Questa risposta è corretta. L'autoregolazione è una caratteristica dei top performer, esemplificata dal controllo delle emozioni e degli impulsi. Significa essere onesti, flessibili, responsabili e innovativi.

Opzione 5: Questa risposta è corretta. I top performer sono altamente motivati, si pongono obiettivi elevati e dedicano il loro tempo a raggiungerli.

I top performer sul posto di lavoro possiedono un'ampia gamma di competenze. Oltre all'intelligenza e alla formazione, possiedono la capacità di intelligenza emotiva. Ricordiamo che queste capacità possono essere suddivise in due gruppi.

• competenze personali" come la consapevolezza di sé, l'autoregolazione e la motivazione;• "competenze sociali" come l'empatia e le abilità sociali.

Autovalutazione sul lavoro

Avete mai sentito il detto "la conoscenza è potere"? Se questo è vero, allora la conoscenza di voi stessi è particolarmente importante. Come si può capire qualcos'altro senza capire se stessi?

Ciò che sapete di voi stessi ha un impatto significativo sulla vostra vita lavorativa. Un'autovalutazione accurata vi aiuterà a sviluppare i vostri punti di forza e a minimizzare le vostre debolezze. In questa lezione imparerete a.

- L'importanza dell'intuizione, i benefici di
- un'autovalutazione accurata e l'impatto
- della fiducia nella carriera.

domanda

Qual è il valore di una maggiore consapevolezza di sé?

Opzione.

1. L'autosviluppo migliora la competenza nel proprio campo di specializzazione.
2. La consapevolezza di sé può aiutare a migliorare le proprie debolezze.
3. La consapevolezza di sé è importante per l'autosviluppo.
4. La consapevolezza di sé ha un impatto positivo sul successo della carriera. **Risposta.**

In effetti, la comprensione di sé può avere un impatto positivo sulla carriera. Aiuta a comprendere i propri punti di forza e di debolezza e fornisce informazioni sufficienti per migliorarsi positivamente.

Opzione 1: Questa risposta non è corretta. L'autoconsapevolezza non porta a una maggiore competenza, in quanto la competenza si ottiene con l'istruzione e l'esperienza sul campo.

Opzione 2: Questa risposta è corretta. L'autoconsapevolezza e la fiducia in se stessi possono portare a miglioramenti nelle aree deboli, perché riconoscono i propri punti deboli e cercano aiuto con la formazione e l'istruzione per migliorare e svolgere i compiti nelle aree deboli.

Opzione 3: Questa risposta è corretta. L'autoconsapevolezza e la valutazione sono importanti per l'autosviluppo, in quanto implicano la conoscenza di se stessi e la comprensione delle proprie aree deboli.

Opzione 4: Questa risposta è corretta. L'autoconsapevolezza ha un impatto positivo sul successo della carriera, perché aiuta a conoscere e a capitalizzare i propri punti di forza e a capire quali sono gli aspetti da migliorare.

Questa lezione vi aiuterà a capire la fonte e l'importanza dell'intuizione e il ruolo potente che svolge nel processo decisionale. Inoltre, vi farà capire quali sono i punti ciechi che rendono difficile l'autovalutazione.

Esplorate l'importanza della fiducia nella vostra carriera e come la mancanza di fiducia può far deragliare la vostra vita professionale.

La nuova proposta commerciale era eccellente. I bilanci erano solidi, la missione era chiara e i soci erano esperti. Molte persone investirono, con l'approvazione dei loro consulenti finanziari; un anno dopo, l'azienda fallì. Migliaia di persone hanno perso denaro. Gloria fu una di quelle che non investì e si tenne il suo denaro. Cosa sapeva Gloria che nessun altro sapeva? Era una sensazione istintiva", ha detto Gloria". Questa proposta non mi è piaciuta".

Esiste davvero l'istinto? L'istinto fa la differenza? **Domanda.**
Vi capita spesso di prendere decisioni basate sull'intuito?
Opzione.
1. mai
2. a volte
3. tempo di dimezzamento (in chimica fisica)
4. nella maggior parte dei casi
5. **La risposta è** sempre la seguente.

L'intuizione può essere una parte preziosa del processo decisionale. Molti esperti raccomandano di usare sia l'intuito che i fatti quando si compiono delle scelte.

L'intuizione può svolgere un ruolo importante nel processo decisionale. Molti dirigenti riferiscono di avere risposte intuitive quando prendono decisioni critiche, come fusioni o questioni finanziarie.

Questa lezione esplora le fonti dell'intuizione e il modo in cui questa cambia con l'età, e pone la domanda "In che misura dovrei affidarmi alla mia intuizione?". e risponde alla domanda "Quanto dovrei fare affidamento sulla mia intuizione?".

Da dove viene l'istinto? Sono frutto dell'immaginazione? Poteri psichici? O fanno parte del funzionamento naturale del cervello?

Gli istinti fanno parte del sistema di apprendimento del cervello.

Per ulteriori informazioni sul funzionamento dell'istinto, consultare le singole domande.

Da dove vengono gli istinti?

Tutto ciò che si vive evoca emozioni come la paura, la felicità e la contentezza. Queste emozioni sono memorizzate in una parte del cervello chiamata amigdala. Questa fornisce una "impronta emotiva" di tutto ciò che si vive.

Gli istinti e l'intuizione derivano da un sistema intrinseco di allarme precoce per il pericolo, che esiste ancora oggi sotto forma di sentimenti di ansia e paura. Gli istinti sono come un radar primitivo che ci dice che qualcosa non va.

Come funziona l'amigdala?

L'amigdala utilizza queste informazioni per prendere decisioni come "il pesce sembra migliore della pasta". È attraverso questa parte del cervello che si reagisce in modo intuitivo a ogni decisione da prendere.

L'intuizione nasce da schemi emotivi ricordati. Con l'accumularsi dell'esperienza di vita, è logico che l'intuizione funzioni meglio nelle persone anziane che in quelle giovani.

Gli anziani hanno anche un'intuizione più acuta rispetto ai giovani. Sono anche più capaci di fidarsi del loro radar interiore.

Cosa fare quando qualcosa non quadra? Ignorarlo o ascoltarlo? Ci sono molti modi per affrontare l'intuizione, ma il modo migliore è bilanciare le sensazioni con i fatti.

- Concentrarsi sull'intuizione.
- Gli istinti non devono prevalere sui fatti, ma devono essere considerati insieme ad essi.
- Questo intuito spesso vi dice come ogni opzione si inserisce nel vostro quadro generale, nei vostri valori e nelle vostre preferenze. Se un'opzione vi sembra "diversa", potrebbe essere sbagliata.

domanda

Quale delle seguenti affermazioni sulle caratteristiche degli istinti è corretta?

Opzione.

1. I giovani di solito hanno un istinto più forte degli anziani.

2. Gli istinti nascono da risposte emotive accumulate ad altri eventi della vita.

3. Gli istinti sono solo risposte emotive e vanno ignorati.

4. Gli istinti si rafforzano con l'esperienza di vita. **Risposta.**

In realtà, gli istinti nascono dalle risposte emotive agli eventi della vita. sono memorizzati in una parte del cervello chiamata amigdala. Gli istinti si rafforzano man mano che le esperienze della vita permettono di memorizzare un maggior numero di risposte.

Opzione 1: Questa risposta non è corretta. Gli istinti derivano da schemi emotivi memorizzati e da esperienze di vita accumulate, quindi è logico che le persone anziane abbiano istinti più forti di quelle giovani.

Opzione 2: Corretto. Gli istinti derivano da risposte emotive memorizzate ad altri eventi della vita. Questi sentimenti sono immagazzinati in una parte del cervello chiamata amigdala, che fornisce il "progetto emotivo" per ogni esperienza.

Opzione 3: errata. Alcune reazioni istintive possono essere emotive, ma non devono essere ignorate. L'intuito, infatti, vi dice come ogni scelta si inserisce nel vostro quadro generale, nei vostri valori e nelle vostre preferenze.

Opzione 4: Questa risposta è corretta. L'intuizione si rafforza con l'età perché nasce dai modelli emotivi ricordati. Con l'accumularsi dell'esperienza di vita, le persone anziane hanno un'intuizione più acuta di quelle giovani.

Gli istinti sono considerati un sistema di allarme, come il radar. Come molti altri processi di pensiero, si sono sviluppati nel cervello attraverso l'evoluzione. Per comprendere gli istinti, è importante

- Gli istinti provengono da una parte del cervello chiamata amigdala.
- Gli istinti crescono con il tempo e l'intuizione tende a rafforzarsi con
- l'età. Le decisioni vengono prese tenendo conto dell'intuito e dei fatti.

Bill gestiva un team di tecnici dell'assistenza. Il suo motto è: "Sono un manager senza mani". Dice che vuole che i membri del suo team siano "responsabilizzati" e non interferisce nelle loro attività quotidiane.

Tuttavia, quando si presentavano dei problemi, Bill iniziava subito a prendere il controllo dettagliato. Un tecnico ha detto: "Bill pensa di non fare nulla, ma in realtà è un maniaco del controllo". Non voglio più lavorare per lui", ha detto un tecnico.

Bill non si giudica con precisione. Si considera un manager liberale, ma i suoi dipendenti lo vedono come un micro-manager dispotico. Bill ha un punto cieco che ostacola la sua autovalutazione accurata. In questo argomento imparerete

- Perché è importante un'autovalutazione accurata.
- I punti ciechi ostacolano l'autovalutazione; esempi di
- punti ciechi tipici.

Un punto cieco è qualcosa che impedisce un'accurata autovalutazione. È ciò che non si vede di se stessi. Bill si vede come un manager che non si lascia coinvolgere, ma il suo stile è molto dominante. Punti ciechi come quello di Bill possono far deragliare la vostra carriera. Se non si è consapevoli di un comportamento negativo, non lo si può cambiare. Se Bill non cambia il suo stile di gestione, potrebbe perdere i dipendenti che sono in grado di svolgere il lavoro.

È stato anche scartato per una promozione o ha perso il lavoro perché non vede se stesso con chiarezza. Anna, il capo di Bill, decide di parlargli del suo stile di gestione.

Anna, il supervisore di Bill, sta cercando di dargli un feedback sulle sue prestazioni. Seguite la reazione di Bill al suo feedback.

Anna: Bill, puoi parlarci un po' di come vedi il rapporto con i tuoi dipendenti? Mi piacerebbe conoscere il tuo punto di vista in merito.

Bill: Ho un ottimo rapporto con il mio staff. Sono piuttosto liberale e loro sono liberi di prendere le proprie decisioni. Credo che siano molto soddisfatti.

Anna: Lei era al comando durante l'**ultimo** guasto. Il personale non sembrava avere molto da dire.

Bill Beh, in una situazione di emergenza è importante che il manager intervenga. Perché non si può rischiare che altre persone commettano errori.

Anna: Ma il personale della vostra azienda non è addestrato per queste emergenze? A me sembra che avrebbero il potere di prendere l'iniziativa.

Bill: La responsabilità finale è mia. Non la vedo come una questione di delega di autorità: finché sono il manager, devo prendere le decisioni.

Bill è negativo. Ignora le informazioni negative perché è troppo doloroso ammettere di aver commesso un errore. Inventa scuse, ma il problema esiste ancora. Altre tecniche di negazione includono la minimizzazione o la razionalizzazione dei fatti.

La strategia di negazione di Bill serve a ignorare i fatti per non dover cambiare. Riconoscere il problema è il primo passo verso il cambiamento.

Ci sono otto punti ciechi comuni che impediscono un'autovalutazione accurata. Quattro sono elencati qui e gli altri quattro sono elencati nella pagina successiva.

Per gli esempi, vedere i singoli tipi di punti ciechi.

ambizione eccessiva

Fred crede di dover avere ragione a tutti i costi. Non è collaborativo ed è competitivo anche all'interno della sua squadra. Altri pensano che sia arrogante e che si vanti troppo dei suoi successi".

Definizione di obiettivi irragionevoli

Il team di Kate è quasi incapace di rispettare le scadenze da lei fissate. Non si rende conto del tempo e dello sforzo necessari per portare a termine un compito.

'I membri del team sono in difficoltà e non bisogna dar loro compassione'.

stacanovista

Matt è uno stacanovista. Il lavoro ha la precedenza su tutto il resto della sua vita. Lavora molte ore, inutilmente, a spese della sua famiglia. Così, quando arriva il momento, non riesce a farcela".

Respingere gli altri

Jodie spinge troppo i membri del suo team e li porta sull'orlo del collasso. È una micromanager. Controlla e non permette al personale di prendere nemmeno le decisioni più piccole. Il personale la descrive come una persona dal sangue freddo. Gli altri quattro punti ciechi comuni sono spiegati qui.

La lettura di ogni dipendente mostra come il management descrive i dipendenti con punti ciechi.

fame di potere

Tracy è affamata di potere. Vuole il potere per il proprio tornaconto. Ha sempre il suo programma e non si preoccupa degli altri. Agisce sempre per se stessa.

Cercare la gloria

Bert è un cercatore di gloria. Si prende il merito del lavoro degli altri, ma è veloce a scaricare la colpa quando il lavoro fallisce. Inoltre, non porta a termine i progetti. Dopo essere stato elogiato, non porta a termine il lavoro, ma va alla ricerca della prossima parata.

orientato all'aspetto

"Ralph si preoccupa molto del suo aspetto e cerca di farsi bello. Si preoccupa più di quanto siano costosi i suoi abiti che di come lavorano i suoi dipendenti. Si preoccupa meno del suo prodotto che della sua immagine".

perfezionismo

Dennis è un perfezionista. È ossessionato dai dettagli, anche se il quadro generale è più importante. Non accetta bene i feedback e spesso si arrabbia. Si rifiuta di ammettere gli errori anche quando è chiaramente colpevole.

domanda

Quali sono i punti ciechi più comuni che impediscono un'autovalutazione accurata?

Opzione.

1. eccessiva ambizione
2. equilibrio tra lavoro
e vita privata
3. Obiettivi dilaganti.
4. desiderio di potere
5. orientato agli obiettivi

Risposta.

In effetti, l'ambizione eccessiva, gli obiettivi irragionevoli e la fame di potere sono punti ciechi comuni. Queste barriere ci impediscono di vedere noi stessi con chiarezza.

Opzione 1: Questa risposta è corretta. L'eccessiva ambizione è un punto cieco comune. Le persone con questo punto cieco di solito devono fare la cosa giusta ad ogni costo e sono eccessivamente competitive nei confronti dei membri del proprio team.

Opzione 2: Questa risposta non è corretta. L'equilibrio tra lavoro e vita privata non è un punto cieco, in quanto non dà eccessiva importanza a una parte della vita, il lavoro.

Opzione 3: Questa risposta è corretta. Gli obiettivi impossibili ostacolano un'autovalutazione accurata perché portano al fallimento di se stessi e degli altri.

Mancato rispetto delle scadenze e delle aspettative.

Opzione 4: Questa risposta è corretta. Un punto cieco comune è la fame di potere. Le persone con questo tratto non sono interessate ai bisogni degli altri. Agiscono sempre per se stesse.

Opzione 5: Questa risposta non è corretta. L'orientamento agli obiettivi non ostacola un'autovalutazione accurata perché si concentra sul quadro generale.

Un'autovalutazione accurata aiuta le persone a capire se stesse. I punti ciechi possono ostacolare la nostra capacità di vederci chiaramente. Tendiamo a essere negativi e a escludere le informazioni negative.

Capire i punti ciechi e ricevere un feedback dagli altri può aumentare la consapevolezza di sé.

Perché la fiducia in se stessi è così importante? Perché la fiducia in se stessi è un fattore predittivo del successo nella carriera. Le persone sicure di sé tendono a fare bene sul posto di lavoro, mentre quelle che non hanno fiducia in se stesse di solito rimangono indietro.

Perché la fiducia in se stessi è un fattore così importante per il successo della carriera? Lo è.

Leader distintivi. Più si avanza nella carriera, più diventa importante la fiducia in se stessi. In questo argomento imparerete a.

- Gli svantaggi di una scarsa fiducia in se stessi,
- l'effetto della fiducia sul successo nel mondo
- del lavoro e l'importanza del coraggio.

Qual è il contributo della fiducia in se stessi sul posto di lavoro? Il livello di fiducia in se stessi influisce su molti aspetti della vita lavorativa.

Per ulteriori informazioni sull'impatto della fiducia in se stessi sulla propria carriera, consultare ciascun elemento.

leadership

I leader devono essere sicuri di sé per assumere posizioni manageriali e di supervisione. Senza fiducia, non cercheranno posizioni di responsabilità. Non avranno sufficiente fiducia nelle proprie capacità per assumere ruoli di leadership.

processo decisionale

Quando avete fiducia in voi stessi, sentirete che le vostre opinioni sono giustificate. Sarete in grado di soppesare le opzioni e di scegliere il modo migliore di procedere. Senza fiducia in se stessi, si evita di prendere decisioni per paura di fallire.

viso

Potreste dover prendere decisioni o intraprendere azioni che non godono del sostegno di tutti. Se siete sicuri di voi stessi, potete gestire l'opposizione. Se non avete fiducia in voi stessi, non riuscite a tenere testa agli altri e vi arrendete al primo segno di opposizione o disapprovazione.

Dare fiducia agli altri.

Se siete sicuri di voi stessi, è facile che ispiriate fiducia negli altri. Da ciò che dite, gli altri possono percepire la fiducia che avete in voi stessi. Quando dite cose come "non posso farlo", gli altri pensano che non potete farlo.

ambizione

Quando si ha fiducia in se stessi, si è motivati a migliorare. Poiché credete in voi stessi, sarete motivati a raggiungere i vostri obiettivi. Senza fiducia, eviterete le sfide perché non avrete la capacità di riprendervi dagli insuccessi. **Cercate le opportunità.**

La fiducia in se stessi facilita l'approccio con gli altri per quanto riguarda il lavoro, i progetti interessanti, le promozioni e altre opportunità. Se non siete sicuri di voi stessi, per paura di essere rifiutati perderete delle opportunità.

Diane lavorava nel reparto di sviluppo software di una grande azienda. Il suo capo decise di installare un dispositivo di tracciamento del software. Diane sapeva che il dispositivo avrebbe distrutto gran parte dei dati del reparto. Il costo sarebbe stato di quasi un milione di dollari. Diane cercò ripetutamente di convincere il suo capo, ma nonostante le ripetute proteste di Diane e di altri dipendenti, lui andò avanti con il suo piano. Poiché il suo capo non le dava retta, Diane decise di parlare sopra la testa del suo capo. Di conseguenza, il problema è stato rapidamente risolto.

Alla domanda sulla sua decisione, Diane ha risposto: "Non potevo rischiare di causare un danno così grave all'azienda per proteggere l'ego di qualcuno. Era rischioso scavalcare il mio capo, ma ho pensato che il rischio maggiore fosse quello di portare avanti i suoi piani".

Diane ha corso i rischi giusti? Ha fatto i passi giusti al momento giusto e non ha causato danni significativi all'azienda. Diane non ha agito per motivi egoistici, ma nell'interesse di tutti.

- Il coraggio è necessario quando il rischio di non dire nulla è maggiore di quello di tacere.
- Il coraggio dovrebbe basarsi sulla capacità di comprendere e giudicare i fatti.
- Il coraggio dovrebbe essere guidato da ciò che è bene per tutti.

domanda

Individuare come la fiducia in se stessi influenzi il successo della carriera.

Opzione.

1. Prendere decisioni difficili richiede fiducia.
2. La fiducia abbassa l'ambizione.
3. La fiducia in se stessi è un indicatore preciso del successo della carriera.
4. La fiducia in se stessi aiuta a superare i fallimenti.
5. La fiducia esaspera l'indecisione.

Risposta.

La fiducia in se stessi è infatti fondamentale per il successo della carriera. Le persone sicure di sé hanno maggiori probabilità di successo. Sono in grado di prendere decisioni difficili e di superare i fallimenti.

Opzione 1: Questa risposta è corretta. La fiducia è necessaria quando si prendono decisioni difficili. Infatti, consente di esaminare le opzioni e di avere la certezza di scegliere la linea d'azione migliore.

Opzione 2: Questa risposta non è corretta. Fiducia e ambizione sono strettamente correlate, quindi una non indebolisce l'altra.

Opzione 3: Corretta. La fiducia in se stessi è un indicatore preciso del successo nella carriera. La fiducia in se stessi facilita l'approccio con gli altri in merito a opportunità di lavoro, progetti interessanti e promozioni. Siete motivati a raggiungere i vostri obiettivi perché credete in voi stessi.

Opzione 4: Questa risposta è corretta. Infatti, senza fiducia, le persone evitano le sfide perché non hanno la capacità di riprendersi da un fallimento.

Opzione 5: Questa opzione è sbagliata. La fiducia in se stessi diminuisce l'indecisione. Senza fiducia, le persone evitano di prendere decisioni per paura di fallire.

La fiducia in se stessi è una componente fondamentale per una carriera di successo. La sicurezza di sé è la capacità di perseguire opportunità, prendere decisioni e affrontare l'opposizione. La fiducia in se stessi è necessaria anche per agire con coraggio in determinate situazioni.

La mancanza di fiducia in se stessi può influire negativamente sulla capacità di progredire nella propria carriera. L'autostima è un fattore importante per il successo sul posto di lavoro.

Autogestione e controllo

Avete mai visto qualcuno perdere il controllo, fare i capricci, urlare e gridare? Questi comportamenti risolvono il problema o lo peggiorano?

Tutti provano emozioni. Esse vanno dalla contentezza alla rabbia. Alcune persone sono in grado di controllare le proprie emozioni meglio di altre, mentre altre possono danneggiare le relazioni e ridurre la produttività. In questa lezione imparerete a.

- Tra queste, le abilità necessarie per controllare le emozioni e
- gli impulsi, l'importanza dell'integrità nelle relazioni di lavoro
- e gli strumenti necessari per "cambiare con il cambiamento".

domanda

Quali sono i benefici della regolazione e del controllo delle emozioni?

Opzione.

1. Può migliorare le relazioni con la direzione.
2. Aumento del potenziale di leadership.
3. È possibile evitare conflitti improduttivi.
4. Migliore gestione del tempo.

risposta

Infatti, controllando le emozioni, è possibile costruire relazioni migliori e risolvere i problemi in modo produttivo. Inoltre, vi offrirà maggiori opportunità di leadership.

Opzione 1: La risposta è corretta. Sopprimere le emozioni può migliorare il rapporto con la direzione perché rende il dipendente più affidabile.

Opzione 2: Questa risposta è corretta. Il controllo delle emozioni aumenta le possibilità di assumere ruoli di leadership, in quanto si viene considerati persone affidabili e responsabili.

Opzione 3: Questa opzione è corretta. Regolare e controllare le emozioni significa evitare situazioni potenzialmente problematiche ed essere pronti a trattare con gli individui in modo produttivo, evitando così scontri improduttivi.

Opzione 4: Questa risposta non è corretta. Il controllo delle emozioni non porta necessariamente a una migliore gestione del tempo.

Il lavoro ha i suoi alti e bassi. È normale provare sentimenti contrastanti nei confronti delle interruzioni dell'attività. La gestione delle emozioni e degli impulsi vi distinguerà dai vostri colleghi.

In questa lezione imparerete a conoscere la responsabilità, la costruzione della fiducia, l'innovazione e l'adattabilità come abilità per affrontare un ambiente aziendale in continua evoluzione.

Jeanine è un'addetta al servizio clienti in prima linea. Un giorno, un cliente si è presentato al suo sportello e ha iniziato a gridare contro di lei perché c'era un errore sulla fattura.

Gli altri delegati guardarono stupiti la risposta di Jeanine. Posso immaginare la vostra frustrazione", disse con calma. Anch'io sarei arrabbiata". La rabbia del cliente si è calmata e Jeanine è riuscita a risolvere il problema del cliente senza arrabbiarsi di nuovo.

Come fa Jeanine? È autodisciplinata e controlla le proprie emozioni. È in grado di controllare i suoi stati d'animo senza farsi influenzare dalle emozioni. In questo argomento imparerete a conoscere.

- Che cos'è l'autocontrollo e come le abilità di intelligenza
- emotiva possono aiutare a controllare le emozioni?

domanda

Pensate a una persona che conoscete e che riesce a mantenere la calma in qualsiasi situazione e decidete se la seguente affermazione è giusta o sbagliata.

Le persone calme e rilassate sono meno emotive di quelle che si agitano facilmente.

Opzione.

1. vero

2. pseudo

Risposta.

In effetti, anche le persone che sembrano calme provano emozioni. Tuttavia, le persone che sembrano calme e quelle che sembrano turbate usano e controllano le loro emozioni in modo diverso.

Opzione 1: Questa affermazione non è corretta. Se le persone rilassate sono meno emotive di quelle che si agitano facilmente, non dovrebbero avere la capacità di apparire calme in situazioni di tensione.

Opzione 2: Questa affermazione non è corretta. Le persone rilassate non sono meno emotive, ma sanno come gestire le emozioni in situazioni di stress.

Le persone dotate di autocontrollo emotivo non crollano nelle seguenti situazioni.

Situazione stressante. Come Jeanine, è in grado di gestire i capricci degli altri senza arrabbiarsi. Altre caratteristiche dell'autocontrollo sono.

- **Gestione dell'umoreAlcune** persone sono in grado di riconoscere e controllare i propri stati d'animo. Cambiano i comportamenti che causano il cattivo umore.
- **Comprensione di sé.** Alcune persone hanno una buona comprensione dei propri punti di forza e di debolezza e cercano aiuto quando è
- opportuno. **Mantenere la** calma aiuta a disinnescare le emozioni
- dell'aggressore. Le persone che comprendono le proprie emozioni sono in grado di controllarle meglio.

Il fatto che si reprimano le emozioni non significa che si stiano affrontando in modo efficace. Alcune persone possono non avere una reazione visibile, ma le emozioni negative possono manifestarsi in altri modi. Pressione alta, mal di testa, mal di schiena e altri problemi di salute possono essere causati da emozioni negative. È importante capire e scaricare lo stress. Le strategie di coping variano a seconda delle preferenze. Pensate a ciò che vi fa sentire meglio.

Provare sentimenti negativi non è una cosa negativa. L'importante è il modo in cui si affrontano questi sentimenti. Non usate le emozioni negative per creare altre situazioni spiacevoli. Di fronte allo stress, trovate il modo di affrontarlo e di trasformare la situazione in una situazione positiva.

Ci sono quattro abilità chiave che possono aiutarvi a controllare le vostre emozioni. Le prime due sono "gestire il proprio stato d'animo" e "comprendere se stessi". Si tratta di agire indipendentemente dal proprio stato d'animo e di comprendere appieno i propri punti di forza e di debolezza per far fronte allo stress. La seconda abilità è "mantenere la calma quando si è sotto attacco" e "comprendere le proprie emozioni". Se riuscite a rimanere neutrali quando siete sotto attacco, potete evitare molti problemi. Se si comprendono i propri sentimenti, si possono anche migliorare le proprie relazioni.

Vedere ogni persona per scoprire come funzionano queste abilità di autocontrollo emotivo. **Diego.**

"Mi accorgo di essere scontrosa nel pomeriggio. Invece di arrabbiarmi e perdere tempo, cerco di programmare i pomeriggi con un lavoro che mi piace. Mi piace molto incontrare i membri del mio team, quindi cerco di programmare le riunioni con persone allegre". **Mabel**

Una collega mi rende molto nervosa, quindi faccio delle prove prima di parlarle. So che mi rende nervoso, quindi è importante pensare a ciò che voglio dalla conversazione. Se si pianifica in anticipo, non ci si emoziona.

Jason.

So che i nostri clienti sono arrabbiati. Ma se non mantengo la calma, la situazione non potrà che peggiorare". Cerco di contare fino a dieci prima di rispondere a un cliente arrabbiato. In questo modo posso pensare prima di parlare.

Natale

"Quando devo snocciolare numeri, divento nervoso. Per questo motivo, avere qualcuno che mi controlla evita che mi faccia prendere dall'ansia e dal panico. Mi aiuta a capire dove commetto errori, in modo da poter migliorare nel tempo". **Domande**

Identificare le abilità che consentono di controllare le emozioni e gli impulsI.

Opzione.

1. Sensibile alla pressione
2. la propria indagine (indagine su un reato)
3. acquisto di tempo
4. Ignorare lo stress mentale **Risposta.**

Infatti, le persone che riescono a controllare i propri impulsi e le proprie emozioni sono in grado di rimanere calme e positive anche in situazioni di tensione. Sono in grado di gestire la propria vita per evitare situazioni di stress.

Opzione 1: Questa opzione è corretta. Pensare chiaramente sotto pressione è un'abilità che aiuta a sopprimere le emozioni e gli impulsi, perché diffonde le situazioni in cui è difficile mantenere la calma.

Opzione 2: Questa è la risposta corretta. Capire i propri sentimenti può aiutare a controllare le emozioni e gli impulsi, evitando che gli stati d'animo dominino il comportamento.

Opzione 3: Questa risposta è corretta. La gestione del tempo può aiutare a controllare le emozioni e gli impulsi. Se riuscite a riconoscere ciò che scatena le vostre reazioni emotive e a evitare tali situazioni, non perderete tempo ad arrabbiarvi o ad arrabbiarvi.

Opzione 4: Questa risposta non è corretta. Ignorare lo stress emotivo non è un'abilità di soppressione emotiva, poiché lo stress emotivo può manifestarsi in altre forme, come pressione alta, mal di testa, mal di schiena e altri tipi di problemi di salute.

Ricordate che avere un forte autocontrollo non significa evitare le emozioni. Significa gestire le emozioni in modo efficace. Capire le proprie emozioni aiuta a controllarle.

È anche importante capire come ci si sente e di cosa si è capaci, in modo da poter pianificare un'azione positiva.

Nel momento in cui ho visto la nota spese di Ted, ho capito che dovevo licenziarlo", ha riferito Ellen, una responsabile delle vendite. Cenavamo insieme ogni sera, quindi sapevo quali erano i suoi conti. La sua relazione era sbagliata solo di pochi dollari, ma se mentiva su una piccola somma di denaro, su cos'altro avrebbe potuto mentire? Come si può affidare un cliente a una persona del genere?".

L'integrità è un elemento importante, ma spesso trascurato, di una carriera di successo. Le persone integre tendono ad essere riconosciute dai colleghi. In questo argomento imparerete a.

* L'importanza dell'onestà, il
* valore del controllo degli
* impulsi e gli effetti della
responsabilità.

domanda

Quali sono gli esempi più comuni di disonestà sul posto di lavoro?

Opzione.

1. spalancare (soprattutto la bocca)

2. bufala

3. giustizia retributiva

4. Mentire ai clienti; 5. Rubare materiale d'ufficio.

risposta

In realtà, sono tutti esempi comuni di disonestà sul posto di lavoro. Anche se variano per gravità, tutte queste forme di disonestà influiscono negativamente sull'azienda in un modo o nell'altro.

Opzione 1: questa è la scelta giusta. Un esempio di disonestà sul posto di lavoro è prendersi il merito del lavoro di altri. Questo può essere dannoso per l'azienda nel suo complesso e per le persone coinvolte.

Opzione 2: Questa risposta è corretta. La falsificazione è un esempio di frode sul posto di lavoro che, a seconda della sua natura, può essere molto dannosa per l'organizzazione.

Opzione 3: Questa risposta è corretta. Dare informazioni false al proprio supervisore è disonesto e può danneggiare l'azienda e la carriera personale.

Opzione 4: Questa risposta è corretta. Un esempio di disonestà è mentire ai clienti. In ultima analisi, questo può danneggiare l'azienda, che perderà molto denaro e affari a causa di questo comportamento.

Opzione 5: La risposta è corretta. Il furto di materiale per ufficio è un esempio di disonestà sul posto di lavoro, in quanto può causare danni significativi all'azienda.

I datori di lavoro notano e apprezzano l'integrità dei loro dipendenti. L'integrità fa bene agli affari - Jeff è un supervisore di magazzino.

Da ognuno di questi commenti si possono trarre ulteriori informazioni sui lavoratori e sull'integrità. **L'integrità è importante.**
I miei dipendenti potrebbero rubare le forniture o mentire ai clienti. In definitiva, potremmo perdere molti soldi e affari a causa di questo comportamento. Non possiamo permettercelo.
Non mi fido di loro per assumere un I costi potrebbero essere elevati".

comportamento etico

"So che alcune persone prendono giorni di malattia quando vogliono godersi le vacanze. Ma se per caso lo scoprissi, non sarei propenso a fidarmi di quella persona a causa della sua storia di bugie".

Essere sinceri.

Penso che chi è onesto con me sia una persona di cui mi posso fidare. Se un dipendente ammette un errore o mi parla di un problema, so che sarà onesto anche su altre questioni. Se quella persona mi dice la verità, posso fidarmi".

Costruire la fiducia.

Ci vuole tempo per fidarsi di qualcuno. Se un dipendente mantiene le sue promesse, per quanto piccole, posso fidarmi di quella persona. Ma se qualcuno non le mantiene, non ci si può fidare.

E le persone che non sono fedeli? Gli studi dimostrano che hanno uno scarso autocontrollo. Non sono in grado di ritardare la gratificazione anche quando sanno che c'è una ricompensa più avanti.

Le persone con controllo degli impulsi pensano alle conseguenze prima di agire.

Questa maturità paga nel lungo periodo.

Quello che pensano le persone con scarso controllo degli impulsi". So che oggi ho una riunione importante, ma è il primo giorno di primavera. Diamo buca". Questo comportamento può avere un impatto negativo sulla carriera nel tempo.

L'affidabilità è la chiave del successo in qualsiasi ambiente di lavoro. Scoprite come l'affidabilità viene dimostrata sul posto di lavoro da ciascun dipendente.

Pam.

Pam arriva al lavoro alle 8 ogni giorno. Raramente si dà malata. Il lavoro viene svolto bene e terminato in tempo.

Aaron.

Aaron fa un ottimo lavoro, ma i suoi orari sono irregolari. Il suo supervisore non sa mai quando o dove trovarlo. Spesso i compiti finiscono in ritardo o non vengono portati a termine.

Pam ha più probabilità di essere promossa di Aaron. I capi tendono a valutare le persone affidabili più in alto nelle recensioni rispetto a quelle inaffidabili. Le persone come Pam sono la spina dorsale dell'azienda. Seguono le regole, si aggiornano e rispettano le scadenze. Sono qualità preziose a tutti i livelli di un'organizzazione. **Domanda.**

Quali sono le caratteristiche dell'integrità?

Opzione.

1. bambola protettiva
2. spostare la responsabilità (di qualcosa) su (qualcuno)
3. portare una borsa
4. inaspettatamente
5. ad azione lenta

risposta

Infatti, le persone integre agiscono in modo etico. Agiscono in modo onesto e si aspettano un comportamento adeguato dagli altri. Quando è il caso, sono disposte a sacrificare la gratificazione immediata.

Opzione 1: Questa risposta non è corretta. È immorale e dimostra una mancanza di integrità dire qualcosa che non è vero, anche se è motivato da amicizia o lealtà.

Opzione 2: Questa risposta è corretta. Rendere conto a se stessi del raggiungimento dei propri obiettivi è un segno di integrità.

Opzione 3: Questa risposta non è corretta. Nascondere informazioni per proteggere i sentimenti di un collega, anche se l'azione è compiuta per gentilezza, non è etico e quindi non è una caratteristica dell'integrità.

Opzione 4: Questa risposta è corretta. Dire la verità, anche quando non è facile, è un segno distintivo dell'integrità, perché significa essere onesti su altri problemi che potrebbero emergere.

Opzione 5: Questa risposta è corretta. Ritardare la gratificazione è un segno distintivo dell'integrità. Infatti, pensare alle conseguenze prima di agire ripaga nel lungo periodo.

È facile dimenticare quanto siano importanti sul posto di lavoro qualità come l'affidabilità, il controllo degli impulsi e l'integrità. Ricordate che questi comportamenti hanno un impatto significativo sulla percezione che gli altri hanno di voi.

"Non è la specie più forte a sopravvivere, né la più intelligente". "È la specie più sensibile ai cambiamenti". --Charles Darwin

Le persone di successo nell'ambiente lavorativo odierno sono quelle flessibili e adattabili ai cambiamenti. Se non cambiate con l'ambiente, sia la vostra carriera che la vostra salute mentale ne risentiranno. In questo argomento imparerete a.

- Come l'innovazione vi rende efficaci e perché
- l'adattabilità è un'abilità importante.

Avete mai sentito la frase "innovare o morire"? Questa frase illustra l'importanza di trovare nuove idee. Non è facile essere creativi. Tuttavia, le persone che non cercano di essere innovative hanno difficoltà a risolvere i problemi perché si oppongono alle nuove idee. Sono così concentrati sui dettagli che perdono di vista il quadro generale. Gli innovatori sono coloro che facilitano il cambiamento.

Per saperne di più sugli innovatori, vedere i singoli aspetti.

informazioni

Gli innovatori parlano con i clienti, gli altri dipendenti e la dirigenza e ottengono informazioni da molte fonti. Utilizzano poi queste informazioni per riflettere sulle esigenze attuali e su come soddisfarle.

'Idea folle'.

Gli innovatori pensano fuori dagli schemi. Prendono in considerazione idee che possono sembrare folli o impossibili. Pensate a quanto fossero bizzarre le macchine volanti sviluppate dai fratelli Wright. Eppure oggi il volo è un'industria importante. **Generazione di idee.**

Gli innovatori hanno molte idee. Alcune funzioneranno, altre no. Tuttavia, la pratica di proporre idee è importante. Se gli innovatori non fanno brainstorming, non si creeranno nuovi prodotti e servizi.

passione

Agli innovatori piacciono le nuove idee. È così che creano soluzioni insolite ai problemi. Questa "originalità" è un'importante arma commerciale. Le idee folli di oggi diventano i prodotti redditizi di domani.

È importante analizzare e recepire costantemente nuove informazioni sull'ambiente. Chi ignora i feedback di clienti e dipendenti può perdere informazioni importanti su esigenze e problemi.

Nel 1943 i computer non erano un'industria importante, ma 40 anni dopo è iniziato il boom dei computer. Se IBM avesse mantenuto l'atteggiamento del 1943, avrebbe potuto perdere una grande opportunità.

Cosa fare quando l'ambiente cambia? Secondo la teoria evolutiva, o ci si adatta al cambiamento o si diventa obsoleti. Nel mondo degli affari, questo significa rimanere indietro rispetto ai concorrenti e perdere clienti.

La capacità di "adattarsi al cambiamento" è preziosa. Gli "adattatori" delle risorse umane che sanno affrontare bene i cambiamenti stanno diventando sempre più importanti per le aziende per cui lavorano.

- Gli adattatori possono svolgere più compiti. Possono cambiare
- facilmente le priorità. Le persone adattabili possono cambiare le loro risposte e tattiche per adattarsi alle nuove situazioni. Non si lasciano prendere dal panico in situazioni nuove.
- Le persone che adottano sono flessibili nel recepire nuove informazioni. Non possono proteggersi da informazioni dolorose come "questo modo di fare è sbagliato".
- Gli adattatori sono emotivamente forti. Sono in grado di accettare l'ambiguità.

domanda

Quali sono le caratteristiche dell'innovazione e dell'adattabilità? Abbinate una o più descrizioni corrispondenti a ciascuna caratteristica.

Opzione.

A. Innovatività

B. Adattabilità

Gruppo target.

1. possono essere utilizzati per risolvere i problemi.

2. genera nuovi modi per raggiungere gli obiettivi.

3. Supporta il funzionamento regolare del multitasking.

4. Soddisfare più requisiti **Risposta.**

In effetti, l'adattabilità è la capacità di affrontare l'imprevisto. L'innovatività è la gioia dell'originalità.

La passione degli innovatori per le nuove idee permette loro di creare soluzioni a problemi altrimenti impensabili.

L'innovazione crea nuovi modi per raggiungere gli obiettivi. Perché. Gli innovatori non sono legati alle convenzioni e prendono in considerazione idee che ad altri potrebbero sembrare folli o impossibili.

Il multi-tasking è reso più fluido perché gli adattatori possono cambiare facilmente le loro priorità.

Adattabilità significa che la persona adattata è abbastanza flessibile da soddisfare le molteplici esigenze del lavoro.

Quali sono le competenze che vi aiuteranno di più nella vostra carriera? La vostra capacità di cambiare e adattarvi all'ambiente vi distinguerà. Man mano che le esigenze dei clienti si sviluppano, dovrete trovare nuove idee e prodotti.

Ricordate che i clienti e i dipendenti sono importanti fonti di informazioni sui cambiamenti. Rimanere aggiornati vi aiuterà a rispondere in modo efficace.

Fornire auto-motivazione.

Indipendentemente dal lavoro che si ottiene, si avrà sempre lo stesso allenatore. Quell'allenatore siete voi.

Il vostro successo è in definitiva nelle vostre mani. Imparando a motivarvi, potete prendere il controllo del vostro destino professionale. In questa lezione imparerete a conoscere tre elementi chiave.

* Ricerca dell'eccellenza, impegno e
* lealtà, sopravvivenza al
* cambiamento.

domanda

Melanie chiede consigli sulla sua carriera. Aiutatela spiegandole l'importanza di sapersi motivare.

Opzione.

1. Si assicura che la sua carriera sia appagante.

2. Aiuta se stessa ad avere successo.

3. Sarà in grado di affrontare il cambiamento.

4. Sarà promossa a una posizione manageriale.

5. Permette loro di riprendersi dalle battute d'arresto.

Risposta.

Infatti, la motivazione può aiutare ad affrontare diverse situazioni. Permette di riprendersi dalle battute d'arresto e di raggiungere obiettivi più elevati.

Opzione 1: Questa risposta è sbagliata. A meno che Melanie non scelga qualcosa in cui crede veramente, agire di propria iniziativa non porterà necessariamente a una carriera soddisfacente.

Opzione 2: Questa risposta è corretta. Se riesce a motivarsi, Melanie si sforzerà di fare meglio e cercherà critiche costruttive, il che la porterà al successo.

Opzione 3: Questa risposta è corretta. La capacità di motivarsi significa che Melanie vede i cambiamenti con ottimismo. Gli ottimisti tendono a gettare una luce positiva sugli eventi. Trovano risposte positive anche alle situazioni più difficili.

Opzione 4: Questa risposta non è corretta. L'automotivazione non garantisce a Melanie la promozione a una posizione manageriale, ma le dà un vantaggio rispetto a coloro che non lo sono.

Opzione 5: Questa risposta è corretta. La capacità di motivarsi significa che Melanie sarà in grado di riprendersi dalle battute d'arresto. Vedrà le battute d'arresto come una sfida e non le prenderà sul personale.

La persona che può influenzare maggiormente la vostra motivazione è voi stessi. Sviluppare le vostre capacità in quest'area vi permetterà di raggiungere efficacemente i vostri obiettivi e di fare carriera. Analizzeremo come la ricerca dell'eccellenza, l'impegno e il superamento dei cambiamenti possano portare al successo.

Perché alcune persone fanno un salto di carriera? È importante voler avere successo? Cosa fanno di diverso le persone di successo?

Le ricerche hanno dimostrato che le persone di successo hanno comportamenti simili. Questo argomento esplora questi comportamenti e atteggiamenti, tra cui.

- Stabilite obiettivi stimolanti,
- assumete rischi calcolati,
- tenetevi informati e cercate
- attivamente un feedback.

Due programmatori informatici, Tina e Sam, hanno fissato degli obiettivi per il prossimo trimestre di performance. Sam sa che se completerà il programma in sei mesi, otterrà un punteggio di performance accettabile e fissa i suoi obiettivi di conseguenza. Tina sa che completare il programma in sei mesi è accettabile. Tuttavia, sa che una tempistica più rapida contribuirà maggiormente ai profitti dell'azienda. Decide quindi di terminare il programma in tempi brevi, con l'obiettivo di superare le aspettative.

Le persone come Tina hanno successo perché puntano in alto, mentre quelle come Sam si muovono di nascosto. Le persone come Tina hanno successo perché puntano in alto.

Le persone di successo non evitano il rischio, ma non si buttano giù senza guardare prima. Le persone di successo imparano a conoscere meglio ciò che il rischio comporta, i potenziali guadagni e le potenziali perdite. Quindi soppesano i rischi rispetto ai rendimenti.

Per esempi e descrizioni dei rischi si vedano le singole dichiarazioni e i debriefing.

Rischio (Gina).

"Il trading di azioni su Internet sembra interessante. Non ne so molto di azioni, ma è difficile? Perché il mio agente di cambio non è molto intelligente. Penso che inizierò a investire su Internet. Sono sicuro che andrà bene".

Debriefing (Gina).

Gina non sta prendendo rischi calcolati, sta prendendo decisioni stupide. Non si è documentata sugli alti e bassi del trading online di azioni. Gina non sa nulla del settore finanziario.

Rischio (riccioli).

"Ho letto molto sul trading azionario online. Mi fa risparmiare molto denaro. Faccio ricerche su ogni società prima di acquistare o vendere Azioni. Voglio essere pienamente informato prima di fare il salto".

Debriefing (Karl).

Karl sta correndo dei rischi calcolati. Conosce i potenziali guadagni e le perdite. Invece di buttarsi alla cieca come Gina, Karl raccoglie informazioni prima di fare il primo passo. C'è una buona probabilità che Carl riesca a fare meglio di Gina dal punto di vista finanziario.

Le persone di alto livello come Karl non si accontentano delle informazioni che arrivano sulle loro scrivanie. Tiene d'occhio i nuovi sviluppi e le tendenze che potrebbero influenzare la sua carriera. Lavorando nel mondo della tecnologia, si tiene aggiornato in vari modi.

Scoprite di più su ciascuna delle tecniche di raccolta delle informazioni di Carl. **Per saperne di più**

Leggo molto. Leggo le riviste specializzate per tenermi aggiornato sulla tecnologia e sui concorrenti. In questo modo posso essere il primo a conoscere i nuovi prodotti".

Dialogo con i clienti

"Ho sviluppato una rete professionale per tenermi in contatto. In questo modo ho il vantaggio di sapere cosa gli altri sentono e pensano della tecnologia in via di sviluppo".

Le persone di alto livello non si accontentano mai di raggiungere gli obiettivi che si prefiggono. Si sforzano costantemente di migliorare. Il feedback svolge un ruolo importante in questo processo.

Le persone di alto livello cercano attivamente il feedback. Non evitano le informazioni negative su di sé. Cercano quindi opinioni e cercano di modificare il loro comportamento.

Jennifer è una persona di alto livello. Chiede al suo supervisore, Brent, un feedback.

Jennifer: Vorrei un feedback sulla mia performance.

Brent Beh, in generale, sono abbastanza soddisfatto del vostro lavoro. A tutti.

Jennifer: Sono contenta che stia **andando bene.** Ma mi piacerebbe avere un feedback su come possiamo migliorarlo. Cosa vorreste che facessimo di più?

Brent: È fantastico che stiate cercando di migliorare. Vorrei che avessimo una migliore capacità di anticipare le esigenze dei nostri clienti. È un'area in cui tutti possono migliorare.

Jennifer: Può fare qualche esempio? È un'area su cui vorrei lavorare, ma ho bisogno di aiuto.

domanda

Quali sono le caratteristiche delle persone che continuano a perseguire l'eccellenza nell'applicazione di ciò che hanno imparato?

Opzione.

1. Trovano il modo di migliorare le loro prestazioni.

2. Sono alla ricerca di modi per monitorare il loro successo.

3. Cercano attivamente nuove informazioni.

4. Trascurare le opinioni negative.

5. Vi ponete obiettivi facilmente raggiungibili.

Risposta.

In realtà, l'eccellenza consiste nel cercare modi per migliorare, monitorare i successi e cercare nuove informazioni. I dipendenti di successo cercano tutti i feedback e si pongono obiettivi forti.

Opzione 1: Questa risposta è corretta. Le persone che puntano continuamente all'eccellenza trovano il modo di migliorare le proprie prestazioni. Si sfidano a fare il miglior lavoro possibile.

Opzione 2: Questa risposta è corretta. Le persone che continuano a perseguire l'eccellenza cercano modi per monitorare il loro successo. Tenere traccia di ciò che stanno facendo per avere successo le fa andare avanti.

Opzione 3: Questa risposta è corretta. Le persone che perseguono l'eccellenza cercano attivamente nuove informazioni. Cercano nuovi sviluppi che possano influenzare la loro carriera e sono sempre sensibili alle tendenze del loro settore.

Opzione 4: Questa risposta non è corretta. Perseguire l'eccellenza non significa ignorare i feedback negativi, ma imparare da essi.

Opzione 5: Questa risposta non è corretta. Perseguire l'eccellenza significa sfidare se stessi con ambizione, piuttosto che fissare obiettivi facili da raggiungere.

Se volete avere successo, potete imparare dal comportamento di altre persone di alto livello. Le persone esperte di carriera assumono rischi calcolati e scrutano costantemente l'ambiente circostante alla ricerca di informazioni nuove e rilevanti.

I bravi professionisti si impegnano costantemente per migliorare le proprie prestazioni. Si pongono obiettivi stimolanti. Cercano il feedback degli altri e modificano il loro comportamento.

Siamo tutti azionisti", dice Tom, che lavora in una fabbrica di automobili. Dove lavoro io, tutti possono partecipare al processo. Tutte le nostre opinioni vengono prese in considerazione. E quando l'azienda va bene, tutti noi partecipiamo ai premi".

Le aziende che considerano i propri dipendenti come azionisti hanno spesso i dipendenti più impegnati. Perché questa fedeltà è così importante?

La lealtà e la dedizione vanno a vantaggio sia dell'azienda che dei dipendenti. I dipendenti sono motivati e l'azienda percepisce i frutti del loro lavoro. Quando i dipendenti si sentono impegnati, hanno maggiori probabilità di

- Si ispirano alla missione dell'azienda, fanno
- sacrifici per raggiungere i suoi obiettivi,
- incorporano i valori dell'azienda nel proprio
- lavoro e cercano opportunità per aiutare il

gruppo a raggiungere i suoi obiettivi.

Stacey lavora per un'azienda di produzione alimentare che mira a migliorare la salute dei suoi clienti creando prodotti a basso costo e ricchi di vitamine. Per Stacey il lavoro non è solo un lavoro, è una causa a cui tiene. Per Stacey il lavoro non è solo un lavoro, è una causa a cui tiene. Stacey ha un morale alto, che è contagioso. Aiuta a motivare gli altri dipendenti.

I dipendenti come Stacey sono disposti a lavorare duramente per una causa a cui tengono. Sono disposti a fare sacrifici personali per raggiungere i loro obiettivi. La missione dell'azienda è chiara e facile da condividere. Possono rendersi conto dei benefici della loro fedeltà.

L'impegno nella missione aziendale può avere un impatto drammatico sul comportamento quotidiano dei dipendenti. I dipendenti come Stacey sono spesso disposti a fare sacrifici personali per raggiungere i loro obiettivi. Inoltre, integrano gli obiettivi aziendali nel loro comportamento. Gli obiettivi dell'azienda sono diventati parte dei loro modelli comportamentali.

Ognuno di questi aspetti dell'impegno di Stacey nel suo lavoro viene presentato qui.

Sacrificio personale

Sono disposto a lavorare a lungo per raggiungere i nostri obiettivi. Questo obiettivo è importante per me perché credo che sia importante rendere il mondo un posto migliore. So anche che il mio datore di lavoro mi ricompensa per il duro lavoro, quindi è facile per me fare sacrifici a breve termine.

Integrazione target.

"Gli obiettivi aziendali fanno parte del mio lavoro quotidiano. So che la qualità è importante per i nostri prodotti. Per questo mi assicuro che tutto ciò che faccio sia giusto al primo tentativo. Lavorando nel modo più efficiente possibile, possiamo mantenere i prezzi bassi". Megan sta parlando con Tyler, il direttore dello stabilimento, dell'importanza dell'impegno dei dipendenti.

AN: Lei ha detto che l'impegno dei dipendenti è importante. Quale azione

I dipendenti sono impegnati?

Tyler: Sì, ci sono molti modi per farlo, ma una caratteristica importante è che i dipendenti cercano modi per aiutarci a raggiungere i nostri obiettivi.

Megan Quindi, in altre parole, i dipendenti fanno più di quanto ci si aspetta da loro.

Può fornire esempi specifici?

Certo. Jeremy è un dipendente dello stabilimento e cerca modi per diventare più efficiente. Spesso suggerisce utili miglioramenti dei processi.

Come si collega il miglioramento del **processo Megan** ai vostri obiettivi?

Tyler: Cerchiamo di fare le cose in modo economico, affinché i nostri clienti possano acquistare i nostri prodotti. Più siamo efficienti, più i nostri costi si abbassano. Jeremy ci aiuta a monitorare i risultati.

domanda

Ora tocca a voi metterlo in pratica. Quali vantaggi porta l'impegno alle aziende e ai singoli?

Opzione.

1.   I dipendenti impegnati non sono propensi a condividere il merito con i colleghi.

2.   Se i dipendenti si dedicano al loro lavoro, è meno probabile che rubino all'azienda.

3.   Le persone impegnate diffondono i buoni sentimenti in tutta l'azienda.

4.   I dipendenti dedicati di solito non "elaborano" le note spese.

Risposta.

I dipendenti impegnati sono infatti fonte di ispirazione per chi li circonda. Agiscono in modo etico e utilizzano le risorse aziendali in modo responsabile.

Opzione 1: Questa risposta non è corretta. Impegnarsi significa condividere il merito con i colleghi, poiché l'azienda nel suo complesso ne beneficia.

Opzione 2: Questa risposta è corretta. I dipendenti impegnati sono meno propensi a rubare all'azienda, perché mettono al primo posto gli obiettivi generali dell'azienda e la perdita dell'azienda non è tra questi.

Opzione 3: Corretta. L'impegno va a vantaggio dell'azienda perché le persone impegnate diffondono buoni sentimenti in tutta l'azienda. Questo morale alto contribuisce anche a migliorare l'atteggiamento degli altri dipendenti.

Opzione 4: Questa risposta è corretta. L'impegno va a vantaggio dell'azienda perché i dipendenti impegnati cercano modi per risparmiare denaro invece di sprecarlo con spese eccessive.

Il livello di impegno dei dipendenti è una parte fondamentale del successo di qualsiasi organizzazione. I dipendenti impegnati faranno sacrifici personali per una missione in cui si sentono a proprio agio. Cercheranno le opportunità per raggiungere i loro obiettivi.

Ricordate che l'impegno dei dipendenti consiste nell'allineare gli obiettivi personali con quelli aziendali. I lavoratori sono fedeli alle aziende che condividono valori simili.

Quanto conta l'atteggiamento nel successo? I performer forti pensano in modo diverso da quelli in difficoltà?

Gli ottimisti riescono a trarre il meglio da una situazione negativa. Le persone proattive vanno avanti, raggiungono i loro obiettivi e migliorano il loro posto di lavoro. Questi due atteggiamenti fanno una grande differenza sul lavoro. In questo argomento imparerete a conoscere.

- Che cos'è l'iniziativa e come può influire
- positivamente sulla vostra carriera?
- Che cos'è l'ottimismo e perché è
- importante sul lavoro?

Le persone proattive corrono dei rischi. Sono quelle che mettono in pratica nuove idee e migliorano in modo proattivo il proprio posto di lavoro. Intervengono prima che un problema raggiunga una fase critica.

Bradley, addetto al servizio clienti di un fornitore di servizi Internet, è una di queste persone. Selezionate le caratteristiche di ciascuno dei supervisori di Bradley per scoprire cosa pensano della sua iniziativa.

Al di sopra e al di là di tutto

Bradley va oltre quello che gli viene chiesto. Non si limita a 'tirare avanti'. Cerca modi per migliorare il servizio e trovare nuovi clienti. Risolve i problemi e pensa a come rendere la vita più facile a tutti".

Iniziative positive

Bradley non agisce mai per necessità. Se pensa che un cliente sia insoddisfatto, cerca una soluzione, invece di aspettare che il cliente chiami arrabbiato. Eliminando la burocrazia, sanno di poter trovare una soluzione a un problema prima che si verifichi".

Motivazione.

Bradley motiva i membri del team a fare un lavoro migliore. Li fa riflettere su come risolvere i problemi e migliorare l'ambiente di lavoro. È una grande fonte di ispirazione per il team". **Mantenere la calma in una situazione di crisi**

Bradley è in grado di prendere decisioni calme in situazioni critiche. Si concentra sulla soluzione dei problemi. Non si fa prendere dal panico e non si lascia distrarre dai dettagli. Lavora alla risoluzione dei problemi e procede verso una soluzione".

L'ottimismo è una questione di interpretazione e di come le persone percepiscono gli eventi. Le persone pessimiste tendono a vedere le cose in modo negativo e senza speranza. Per queste persone il bicchiere è mezzo vuoto.

Gli ottimisti tendono a gettare una luce positiva sugli eventi. Trovano reazioni positive anche alle situazioni più difficili. Anche gli ottimisti sperimentano il fallimento. L'impatto del fallimento è strettamente legato al modo in cui lo "vedono". Possiamo pensare che sia la conferma del peggio: "non sono tagliato per fare il manager", "è difficile fare il manager", "è difficile fare il manager", ecc. Si può anche pensare che sia come "trovare un mentore".

Per maggiori informazioni su ottimismo e fallimento, si vedano i singoli aspetti. **Non personalizzato.**

Gli ottimisti vedono il fallimento come il risultato di fattori controllabili, piuttosto che come il risultato di difetti personali.

valutazione

Gli ottimisti valutano realisticamente i propri fallimenti. Considerano come hanno contribuito e imparano dai loro errori.

Il vostro obiettivo era quello di superare la battuta d'arresto del computer e andare avanti. Spingendo per l'acquisto di un nuovo server, potete contribuire a risolvere il problema che ha causato il crash del computer. È importante anche mostrare iniziativa nel raggiungere il proprio obiettivo, fino a superare le aspettative di chi ci circonda.

domanda

Perché l'iniziativa e l'ottimismo sono essenziali nell'ambiente di lavoro?

Opzione.

1. L'ottimismo aiuta i dipendenti a trovare risposte positive ai problemi.

2. L'iniziativa consente ai dipendenti di essere proattivi.

3. Gli ottimisti agiscono per paura di fallire.

4. Gli ottimisti vedono il fallimento come il risultato dei propri difetti fatali.

Risposta.

Infatti, l'ottimismo e l'iniziativa sono caratteristiche dei dipendenti che possono reagire positivamente a situazioni tese o negative.

Opzione 1: Corretta. L'ottimismo è essenziale perché aiuta i dipendenti a trovare una risposta ai problemi, in quanto tendono a gettare una luce positiva sugli eventi anche nelle situazioni difficili.

Opzione 2: Questa risposta è corretta. L'iniziativa è essenziale in un ambiente di lavoro perché consente ai dipendenti di agire in modo indipendente. Dimostrando iniziativa, possono soddisfare e superare le aspettative di chi li circonda.

Opzione 3: Questa risposta non è corretta. I pessimisti, e non gli ottimisti, agiscono per paura di fallire. I pessimisti tendono a vedere gli eventi sotto una luce negativa.

Opzione 4: Questa risposta non è corretta. Gli ottimisti vedono il fallimento come il risultato di fattori controllabili piuttosto che come il risultato di difetti personali.

Iniziativa e ottimismo sono fattori importanti per motivarvi. La vostra motivazione vi aiuterà a trovare soluzioni ai problemi prima che diventino più gravi.

Se siete ottimisti, sarete in grado di affrontare le situazioni difficili in modo positivo.

Il vostro atteggiamento determina il vostro successo in qualsiasi situazione.

Capitolo III: Intelligenza emotiva e lavoro di squadra

La partecipazione e la cooperazione sono fondamentali per il successo del team.

Questo capitolo analizza l'importanza di queste caratteristiche per il raggiungimento degli obiettivi del gruppo. Vengono inoltre esaminati i seguenti aspetti.

- Competenze necessarie per essere un membro efficace del team.
- L'arte di controllare le emozioni.
- Come valutare l'intelligenza emotiva del vostro team.
- Ecco alcune strategie per migliorare l'intelligenza emotiva del vostro team.

competenza sociale

Quasi tutte le carriere hanno una cosa in comune. È che bisogna lavorare con le persone.

La vostra capacità di lavorare bene con gli altri avrà un grande impatto sulla vostra carriera, qualunque sia la professione che sceglierete. In questa lezione imparerete a.

* Come mostrare empatia per gli altri,
* perché il coaching e la consulenza sono
* importanti e cosa significa davvero

rispettare la diversità.

domanda

State imparando a conoscere l'intelligenza emotiva e il lavoro di squadra. Qual è il valore della competenza sociale?

Opzione.

1. È possibile costruire buone relazioni.

2. Aumento di stipendio garantito.

3. Si possono conoscere molte persone diverse.

4. Non sperimentano il conflitto.

risposta

In effetti, la competenza sociale aiuta a costruire solide relazioni di lavoro con un'ampia gamma di persone. Anche se non otterrete un aumento di stipendio, la competenza sociale gioverà alla vostra carriera.

Opzione 1: Questa è la risposta corretta. Il valore della competenza sociale è la capacità di creare relazioni di lavoro positive. Questo perché quasi tutte le carriere richiedono di lavorare con le persone.

Opzione 2: Questa risposta non è corretta. La competenza sociale è legata alla capacità di andare d'accordo con gli altri, che non garantisce un aumento di stipendio, ma aiuta a formare solidi rapporti di lavoro con gli altri.

Opzione 3: Corretto. Il valore della competenza sociale è la capacità di andare d'accordo con persone diverse, che è la chiave del successo.
Il vostro desiderio di aiutare le persone a crescere vi aiuterà a raggiungere i vostri obiettivi.

Opzione 4: Questa risposta non è corretta. La competenza sociale non garantisce l'assenza di conflitti, ma può contribuire a ridurli al minimo.

Poiché i luoghi di lavoro diventano sempre più globali, il vostro lavoro viene gettato

La vostra competenza sociale nell'interagire con diverse persone sarà la chiave del vostro successo. Il vostro desiderio di aiutare gli altri a crescere vi aiuterà a raggiungere i vostri obiettivi. L'empatia vi aiuterà a costruire relazioni forti. Questa lezione vi fornirà le competenze necessarie per interagire con chi vi circonda.

Mary tornò al lavoro dopo il funerale. Il suo capo, Steve, l'ha accolta di buon mattino e le ha detto che aveva messo dei nuovi lavori sulla sua scrivania. Il suo capo, Steve, le dice: "Ho un nuovo lavoro per te e voglio sapere i risultati entro l'ora di pranzo".

Più tardi, Mary chiese al suo collega: "È umano?". Si è lamentata.

Steve non è un robot, ma gli manca l'abilità chiave dell'empatia. Questa mancanza gli impedisce di impegnarsi efficacemente con dipendenti come Mary. In questo argomento imparerete

- L'importanza dell'empatia, il suo impatto
- sull'interazione e le caratteristiche delle
- persone empatiche.

Cosa succede se manca l'empatia? Sarete "pizzicati" emotivamente. L'empatia è la capacità di percepire i sentimenti degli altri senza che nessuno ve lo dica. Comprendere questo aspetto vi aiuterà a determinare il modo migliore per approcciare i membri del vostro team.

Per ulteriori informazioni, vedere "con empatia" e "senza empatia".

Con empatia.

L'empatia consente alle persone di modificare il proprio comportamento quando necessario.

Leggere e agire sui sentimenti delle persone.

senza empatia

Senza empatia, c'è il rischio di dire cose inappropriate. Come Steve, si affrettano a parlare senza considerare i sentimenti delle persone.

domanda

Cosa succede se non c'è empatia?

Opzione.

1. Altri li considerano "freddi".

2. Le persone non vi dicono quali sono le loro esigenze.

3. Direbbe la cosa sbagliata.

4. Altri si terranno a distanza.

5. Le relazioni diventano tese o si sentono a disagio.

Risposta.

Infatti, se mancate di empatia, gli altri vi vedranno indifferenti ed eviteranno di confidarsi con voi. Questo rende difficile l'interazione con gli altri.

Opzione 1: Questa opzione è corretta. Senza empatia, gli altri penseranno che siete freddi e avranno difficoltà a interagire con voi.

Opzione 2: Questa risposta è corretta. Senza empatia, le persone non vi diranno quali sono le loro esigenze. Questo ostacolerà la loro capacità di interagire con gli altri e di gestirli.

Opzione 3: Questa risposta è corretta. La mancanza di empatia può portare a dire la cosa sbagliata o a precipitarsi in qualcosa senza considerare i sentimenti dell'altra persona.

Opzione 4: Questa risposta è corretta. La mancanza di empatia fa sì che gli altri vi vedano indifferenti e prendano le distanze.

Opzione 5: Questa risposta è corretta. La mancanza di empatia rende difficile avvicinarsi ai membri del team perché le relazioni si sentono a disagio.

Le persone dotate di empatia hanno una serie di comportamenti comuni. Leggono con precisione le emozioni degli altri e regolano il loro comportamento di conseguenza. Le persone dotate di empatia sono in grado di costruire relazioni efficaci perché comprendono i sentimenti e i bisogni degli altri.

Osservate ogni caratteristica e scoprite cosa rende una persona empatica.

buon ascoltatore

Le persone empatiche sono buone ascoltatrici. Ascoltano senza interrompere o dare consigli. Questa abilità è particolarmente importante quando si ha a che fare con i clienti. Un buon ascoltatore presta attenzione alle esigenze e ai desideri del cliente.

Il punto di vista degli altri

Le persone empatiche sono in grado di vedere le cose da altre prospettive. Riescono a capire la rabbia, la frustrazione e la gioia degli altri. Riescono a mettersi nei panni degli altri.

Captare gli indizi

Quando le persone entrano in empatia, non si limitano ad ascoltare le parole. Coglie spunti non verbali come il tono di voce, i movimenti del corpo e le espressioni del viso. Dopo tutto, le persone non parlano solo a parole.

Sensibilità del display.

Per mostrare empatia, è necessario mostrare sensibilità. Dovreste. Non dobbiamo interrompere o giudicare gli altri. Dobbiamo fare attenzione a non ferire i sentimenti degli altri.

domanda

Lavorate con Ann, una contabile. Sta lottando con il nuovo processo di revisione contabile introdotto dalla vostra azienda. Il processo è complesso e frustrante e voi state facendo del vostro meglio per aiutarla.

Quando Ann si trova in una situazione difficile, cosa dovreste fare per comportarvi in modo empatico nei suoi confronti? Selezionare tutte le opzioni applicabili.

Opzione.

1. Ascoltate la frustrazione di Ann.
2. Dovremmo dire ad Ann di cambiare atteggiamento.
3. È necessario osservare il comportamento non verbale di Anne.
4. Dovete adattare il vostro comportamento in base alle indicazioni emotive che ricevete da Anne.

risposta

Le persone empatiche, infatti, prestano attenzione ai segnali emotivi degli altri e agiscono di conseguenza. Sono in sintonia con chi li circonda.

Opzione 1: Questa risposta è corretta. Mentre Ann sta attraversando un momento difficile, dovreste ascoltare le sue lamentele. L'empatia a volte significa ascoltare senza interrompere o dare consigli.

Opzione 2: Questa risposta non è corretta. Non dovreste dire ad Ann che deve "cambiare atteggiamento" mentre sta attraversando un momento difficile. Questo perché non dimostreste empatia nei suoi confronti.

Opzione 3: Questa risposta è corretta. L'empatia significa cogliere gli indizi non verbali come il tono di voce, i movimenti del corpo e le espressioni del viso, quindi potete aiutare Ann a superare questo momento difficile osservando il suo comportamento non verbale.

Opzione 4: Corretto. Potete aiutare Ann modificando il vostro comportamento in base alle indicazioni emotive che ricevete da lei. Avete un alto grado di empatia, che vi permette di capire i sentimenti e i bisogni degli altri e di costruire relazioni efficaci.

L'empatia è un'abilità importante per relazionarsi con gli altri. Per entrare in empatia con gli altri, bisogna essere attenti ai loro sentimenti e cercare di capire il loro punto di vista.

La capacità di empatia aiuta a relazionarsi efficacemente con colleghi e clienti. Vi permette di comprendere i loro sentimenti e di rispondere alle loro esigenze.

Dopo cinque anni di lavoro per Angela, Elliot sapeva molto di più sul reclutamento rispetto a quando ha iniziato. Angela lo ha aiutato a capire i suoi punti di forza e di debolezza per poter lavorare meglio.

In che modo Angela ha nutrito e motivato Elliott?

Angela è l'allenatore e il consulente di Elliot. Angela è il coach e il consulente di Elliot. Il suo stile di gestione va oltre il controllo delle scadenze e la compilazione delle valutazioni delle prestazioni. Fornisce a Elliott un feedback e lo aiuta a fissare degli obiettivi per arrivare al vertice. In questa lezione imparerete a.

- Importanza del coaching e della consulenza;
- caratteristiche dei coach efficaci.

Jeff è un supervisore del reparto richieste di prestito di una grande banca. Supervisori e dipendenti lo considerano un eccellente coach e consulente.

Per maggiori informazioni su come JEF crede nello sviluppo delle risorse umane, vedere le singole azioni. **Elogi.**

È importante dire alle persone "cosa è giusto". Molte persone ricevono molti feedback negativi ma nessuna lode. Io ho sempre
Sapere cosa hanno fatto di buono i vostri
dipendenti". **Feedback.**

Sono felice quando le persone mi danno un feedback e cerco di ricambiare. È importante dire alle persone cosa devono fare per svilupparsi. Perché se si vuole progredire nella propria carriera, bisogna lavorare sulle aree da migliorare.

Sfidare i dipendenti

I nostri dipendenti vogliono crescere. Il modo migliore per farlo è svolgere un lavoro stimolante. Cerco di scoprire quali sono le competenze richieste dai miei dipendenti.
E siamo alla ricerca di posti di lavoro che li aiutino a crescere".

Consentire la definizione degli obiettivi

Cerco di non fissare obiettivi per i miei dipendenti, ma di lasciare che siano loro a decidere dove vogliono andare nel loro sviluppo. Voglio che pensino a come dovrebbe essere la loro carriera".
Devono andarsene. Dopo tutto, dovrebbero essere responsabili delle
loro carriere". **Domanda.**

Kelly e Sam sono bagnini in una località balneare. Sam fa questo lavoro da tre anni, mentre Kelly ha iniziato da poco. Quali metodi potrebbe utilizzare Sam per allenare e consigliare efficacemente Kelly?

Opzione.

1. Sam dovrebbe dare credito a Kelly per questo.
2. Sam dovrebbe astenersi dal dare la sua opinione su Kelly.
3. Sam dovrebbe aiutare Kelly a fissare i propri obiettivi.
4. Sam dovrebbe offrire critiche costruttive.

risposta

Infatti, Sam può guidare e consigliare al meglio Kelly dandole un feedback costruttivo e tempestivo. Sam può aiutare Kelly dicendole cosa c'è di buono in lei e dove deve migliorare.
Opzione 1: La risposta è corretta. Questo è un metodo di coaching efficace. Sam dovrebbe riconoscere i risultati ottenuti da Kelly. Questo perché è importante riconoscere ciò che Kelly ha fatto di buono e farle sapere che lo apprezza. Opzione 2: Questa risposta non è corretta. Sam non dovrebbe

astenersi dal dare un feedback a Kelly, perché il coaching è più efficace quando viene fatto in modo tempestivo.

Opzione 3: Questa risposta è corretta. È importante che Kelly si assuma la responsabilità della sua carriera, quindi Sam deve sostenere Kelly nella definizione degli obiettivi per poterla guidare e consigliare in modo efficace.

Opzione 4: Questa risposta è corretta. Per allenare e consigliare Kelly in modo efficace, Sam deve offrire critiche costruttive.

Le capacità di coaching e di consulenza possono aiutare a sviluppare colleghi e dipendenti. Avere l'opportunità di riconoscere i punti di forza e i risultati degli altri.

Possono anche assistere gli altri fornendo feedback e aiutando a definire gli obiettivi di sviluppo.

Phil, direttore di una società di pianificazione finanziaria, ha assunto Jackie perché pensava che avrebbe aumentato il numero di clienti donne.

Quando lei entrò in azienda, Phil si rese conto dell'errore che aveva commesso prima di assumere Jackie. Phil si è reso conto che tutti i dipendenti dell'azienda erano uguali, come cloni. L'ingresso di Jackie in azienda è stata un'ottima decisione. Ha adottato un approccio completamente diverso e ha ampliato la base di clienti.

Phil ha imparato a valorizzare la diversità. All'inizio assumeva donne perché pensava di doverlo fare. Ora ha imparato che la diversità non è solo un vantaggio superficiale. Lei lo confermerà.

- Come gli stereotipi ci impediscono di andare d'accordo con le
- persone e cosa serve per andare d'accordo con persone diverse.
- In che modo una forza lavoro diversificata aggiunge valore?

domanda

Gli stereotipi sono diffusi nella società. Quali delle seguenti affermazioni sono stereotipi?

Opzione.

1. Le donne sono più interessate a sposarsi che a fare carriera.
2. I caucasici sono pessimi ballerini.
3. Molti ispanici sono pigri.
4. Gli ebrei hanno molti soldi.
5. Gli uomini non hanno sentimenti.

6. I cattolici hanno molti figli.

risposta

In realtà, questi sono tutti stereotipi. Alcuni sono più comuni di altri, ma sono generalizzazioni e non si applicano a tutti i membri del gruppo selezionato.

Opzione 1: Questa opzione è corretta. È uno stereotipo che le donne si preoccupino più del matrimonio che della carriera, poiché si tratta di una generalizzazione che non si applica a tutte le donne.

Opzione 2: Questa opzione è corretta. Si tratta di uno stereotipo perché generalizza i bianchi come una razza di poveri ballerini.

Opzione 3: Questa risposta è corretta. Lo stereotipo secondo cui gli ispanici sono pigri non tiene conto della percentuale di gruppi razziali che lavorano sodo e si impegnano.

Opzione 4: Questa risposta è corretta. È uno stereotipo che le persone che seguono l'ebraismo abbiano molti soldi. Non solo generalizza sulla base dell'etnia, ma proietta un'immagine che può essere vera solo in alcuni casi.

Opzione 5: Questa è l'opzione corretta. Si tratta di uno stereotipo perché si generalizza il fatto che gli uomini non hanno sentimenti e questo non vale per tutti gli uomini.

Opzione 6: Questa risposta è corretta. "I cattolici hanno più figli" è uno stereotipo perché generalizza a tutti i membri del gruppo religioso qualcosa che vale solo per alcune persone.

Probabilmente avrete sentito degli stereotipi su ogni gruppo etnico, sesso, età e religione. Queste generalizzazioni possono influenzare le relazioni e offuscare il modo in cui le persone si vedono.

In precedenza Maria ha lavorato in uno studio legale, dove ha avuto diverse esperienze.

frustrazione dello studio. Daniel ha chiesto alla sua collega Maria quali sono gli stereotipi che ha sperimentato nello studio legale.

Maria: Credo che ci fossero molti stereotipi sull'essere donna e ispanica.

Daniel: Come pensa che questi stereotipi abbiano influenzato il suo ambiente di lavoro? Le persone erano ostili?

Maria: Non erano ostili, ma facevano molte supposizioni. Per esempio, mandavano tutte le loro clienti donne da me.

Danielle: Ha avuto problemi a lavorare con clienti solo donne?

Maria: Non era un problema perché era una donna, era solo che il cliente era una donna e pensavano che lei avesse le competenze necessarie per gestire il caso.

In passato non era così.

Daniel: Ha avuto problemi ad essere ispanico?

Maria: Sì, è vero. Pensavano che volessi lavorare su casi "etnici". Ma in realtà la mia formazione è in diritto societario e la maggior parte dei casi non riguardava questo ambito.

L'azienda di Maria non utilizzava la diversità. Non le è stato assegnato un lavoro in base alle sue competenze, ma in base al suo sesso e alla sua razza.

Maria ora lavora in un'altra azienda dove la diversità è rispettata. Il capo di Maria, Will, va d'accordo con i dipendenti di diversa provenienza.

Vedere le azioni individuali per i commenti di Maria sulla capacità di Will di lavorare bene con dipendenti diversi.

porgere i propri omaggi

"Will ha un grande rispetto per le persone e le loro capacità. Possiamo vedere che si preoccupa di tutti noi. È vivace, empatico nei confronti delle situazioni che gli altri devono affrontare e

mira a creare un buon ambiente di lavoro per tutti.

Sfidare i pregiudizi.

Will si aspetta che tutti noi ci rispettiamo a vicenda. Non permette che esistano stereotipi e pregiudizi. Quando qualcuno fa una generalizzazione sulla razza o sul genere, è

o di età, che sono nuovi a queste storie".

Vedere la diversità come un'opportunità

Will vede la diversità come un'opportunità". Will vede la diversità come un'opportunità. È convinto che tutti noi possiamo imparare dalle esperienze e dalle prospettive degli altri. Non cerca una forza lavoro non convenzionale, ma un team che rifletta il mondo reale".

I giudici sono precisi.

"Will è un giudice accurato delle persone. Ha le capacità e le

nelle prestazioni, senza essere stereotipati. A prescindere dall'età, dalla razza, dal sesso o dalla religione, tutti dobbiamo affrontare le stesse aspettative".

Una forza lavoro diversificata è importante non solo per i requisiti legali. Una base di dipendenti che riunisce diversi tipi di persone può essere un potente vantaggio nella forza lavoro globale di oggi.

Per i commenti di Maria sui vantaggi della diversità, si vedano i singoli fattori aziendali.

Risultati e prospettive

Il "lavoro misto" combina le conoscenze e i background di diversi tipi di persone. Più diversi sono i dipendenti, più prospettive si possono mescolare. Il vantaggio è quello di avere una varietà di fonti di informazioni e competenze". **Apprendimento a livello aziendale**

Quando nuove persone si uniscono al team, è un'opportunità di apprendimento per tutti. Più il gruppo è eterogeneo, maggiore è l'opportunità di crescita. I dipendenti possono imparare di più sui clienti e sui concorrenti da chi fa parte dello stesso team.

Spesso, quando i team si diversificano, nascono nuove opportunità di business. Apportando nuove prospettive, i nuovi membri possono anche proporre nuovi prodotti, servizi o modi di interagire con i clienti. Una forza lavoro fissa spesso non può svilupparsi in questo modo". **Adattabilità.**

"Quanto più il vostro team di lavoro riflette il mondo esterno, tanto più sarà preparato ad affrontare i cambiamenti dell'azienda. Dipendenti con background diversi possono ideare nuovi processi e risposte ai cambiamenti del mercato".

domanda

Ora mettiamo in pratica ciò che abbiamo imparato. Quali sono le caratteristiche delle persone che sanno gestire bene la diversità?

Opzione.

1. Evitare di stereotipare le persone.
2. Vedono la diversità come un'opportunità.
3. Vedono persone di diversa provenienza e con diversi livelli di competenza.
4. Considerare la diversità sul posto di lavoro come un peso.

Risposta.

Infatti, le persone che gestiscono bene la diversità sono sensibili alle differenze, ma evitano gli stereotipi. Vedono la diversità come un'opportunità di apprendimento.

Opzione 1: è la scelta giusta. Una delle caratteristiche delle persone che affrontano bene la diversità è quella di evitare gli stereotipi. Questo perché l'uso di tali generalizzazioni può influenzare le relazioni e offuscare il modo in cui le persone si vedono.

Opzione 2: Questa risposta è corretta. Le persone che affrontano bene la diversità la vedono come un'opportunità. Questo perché l'incontro di conoscenze e background diversi porta spesso a nuove direzioni e scoperte.

Opzione 3: Questa risposta non è corretta. Questa non è una caratteristica della diversità, in quanto le persone con lo stesso background hanno livelli diversi di competenze.

Opzione 4: Questa opzione è sbagliata. Considerare la diversità sul posto di lavoro come un peso è una caratteristica delle persone che non riescono a gestire bene la diversità, altrimenti la vedrebbero come un'opportunità per l'azienda.

Per essere socialmente competenti sul posto di lavoro, dovete essere in grado di interagire con un'ampia gamma di persone. L'ambiente di lavoro sta cambiando rapidamente ed è necessario abbandonare gli stereotipi obsoleti per cogliere le opportunità.

La valorizzazione della diversità creerà solide partnership commerciali. Il rispetto per gli altri sarà un punto di forza.

Influenza sugli altri

Cosa serve per influenzare gli altri? Ci vuole potere? O fortuna? O hanno abilità che influenzano la loro influenza?

È un'idea comunemente errata che l'influenza e il potere siano strettamente correlati. Molte persone possono avere una forte influenza senza essere dotate di un grande ufficio o di un titolo importante. Altri occupano posizioni di rilievo senza sapere come influenzare gli altri. Queste persone possono avere difficoltà a svolgere i loro ruoli di leadership senza sviluppare le loro capacità di influenza.

In questa lezione imparerete a conoscere le abilità necessarie per influenzare chi vi circonda. Non è necessario essere in una posizione di potere per esercitare influenza sugli altri. È una questione di abilità, non di autorità.

Esamineranno i metodi di persuasione e impareranno cosa serve per essere un comunicatore efficace. Impareranno anche l'importanza della gestione dei conflitti.

Melissa ritiene che la sua azienda dovrebbe introdurre un programma di telelavoro. Ma sarebbe un grande cambiamento per l'azienda. Come può convincere il suo capo a permetterle di lavorare da casa?

La persuasione è un'abilità emotiva. Per persuadere il suo capo, Melissa avrà bisogno di un'ampia gamma di abilità, tra cui leggere le sue emozioni, capire le sue motivazioni e ascoltare i suoi segnali emotivi. Dovrà anche comprendere le strategie per persuadere gli altri. Melissa deve scegliere il modo più efficace per persuadere il suo capo.

La persuasione richiede logica. Melissa non può persuadere il suo superiore senza fornire prove dei vantaggi del lavoro da casa. Tuttavia, Melissa deve anche fare appello al suo capo dal punto di vista emotivo. I capi hanno maggiori probabilità di essere convinti se sono persuasi emotivamente.

Per maggiori informazioni su emozioni e persuasione, consultare le singole azioni. **Evocare emozioni.**

La persuasione dipende dal suscitare le emozioni dell'interlocutore. Le persone con questa capacità sanno che devono fare appello a ciò che sta a cuore all'ascoltatore.

fare appello alle proprie emozioni

I persuasori fanno spesso appello al rispetto per il potere, all'entusiasmo per il progetto, al desiderio di vincere sui concorrenti, alla rabbia per l'ingiustizia, ecc.

Ci sono diverse competenze emotive che Melissa deve sviluppare prima di cercare di persuadere il suo capo. Per maggiori informazioni sulle competenze necessarie per la persuasione, vedere le tecniche per ciascuna di esse. **Empatia.**

I bravi persuasori entrano in empatia con il loro pubblico. Capiscono cosa motiva la persona che stanno cercando di persuadere. Ad esempio, Melissa sa che il suo capo è preoccupato per le spese generali e il fatturato. Se riesce a risolvere questi problemi, ha maggiori probabilità di successo.

rapporto

I persuasori forti creano un rapporto con i loro ascoltatori. Vanno d'accordo con il loro pubblico. Melissa deve essere in grado di avere una conversazione piacevole con il suo capo prima di poterlo persuadere. Deve stabilire la causa e l'effetto prima di imporre il suo programma.

influenza indiretta

L'influenza indiretta è un modo per convincere qualcun altro a persuadere il pubblico di riferimento. Melissa potrebbe fornire al suo supervisore un articolo di una rivista o un'altra relazione sul telelavoro. La prova potrebbe aiutare a convincere il suo capo.

il proprio sancta sanctorum

È importante saper leggere gli spunti emotivi. Se il vostro capo sembra a disagio quando Melissa solleva l'argomento del lavoro da casa, potrebbe essere preoccupato per quello che deve affrontare. Se non si colgono questi sottili segnali, si rischia di turbare la persona che si sta cercando di persuadere.

per tipologia di cliente

I bravi persuasori sanno sempre quando cambiare tattica. Se il pubblico di riferimento non risponde, devono cambiare i loro metodi di persuasione. Se la presentazione di Melissa non funziona, deve passare a una tattica diversa.

È importante utilizzare metodi diversi nel processo di persuasione. Ogni persona è unica e può essere persuasa con approcci diversi. Ted vende condizionatori d'aria ai grossisti. Usa diverse tecniche di persuasione con i suoi clienti.

Vedere le tecniche individuali per alcune delle strategie utilizzate da Ted.

appello logico

Spesso uso fatti e cifre per convincere i clienti. Uso i listini prezzi, le informazioni sulla garanzia e le specifiche dei prodotti. Questi aiutano i clienti a capire i vantaggi dell'utilizzo dei miei prodotti".

Appelli drammatici

In un'occasione, il listino prezzi e le specifiche del prodotto non sono stati sufficienti a convincere il fornitore. In un'occasione, il listino prezzi e le specifiche del prodotto non erano sufficienti a convincere il fornitore, così sono andato nel suo ufficio e ho installato un prodotto campione. A quel tempo.

Sono passati al mio prodotto quando hanno visto le buone prestazioni della mia unità. **Supporto all'edificio**

"Possiamo anche creare un supporto all'interno della vostra azienda. Incontriamo le persone alle fiere e mostriamo i nostri prodotti. Se il prodotto piace, convinciamo i loro capi ad acquistarlo".

Gestione delle impressioni

Il mio cliente lavora in un magazzino. Se vengo in giacca e cravatta, pensano che sia un idiota. Anche loro si vestono allo stesso modo. Cerco di dare loro consigli sicuri, in modo che possano rispondere a domande su prodotti difficili da capire".

domanda

Mettete in pratica ciò che avete imparato. Quali sono alcune strategie efficaci utilizzate per persuadere? Selezionare tutte quelle che si applicano.

Opzione.

1. appello accorato
2. negoziazione logica
3. storia mezza vera
4. Gestione delle impressioni
5. Fascino drammatico **Risposta.**

In realtà, per persuadere si utilizzano diverse strategie, tra cui appelli emotivi, appelli logici, appelli drammatici e gestione delle impressioni. Tuttavia, le mezze verità non sono una strategia raccomandabile.

Opzione 1: Questa risposta è corretta. Una strategia efficace utilizzata nella persuasione è il richiamo emotivo. La persuasione dipende dalla capacità di suscitare le emozioni dell'altra persona, quindi è necessario sapere cosa interessa al pubblico.

Opzione 2: Questa opzione è corretta. L'appello alla logica è una strategia efficace utilizzata nella persuasione. Infatti, l'uso di fatti e cifre è spesso il modo più elementare per convincere gli altri.

Opzione 3: Questa risposta non è corretta. Mentire o dire mezze verità non è una strategia efficace, in quanto le conseguenze di essere scoperti sono raramente superiori ai vantaggi ottenuti dall'essere disonesti.

Opzione 4: Questa risposta è corretta. La gestione delle impressioni è una strategia efficace utilizzata per la persuasione. Consiste nel capire il proprio pubblico - il capo, i colleghi, i clienti - e nel fare appello alle sue esigenze.

Opzione 5: Questa risposta è corretta. Gli appelli drammatici sono una strategia di persuasione molto efficace, perché mostrare ha spesso più successo che raccontare.

Ricordate che la persuasione è una combinazione di logica e appelli emotivi.

I persuasori efficaci sono in grado di entrare in empatia con il proprio pubblico e di capire cosa è più persuasivo.

L'approccio combina efficacemente una serie di strategie, tra cui l'influenza indiretta, il richiamo emotivo, il richiamo logico e la gestione delle impressioni.

Grant, il coordinatore del progetto, lavorava per Shannon da tre anni. Non aveva mai sentito un feedback positivo o un incoraggiamento da parte di Shannon e trovava molto difficile lavorare con lei.

La signora Shannon ignora semplicemente il personale, a meno che non abbia qualcosa da fare.

Grant decise che una persona così distaccata non poteva essere un leader.

Shannon deve migliorare la sua comunicazione per diventare un leader efficace. Shannon può costruire una solida base migliorando le sue capacità di ascolto.

Shannon può anche diventare un comunicatore migliore utilizzando una serie di abilità, tra cui favorire una comunicazione aperta, controllare le emozioni ed essere onesto.

L'autocontrollo è un elemento importante nella comunicazione. Se vi lasciate trasportare dal malumore o da eventi sconvolgenti, non sarete in grado di rispondere adeguatamente a chi vi circonda.

Vedere esempi di autocontrollo da parte di singoli dipendenti.

Robert.

Robert appare talvolta lunatico e distante. Spesso perde le staffe e si scaglia contro le persone. Le persone lo evitano perché non sanno come si comporterà.

Dana.

Dana è sempre calma e raccolta, anche in situazioni difficili. Non perde mai il controllo o si comporta come se non stesse prestando attenzione.

domanda

Un ascolto efficace fa parte di una buona comunicazione. Per rispondere o reagire in modo appropriato, è necessario comprendere il punto di vista dell'altra persona. Quali dei seguenti comportamenti fanno parte dell'essere un buon ascoltatore?

Opzione.

1. kanji "strada" o "avanzamento" radicale (radicale 162)

2. prendersi cura di

3. risonanza

4. diffondere una voce

5. Interruzione 6. Apertura mentale **Risposta.**

In effetti, i buoni ascoltatori fanno domande incisive. Sono aperti, ricettivi al feedback ed empatici. Evitano le distrazioni e non interrompono l'oratore.

Opzione 1: Questa risposta è corretta. Una parte del buon ascolto consiste nel porre domande precise. Questo perché dimostra che si presta attenzione all'interlocutore e si comprendono i suoi problemi e le sue preoccupazioni.

Opzione 2: Questa risposta non è corretta. Prestare attenzione alle distrazioni non fa parte di una comunicazione efficace perché significa non prestare attenzione all'oratore.

Opzione 3: Questa risposta è corretta. L'empatia contribuisce a un buon ascolto perché significa capire cosa sta passando l'altra persona.

Opzione 4: Questa risposta è corretta. Chiedere suggerimenti contribuisce ad essere un buon ascoltatore, in quanto dimostra che si rispettano le loro opinioni e idee.

Opzione 5: Questa risposta non è corretta. Le interruzioni implicano una mancanza di interesse e quindi non sono un buon ascoltatore.

Opzione 6: Questa risposta è corretta. L'apertura mentale contribuisce ad essere un buon ascoltatore, in quanto dimostra che si è disposti ad affrontare tutti i tipi di problemi.

Come può Shannon migliorare il suo stile di comunicazione? Innanzitutto, deve migliorare le sue capacità di ascolto. Deve anche assicurarsi che il suo umore non interferisca con le interazioni.

Per le altre azioni che la signora Shannon dovrebbe intraprendere, consultare le rispettive tattiche.

Essere aperti.

Shannon dovrebbe essere aperto a tutte le informazioni, sia buone che cattive. Sia buone che cattive. Questa apertura faciliterà la comunicazione.

In questo modo, i dipendenti potranno comunicare al signor Shannon i problemi prima che diventino critici.

Condividi informazioni

Shannon dovrebbe condividere più informazioni. Non dovrebbero essere comunicati solo i problemi e i feedback negativi, ma anche i risultati e le altre notizie. Una comunicazione frequente aiuta i dipendenti a sentirsi più vicini gli uni agli altri.

Essere onesti.

Shannon deve essere diretto quando si trova di fronte a questioni difficili. Spiega il problema senza farsi prendere dall'emotività. Non nascondere le cattive notizie o insabbiare i problemi. L'onestà porta alla fiducia.

coltivare una migliore comprensione

Shannon deve assicurarsi che gli altri capiscano i suoi messaggi. Allo stesso modo, deve sforzarsi di comprendere le comunicazioni che riceve. A tal fine, deve dedicare del tempo a parlare con i suoi dipendenti per ottenere una migliore comprensione.

domanda

Mettere in pratica quanto appreso. Identificare alcuni metodi di comunicazione efficaci.

Opzione.

1. sarto emozionale
2. Evitare il feedback negativo
3. calma
4. comprensione reciproca
5. lettura attenta

risposta

In effetti, una comunicazione efficace richiede un ascolto attento e una comprensione. È importante mantenere la calma e considerare tutte le informazioni, anche se negative.

Opzione 1: Corretto. Uno dei modi più efficaci di comunicare è quello di adattare i messaggi in base agli indizi emotivi. L'ascolto attivo e la lettura del comportamento non verbale possono fornire indizi sullo stato emotivo dell'altra persona.

Opzione 2: Questa risposta non è corretta. Una comunicazione efficace non consiste nell'evitare feedback negativi. Infatti, nascondere le cattive notizie o i problemi non crea fiducia.

Opzione 3: Questa risposta è corretta. Mantenere la calma è un modo efficace di comunicare perché dimostra che si possono affrontare anche le situazioni più difficili con razionalità e moderazione.

Opzione 4: Questa opzione è corretta. La comprensione reciproca è un modo efficace di comunicare perché significa prendersi il tempo per capire l'altra persona e chiarire il proprio messaggio.

Opzione 5: Questa risposta è corretta. Ascoltare attentamente l'interlocutore è un modo efficace di comunicare perché dimostra che si sta ascoltando attentamente le sue idee.

Shannon può migliorare il suo stile di comunicazione. Il primo passo è comprendere l'importanza di una comunicazione efficace. Può anche adottare i seguenti comportamenti

- Siate calmi, ascoltate bene, sviluppate la
- comprensione reciproca, condividete le
- informazioni, promuovete una comunicazione
- aperta e siate diretti sulle informazioni difficili.
-
- Sean deve parlare con la sua collega Heidi dei livelli di rumore in ufficio. Lei è costantemente al telefono e lo distrae dalla concentrazione. Come può evitare di essere disturbato?

Sean ha un modello in quattro fasi che può utilizzare per gestire le situazioni di conflitto. Questo processo non lo aiuta a evitare del tutto i conflitti, ma lo aiuta a gestire i disaccordi. Le fasi del modello sono le seguenti.

- Esprimere i propri sentimenti.
- Mostrare la volontà di lavorare insieme per trovare una soluzione.
- Esprimete la vostra opinione con calma.
- Trovare soluzioni in team.

Gestire efficacemente i conflitti richiede moderazione e disponibilità a collaborare con gli altri. Se Sean è esigente o ostile, le conversazioni con Heidi probabilmente non saranno produttive.

Per ulteriori informazioni, consultare le singole azioni.

trasmettere i propri sentimenti

Sean deve esprimere i suoi sentimenti senza farsi prendere dall'emotività o fare attacchi personali. Dovrebbe usare affermazioni "Io" invece di "Tu", ad esempio "Sono frustrato" e dire qualcosa come "Sei troppo rumoroso".

Dimostrare la volontà di collaborare

Sean deve dimostrare la volontà di lavorare con Heidi per trovare una soluzione. Deve essere aperto a parlare dei problemi e delle preoccupazioni di Heidi. Deve incoraggiare una discussione aperta.

Esprimere con calma il proprio punto di vista

Sean deve esprimere le sue opinioni con calma. Deve cercare di ottenere i cambiamenti che desidera senza essere ostile o esigente; Sean deve essere libero di chiedere i cambiamenti, ma non deve arrabbiarsi se Heidi esita ad adeguarsi.

Lavorare in squadra

Sean dovrebbe evitare di dire a Heidi cosa fare o come cambiare il suo comportamento. Dovrebbero invece discutere insieme le soluzioni. Potrebbe essere necessario scendere a compromessi, come rinunciare a piccole cose per raggiungere una conclusione soddisfacente per entrambi.

Sean ha consultato Heidi sui livelli di rumore in ufficio.

Sean: Heidi, sono preoccupato per i livelli di rumore nel mio ufficio. Preferisco lavorare in un ambiente tranquillo.

Heidi: Quindi mi sta dicendo di non usare più il telefono? Perché a volte devo chiamare la filiale. Quella telefonata è molto importante.

Sean: Non ti chiederei di **smettere di lavorare.** Vogliamo lavorare insieme per trovare una soluzione che vada bene per entrambi.

Heidi: Beh, dobbiamo condividere questo ufficio a tempo indeterminato. Hai qualche idea?

Sean: Non credo sia possibile essere completamente silenziosi. Ma mi piacerebbe avere qualche ora al giorno per lavorare in silenzio.

Heidi: Potresti girare tutte le telefonate nel pomeriggio.

Sean: Non vogliamo disturbarla. Ma se potesse concederci uno spazio di tre ore, lo apprezzeremmo molto.

Heidi: Guardate il programma e pensate a qualcosa.

Sean è rimasto calmo mentre parlava con Heidi. All'inizio era nervoso, ma ha iniziato a rilassarsi man mano che la conversazione procedeva; Sean ha spiegato chiaramente il problema e ha spiegato a Heidi perché il livello di rumore era un problema. Era disposto a lavorare con lei per trovare una soluzione piuttosto che fare richieste. Se Sean fosse stato arrabbiato o prepotente, Heidi avrebbe potuto arrabbiarsi rapidamente e avere un problema più grande di quello iniziale.

L'obiettivo è lavorare in squadra per trovare soluzioni ai problemi del gruppo. Questo approccio darà i migliori risultati.

domanda

Mettere in pratica ciò che avete imparato Siete un formatore di software e dovreste condividere le lezioni di formazione del fine settimana con un'altra istruttrice, Ashley. È più di un mese che non tiene una lezione di sabato o di domenica. Siete frustrati perché vorreste avere un fine settimana occasionalmente libero. Quali strategie dovreste usare per risolvere questo conflitto con Ashley?

Opzione.

1. Dovreste dire loro come vi sentite a lavorare nei fine settimana.

2. Dovete essere il più possibile proattivi con Ashley.

3. Dovete esprimere con calma la vostra opinione.

4. Dovreste collaborare con Ashley per trovare una soluzione reciprocamente accettabile. **Risposta.**

In effetti, dovreste comunicare apertamente e onestamente con Ashley, evitando però di essere aggressivi o conflittuali. Tuttavia, dovreste evitare di essere aggressivi o conflittuali e trovare soluzioni con lei.

Opzione 1: Corretta. Esprimere i propri sentimenti riguardo al lavoro nei fine settimana è una strategia da utilizzare per risolvere qualsiasi conflitto con Ashley. Dovete fare in modo che Ashley sia ricettiva alle vostre idee, senza lasciarsi prendere dall'emotività o fare attacchi personali.

Opzione 2: Questa risposta non è corretta. Essere aggressivi nei confronti di Ashley non vi aiuterà a risolvere il conflitto. Infatti, non farà altro che metterla sulla difensiva e potreste ritrovarvi con problemi più grandi di quelli iniziali.

Opzione 3: Questa risposta è corretta. Un'altra strategia consiste nell'esprimere con calma la propria opinione e discutere i problemi del fine settimana senza essere ostili o esigenti. Non arrabbiatevi se Ashley esita a rispettare le regole.

Opzione 4: Questa risposta è corretta. Per risolvere il conflitto, dovreste lavorare con Ashley per trovare una soluzione soddisfacente per entrambi. Potrebbe essere necessario scendere a compromessi, rinunciando a piccole cose per raggiungere una conclusione soddisfacente per entrambi.

Ricordate che la chiave per affrontare i conflitti non è l'aggressività. L'approccio migliore è quello di risolvere i problemi in squadra con gli altri. È necessario lavorare attraverso un processo di dare e avere per trovare soluzioni che vadano bene per tutti.

Mantenere la calma e la concentrazione, non l'emotività, è l'arma migliore in un conflitto. Ricordate che i conflitti non devono diventare personali. Rimanete neutrali e ascoltate i suggerimenti.

partecipazione e collaborazione

"Il successo di una squadra è determinato dal modo in cui l'intera squadra gioca. Le singole stelle possono essere il miglior gruppo del mondo, ma se non giocano insieme, il club non vale un centesimo". -Babe Ruth

Avete mai fatto parte di un team in cui il lavoro di squadra non ha funzionato bene? In definitiva, questi gruppi possono essere frustranti per tutte le persone coinvolte. Gli obiettivi non vengono raggiunti e i membri del team sono alienati.

La partecipazione e la cooperazione sono essenziali per un team i cui membri funzionano bene insieme. Se mancano questi due elementi, non si tratta di una squadra.

domanda

Quali comportamenti fanno la differenza nel team building?

Opzione.

1. Costruire relazioni forti

2. Creare obiettivi condivisi per i membri del team.

3. caduta

4. Buona compatibilità di gruppo **Risposta.**

In effetti, relazioni forti, una buona chimica e obiettivi condivisi sono gli elementi chiave di un solido rapporto di squadra. La competizione non fa altro che allontanare i membri del gruppo.

Opzione 1: Questa risposta è corretta. Un elemento del team building è rappresentato dalle relazioni forti. Senza buone relazioni, infatti, non è possibile ottenere ciò di cui si ha bisogno o trovare sostegno quando si incontrano problemi.

Opzione 2: Corretto. Se i membri del team condividono gli stessi obiettivi, è più probabile che lavorino bene insieme, quindi la creazione di obiettivi comuni è ciò che fa la differenza nel team building.

Opzione 3: Questa risposta non è corretta. La competizione tra i membri del gruppo non è un elemento di team building, poiché la competizione non fa altro che allontanare i membri del gruppo.

Opzione 4: Questa risposta è corretta. Una buona chimica di gruppo fa la differenza nel team building. I team efficaci hanno meno problemi di turnover e assenteismo. La produttività aumenta.

Favorisce i legami importanti all'interno del team ed esamina i modi per stabilire e raggiungere obiettivi comuni. Inoltre, fornisce una migliore comprensione dei fattori che contribuiscono alla sinergia del team.

Vedrete le caratteristiche che aiutano a costruire un team che funziona bene, piuttosto che un gruppo che fatica.

Avete mai sentito parlare del termine "Old Boys Network"? Si riferisce ai gruppi informali che dominano un settore. Queste strutture di potere dietro le quinte sono scomparse?

Nell'ambiente aziendale odierno, la rete degli Old Boys può essere caduta in disuso. Tuttavia, nella maggior parte delle organizzazioni esistono ancora forti contatti informali. Le persone si affidano ai contatti all'interno della propria azienda e del proprio settore per trovare lavoro, finanziamenti per progetti e altre risorse importanti.

Esamina l'importanza delle associazioni professionali per il successo della carriera. Esplora inoltre i modi per creare connessioni efficaci con persone chiave nell'ambiente di lavoro.

In che modo le relazioni possono fare la differenza nella vostra carriera? Le reti costruite possono offrire opportunità di lavoro, promozioni e progetti interessanti. Questi contatti possono anche darvi un senso di sicurezza nei momenti di stress.

Ogni scenario aziendale è un esempio di come la vostra connessione possa essere efficace.

Ordini dei clienti.

"Un cliente ci ha chiesto un grosso ordine all'ultimo minuto. Era un'occasione perfetta, ma non avevamo il materiale a disposizione. Lavoravo con lo stesso fornitore da anni. L'ho chiamato e mi ha aiutato".

Perdita di lavoro.

"Ho scoperto che il mio reparto era stato tagliato e che avrei perso il lavoro. Ho un ottimo rapporto con il direttore di un altro reparto. Mi ha trovato subito un posto. È stata una fantastica opportunità di carriera.

Problemi tecnici

"Avevamo quasi finito il progetto quando tre computer si sono bloccati. Ho dovuto agevolare il responsabile del reparto di assistenza tecnica in diverse occasioni. Quando l'ho chiamato durante la crisi, è venuto subito da me e ha risolto il problema".

Supporto all'amministratore

Ho un buon rapporto con la mia persona di supporto al lavoro. Sono molto sotto pressione ed è difficile soddisfare le esigenze di tutti. Ma lavorano sempre per me. Penso che sia perché mi considerano un amico.

Un buon business dipende da buone relazioni, e il mondo del lavoro di oggi è

Il lavoro sta diventando sempre più complesso. Ci saranno aspetti del vostro lavoro che non potrete svolgere da soli. Probabilmente avrete bisogno di informazioni, indicazioni e supporto da parte di altre persone, dipartimenti e aziende.

Se non avete buoni rapporti con le persone con cui vi impegnate, probabilmente vi bloccherete. Potreste non ottenere ciò che vi serve o il supporto necessario quando sorgono dei problemi.

Come si possono favorire le buone relazioni sul posto di lavoro? Si inizia trattando le persone come si vorrebbe essere trattati. Dovete essere consapevoli delle interazioni che avvengono sul posto di lavoro.

Leggete ciascuna di queste tecniche e scoprite come promuovere le reti informali.

azione gratuita

Le amicizie vantaggiose sono reciprocamente vantaggiose. Nella vostra azienda o nel vostro settore potrebbero esserci persone in grado di aiutarvi. Anche voi potreste offrire assistenza a queste persone. Queste relazioni reciprocamente vantaggiose sono potenti collegamenti nella vostra rete professionale.

solidarietà

Probabilmente avrete l'opportunità di fare favori agli altri. Prendete in considerazione l'idea di aiutare gli altri, soprattutto se sapete che quella persona potrebbe essere in grado di aiutarvi in futuro. Questo vale per le persone al di sopra e al di sotto della vostra posizione, nonché per i venditori e i fornitori. **Creare un rapporto di fiducia.**

La costruzione di un rapporto è un processo continuo. Conversate casualmente con le persone che lavorano su argomenti non legati al lavoro. Partecipate a eventi sociali e di networking e conoscete meglio gli altri. Sforzatevi di incontrare facce nuove. **Condivisione di informazioni**

Essere "fuori dal giro" può essere molto frustrante. Le persone apprezzano che si condividano con loro informazioni importanti. Prendetevi il tempo necessario per comunicare le questioni rilevanti ai colleghi, ai fornitori e agli altri reparti.

buon equilibrio

Le amicizie professionali sono fondamentali per il vostro successo. Tenete presente che i conflitti in queste relazioni devono essere evitati. Resistete all'impulso di spettegolare o di essere coinvolti in dispute personali sul lavoro. Un comportamento del genere può danneggiare la rete che avete costruito.

domanda

Mettere in pratica quanto appreso. Identificare le tecniche per favorire le relazioni strumentali.

Opzione.

1. distinzione tra questioni pubbliche e private

2. traboccante di energia giovanile (usato soprattutto per le ragazze)

3. allievo in treno

4. Evitare le opportunità di networking **Risposta.**

In effetti, è importante costruire relazioni all'interno del luogo di lavoro. A tal fine, dovreste avere l'opportunità di interagire con le persone del vostro posto di lavoro e del vostro settore.

Opzione 1: Corretta. Per coltivare le relazioni strumentali, è necessario prevedere una sovrapposizione tra la vita personale e quella professionale. Questa rete vi sarà utile nella buona e nella cattiva sorte.

Opzione 2: Corretto. Coltivare le relazioni come strumento è un processo continuo, quindi dovreste sentirvi liberi di conversare con le persone sul posto di lavoro su argomenti non correlati al lavoro. Così facendo, si possono costruire relazioni vantaggiose che porteranno al futuro.

Opzione 3: Questa risposta non è corretta. Evitare le amicizie sul posto di lavoro impedisce alle persone di sviluppare relazioni come strumento, poiché non possono trovare facilmente il sostegno e le risorse di cui hanno bisogno.

Opzione 4: Questa risposta non è corretta. Se si evitano le opportunità di networking, si perdono occasioni per trovare lavoro, ottenere finanziamenti per progetti e coltivare altre risorse e relazioni importanti.

Le reti professionali sono utili nella buona e nella cattiva sorte. Nei momenti di difficoltà, potete rivolgervi ai vostri colleghi per chiedere aiuto. Tuttavia, queste relazioni sono interdipendenti. Fare la vostra parte per aiutare gli altri può rafforzare i vostri legami all'interno del settore.

Paul pensa che Sharon abbia mostrato poco rispetto per lui e per quello che stava facendo.

Sentiva che a lei interessava solo ottenere ciò che voleva, quando lo voleva. Era frustrato dal fatto che lei parlasse di lui come di un servo. Paul decise che non gli importava delle priorità di Sharon e che non si sarebbe strangolato per ottenere il suo lavoro.

Paul è irragionevole? O c'è un problema nello stile di gestione di Sharon? Entrambi devono essere migliorati, ma Paul cambierà atteggiamento se Sharon cambierà il modo in cui lo tratta. Sharon deve considerare i seguenti punti.

- L'importanza di creare obiettivi condivisi, cosa succede
- se gli obiettivi non sono sostenuti da tutti e come
- ottenere il sostegno.

domanda

Cosa succede se tutti non condividono gli stessi obiettivi? Ci sono molte conseguenze potenziali. Cosa può fare Paul per sabotare Sharon?

Opzione.

1. Paul a volte non rispettava le scadenze.

2. Paul può commettere errori deliberati.

3. Paul potrebbe cercare di impressionare Sharon di fronte al suo capo e ai suoi clienti.

4. Paul potrebbe non dare il meglio di sé nel lavoro di Sharon, riducendo la qualità del prodotto finale.

risposta

In effetti, Paolo avrebbe potuto fare tutte queste cose per "vendicarsi" di Sharon.

Opzione 1: Questa risposta è corretta. Paul e Sharon non condividono gli stessi obiettivi e Paul potrebbe non rispettare la scadenza a causa delle interferenze di Sharon. Ricordate che Sharon si affida a Paul per fare bella figura.

Opzione 2: Questa risposta è corretta. A causa dell'interferenza di Sharon, Paul potrebbe commettere un errore intenzionale. I due non condividono gli stessi obiettivi e quindi lavorano l'uno contro l'altro.

Opzione 3: Questa risposta è corretta. Per sabotare Sharon, Paul potrebbe cercare di metterla in cattiva luce di fronte ai suoi capi e ai suoi clienti. Poiché non condividono gli stessi obiettivi, Paul lavorerà contro di lei piuttosto che con lei e metterà Sharon in cattiva luce.

Opzione 4: Questa risposta è corretta. Poiché non condividono gli stessi obiettivi, Paul non ha motivo di lavorare sodo per Sharon. Potrebbe non fare del suo meglio per il lavoro di Sharon e la qualità del prodotto finale potrebbe risentirne.

Il conflitto tra Paul e Sharon è un esempio di situazione in cui i dipendenti non condividono gli obiettivi della direzione o del reparto. Non tutti gli esempi sono drammatici come questo, ma gli effetti spiacevoli possono comunque esserci. Il punto è che ogni manager si affida ai dipendenti per fare bella figura con i clienti e i supervisori. I dipendenti fanno affidamento sui loro manager anche per gli aumenti di stipendio, le valutazioni delle prestazioni e le promozioni.

Se dipendenti e supervisori condividono gli stessi obiettivi, questo può funzionare bene. Tuttavia, possono sorgere problemi se il supervisore stabilisce obiettivi che non sono significativi per il lavoratore.

Esistono quattro tecniche che possono essere utilizzate per creare obiettivi condivisi. Tutte queste tecniche sono accomunate dal rispetto e dall'empatia per le persone con cui si lavora. Tenendo conto delle loro esigenze e dei loro interessi, si può fare il primo passo verso una buona relazione.

Per ulteriori informazioni su come creare obiettivi condivisi, consultare le singole tecniche.

Valorizzare le relazioni.

È facile farsi prendere dalle incombenze. Tuttavia, è importante mantenere il contatto con il team. Non pensate solo a portare a termine il lavoro. Pensate a come lavorare efficacemente con loro. Siate attenti alle loro esigenze e alle loro pressioni.

Lavorare in squadra

I team condividono informazioni e risorse. Poi comunicano i loro piani agli altri. Nel lavoro, le sorprese non sono sempre una buona cosa. Consultate i colleghi. Comunicare idee e ascoltare ciò che gli altri hanno da dire. Cercare di portare a termine il lavoro senza compromettere le relazioni.

Creare un ambiente di cooperazione

È difficile cooperare e competere allo stesso tempo. Incoraggiate la cooperazione per raggiungere gli obiettivi. Sostenete coloro che aiutano i colleghi quando sono in difficoltà. Siate gentili con gli altri e trattateli con rispetto.

Cercare opportunità

Cercate opportunità per ottenere input da altre persone e dipartimenti. Coinvolgete i dipendenti nei progetti a cui sono interessati. Assicuratevi che sviluppino le competenze necessarie per contribuire ai progetti di gruppo. Non aspettate che siano i dipendenti a chiedere opportunità di sviluppo.

Sharon intende lavorare sulla sua relazione con Paul. Ha imparato a creare obiettivi condivisi e si è impegnata a cambiare il suo comportamento.

Scoprite come Sharon ha lavorato con Paul per migliorare il processo di condivisione degli obiettivi.

Sharon: Sono consapevole di non aver avuto il tempo di chiedere la sua opinione sul progetto **fino a questo momento.** Sento di averle dato un'impressione brusca e vorrei costruire un rapporto diverso con lei.

Paul: È difficile perché lavoro per più di una persona. Non puoi anticipare tutte le esigenze dei tuoi clienti, non puoi sapere come vogliono le cose, non puoi sapere come vogliono le cose, non puoi sapere come vogliono le cose.

Sharon: Capisco. Proviamo un approccio diverso per il prossimo progetto. Che ne dite di sedervi con il cliente e discutere del tipo di lavoro di cui ha bisogno?

Paul: È certamente utile pianificare con un certo anticipo. È più facile portare a termine i progetti se si sa cosa ci aspetta.

Sharon: Probabilmente posso dirle quali sono le esigenze. Poi lei potrà dirmi quali sono le tempistiche che le andrebbero bene. Non vi proporrò più delle scadenze. Siete voi a stabilire il calendario e io lo rispetterò.

Paul: È fantastico. Mi toglie molta pressione. Sharon: C'è qualcos'altro che posso fare per rendere tutto più facile? Paul: Non voglio essere percepito come un manager autoritario. Voglio che le persone si godano il loro lavoro.

Paul Sarebbe fantastico se potessi avere un po' di tempo per me stesso invece di essere costretto a tagliare la mia pausa pranzo. Preferisco andare al lavoro presto ed essere riposato piuttosto che perdere la mia pausa.

Sharon ha gettato le basi per un rapporto migliore con Paul. Stabilisce il programma con lui invece di imporgli dei compiti. Invece di affidarsi al programma stabilito da Sharon, Paul si assume la responsabilità di fissare i propri obiettivi. Inoltre, Sharon favorisce un ambiente di comunicazione aperto, cercando attivamente i suoi suggerimenti su come svolgere il proprio lavoro. È importante che Sharon mantenga questi impegni, in modo che Paul possa vedere cambiamenti reali nel suo comportamento.

domanda

Mettere in pratica quanto appreso. Scegliete un metodo per creare obiettivi condivisi.

Opzione.

1. Mostrare fiducia nella competenza della controparte.

2. Chiarire i ruoli.

3. Condivisione delle informazioni.

4. Gestire con attenzione il lavoro degli altri.

risposta

In effetti, è importante costruire un rapporto positivo e duraturo con l'altra persona per condividere gli obiettivi. A tal fine, è importante mostrare fiducia, chiarire le responsabilità e condividere le informazioni.

Opzione 1: Questa risposta è corretta. Creare un obiettivo comune significa avere fiducia nelle capacità dell'altro. Se non vi fidate e non rispettate le persone con cui lavorate, non avrete una base su cui poter contare.

Opzione 2: Corretto. Chiarire i ruoli aiuta a condividere gli obiettivi in quanto ogni persona comprende e accetta il proprio ruolo nel progetto. I ruoli devono essere chiariti fin dalle prime fasi dell'incarico o del progetto, in modo che tutti comprendano le proprie responsabilità.

Opzione 3: Questa risposta è corretta. La creazione di obiettivi comuni richiede la condivisione di informazioni e il lavoro di squadra. Comunicare le idee e ascoltare gli altri può aiutare a portare a termine il lavoro senza compromettere le relazioni.

Opzione 4: Questa risposta non è corretta. Controllare il lavoro degli altri non è un modo per creare obiettivi condivisi, perché dimostra che non si ha fiducia o rispetto per le loro capacità. È probabile che questo incoraggi il risentimento degli altri.

Se dipendenti e manager non condividono gli stessi obiettivi, possono sorgere gravi problemi. I dipendenti possono sabotare progetti e profitti. I manager possono far deragliare le loro carriere. La chiave è avere un team in cui tutti lavorano per lo stesso obiettivo.

Il fondamento delle buone relazioni è un'atmosfera di fiducia negli altri e di fiducia nelle loro capacità. La definizione di obiettivi di squadra fa la differenza in termini di qualità e produttività.

"Stare insieme è un inizio, stare insieme è un progresso, lavorare insieme è un successo". --Henry Ford

È la chimica che si instaura in una squadra a determinarne il successo o il fallimento. Questo spiega perché alcuni gruppi hanno successo e altri falliscono. In questa lezione imparerete

- I motivi della popolarità della squadra
- Importanza delle sinergie di gruppo - caratteristiche

che creano sinergie.

I team di lavoro stanno diventando sempre più popolari. Perché? Perché il mondo degli affari sta cambiando. I lavoratori cambiano costantemente le loro responsabilità lavorative in base alle esigenze dei clienti e all'aumento delle possibilità offerte dalla tecnologia. Pochi possono aspettarsi di fare lo stesso lavoro anno dopo anno e di lavorare con le stesse persone. Molti team vengono riuniti per un singolo progetto e si sciolgono dopo il completamento.

Molte persone preferiscono lavorare con buoni team. I team efficaci hanno meno problemi di turnover e assenteismo. Sono anche più produttivi. I team portano molti vantaggi quando funzionano bene.

Non tutti gli obiettivi possono essere suddivisi equamente in compiti gestibili. Per portare a termine la maggior parte dei progetti è necessaria più di una divisione del lavoro. È qui che entra in gioco la sinergia del team.

Per ulteriori informazioni, selezionare le attività di Synergy is e Workplace.

Le sinergie sono...

La sinergia è l'azione di due o più persone per Ciò che ogni individuo non può raggiungere individualmente.

Sfide sul posto di lavoro

I compiti sul posto di lavoro stanno diventando sempre più complessi. La maggior parte di essi non può essere svolta da una sola persona, né può essere suddivisa in modo uniforme. Per raggiungere gli obiettivi è necessaria una sinergia di gruppo.

I membri di questo team lavorano per un'azienda produttrice di mobili. Stanno lavorando duramente per produrre e commercializzare una nuova linea di prodotti entro l'inizio del prossimo anno. Il team è sulla buona strada per realizzare un prodotto eccellente. Come possono riuscirci? Esiste una grande sinergia tra i gruppi.

Per ulteriori informazioni sulle caratteristiche delle sinergie di gruppo, consultare i singoli componenti del team.

Fatti.

"Tutti comunichiamo apertamente. Non abbiamo la sensazione che qualcuno ci nasconda delle informazioni. È bello avere sempre a disposizione tutti i fatti importanti.
Sento che le persone che condividono le informazioni stanno lavorando per raggiungere i loro obiettivi". **Sulla divisione dei ruoli**

"Penso che i membri del team lavorino in ruoli adatti ai loro talenti. È così che funziona meglio. Nessuno fatica a fare il proprio lavoro e ognuno passa il tempo a fare il lavoro che ama".

empatia

"Tutti in questo team entrano in empatia con gli altri. Rispettiamo i nostri colleghi e ci preoccupiamo dei loro problemi. Mi piace anche l'ambiente, che non è critico o distruttivo. Non ci svalutiamo a vicenda, ma ci rafforziamo a vicenda".

relazioni umane

Il nostro team deve costruire relazioni efficaci con gli altri team dell'organizzazione. Questo piccolo team ha i propri obiettivi, ma dobbiamo ricordare che i nostri obiettivi supportano quelli dell'azienda. Non dobbiamo trattare gli altri team come nemici".

Obiettivo.

Abbiamo obiettivi chiari. Per questo rimaniamo concentrati. Ho lavorato in team in cui la missione non era chiara.
È molto frustrante colpire un bersaglio mobile".

flessibilità

"I membri del team hanno cercato di essere flessibili. In qualsiasi momento potremmo ricevere nuove informazioni, nuove risorse o perdere il sostegno che pensavamo di avere. Dobbiamo adattarci alle nuove situazioni senza rimanere bloccati nelle vecchie routine".

consenso

Non lasciamo le decisioni a una sola persona, ma creiamo consenso. Non prendiamo decisioni da soli, ma le discutiamo insieme e ascoltiamo le opinioni di tutti. Poi decidiamo una linea d'azione su cui tutti i membri del team sono d'accordo". **Iniziativa.**

"Prendiamo l'iniziativa per raggiungere i nostri obiettivi. Tutti in questa squadra vogliono fare un ottimo lavoro. Non vogliamo stare seduti ad aspettare che le cose inizino a muoversi. Vogliamo far parte del team perché sentiamo di fare la differenza in positivo per l'azienda".

domanda

Mettere in pratica quanto appreso. Identificare le qualità che creano sinergia nel team.

Opzione.

1. Il team ha una missione chiara.
2. I team hanno un processo di costruzione del consenso.
3. I membri del team condividono apertamente le informazioni.
4. Il caposquadra prende tutte le decisioni.

5. I membri della squadra competono l'uno contro l'altro. **Risposta.**

In effetti, la sinergia del team deriva da diverse qualità, tra cui la cooperazione, la comunicazione aperta, la creazione di consenso e la chiarezza della missione.

Opzione 1: Questa risposta è corretta. Una delle qualità che portano alla sinergia del team è che il team abbia una missione chiara. I membri del team, infatti, sono più propensi a rimanere concentrati se sanno quali sono i risultati da raggiungere.

Opzione 2: Corretto. Le sinergie possono essere create se il team ha un processo di costruzione del consenso. Invece di una sola persona che prende tutte le decisioni, il team discute i problemi e decide una linea d'azione dopo aver preso in considerazione le opinioni di tutti.

Opzione 3: Corretto. La sinergia si crea quando i membri del team condividono apertamente le informazioni. Ogni membro è sempre al corrente di fatti importanti, il che aumenta l'impegno verso gli obiettivi del team.

Opzione 4: Questa risposta non è corretta. Se il team leader prende tutte le decisioni, la sinergia non sarà raggiunta perché ogni membro del team non si sentirà impegnato o collegato agli obiettivi del team.

Opzione 5: Questa risposta è sbagliata. Se i membri del team sono in competizione tra loro, non si creano sinergie. Questo perché ogni persona agisce per se stessa e non per il team.

La sinergia di squadra può essere una forza dinamica che consente a un gruppo di raggiungere obiettivi importanti. Tuttavia, questo effetto può essere creato solo dalla combinazione di elementi chiave. Senza questa sinergia, il successo del team è difficile da raggiungere.

Sviluppare l'intelligenza del team

Cosa fa di una squadra una buona squadra? Se il vostro team ha dei problemi, dovete arrendervi? Se il posto di lavoro cambia, deve cambiare anche il team?

Il successo di una squadra è una combinazione di molti fattori. I team possono svilupparsi nel tempo. Può essere necessario cambiare i membri del gruppo, ma anche lo sviluppo è importante per il successo. Si terrà conto di.

- Perché le persone giuste sono importanti, come il feedback
- e il sostegno possono portare al successo e perché
- l'incoraggiamento e il riconoscimento contribuiscono alla crescita del gruppo.

domanda

Quali delle seguenti caratteristiche contribuiscono all'intelligenza del team?

Opzione.

1.   I membri del gruppo vengono selezionati sulla base di competenze prestabilite.

2.   I membri del team evitano di darsi un feedback reciproco.

3.   I team dispongono di processi per integrare le nuove competenze nell'ambiente di lavoro.

4.   I membri del gruppo si sostengono a vicenda.

risposta

Per avere successo, infatti, un team ha bisogno di una combinazione di idoneità al lavoro, supporto e feedback. Il gruppo ha anche bisogno di un processo per integrare il nuovo apprendimento.

Opzione 1: Corretta. La selezione basata su competenze predeterminate contribuisce all'intelligenza del team. Le aziende che abbinano i dipendenti alle mansioni determinano ciò di cui hanno bisogno per svolgere bene il lavoro e assumono in base a queste informazioni.

Opzione 2: Questa risposta non è corretta. Se i membri del team evitano di darsi un feedback reciproco, nessuno saprà dove si trovano i loro punti di forza e le loro opportunità.

Opzione 3: Questa risposta è corretta. L'integrazione di nuove competenze nell'ambiente di lavoro è importante per l'intelligenza del team, in quanto dimostra flessibilità e apertura al cambiamento, essenziali per il successo.

Opzione 4: Questa risposta è corretta. Il sostegno reciproco contribuisce all'intelligenza del team perché dimostra che i membri del team si apprezzano a vicenda e hanno fiducia nelle loro capacità.

Questa lezione esplora i modi migliori per costruire una squadra. Esamina inoltre i modi per sviluppare i team incoraggiando la crescita e l'apprendimento e, ove opportuno, il cambiamento di comportamento.

Seguendo il processo di questa lezione, sarete in grado di sviluppare l'intelligenza emotiva del vostro team.

In un annuncio di una società finanziaria si legge che la società "cerca persone cordiali per occupare posizioni nel servizio clienti". Ma questo è davvero sufficiente per ottenere un buon lavoro nel servizio clienti?

Probabilmente no. Le ricerche dimostrano che il servizio clienti è uno dei lavori più stressanti. Il turnover è elevato e i dipendenti si esauriscono rapidamente. Ci sono persone che brillano in questa posizione, e per una buona ragione. Perché sono le persone giuste per questo lavoro. Un buon reclutamento non è solo una congettura, ma contribuisce al successo del team. I team emotivi hanno le persone giuste che fanno il lavoro giusto.

Le aziende che abbinano i dipendenti ai posti di lavoro determinano ciò di cui hanno bisogno per svolgere bene il lavoro. Quindi assumono le persone in base alle loro competenze. Queste aziende progettano la formazione per supportare le competenze critiche per il loro successo.

Kyle gestisce il servizio clienti. Lavora con Laura, una consulente, per migliorare le pratiche di assunzione dell'azienda. Laura cerca di insegnare a Kyle tre passaggi chiave.

- Identificare le competenze richieste dai delegati,
- delineare i programmi di formazione che le
- supporteranno e sviluppare un processo di

matching tra talento e lavoro.

Laura ha intervistato Brad, un forte esecutore, per scoprire cosa serve per avere successo nel servizio clienti.

Laura: Quali sono i problemi tipici **che incontrate**, cioè quelli che devono essere risolti?

Brad: I broker chiamano spesso perché una commissione sulle vendite è stata applicata in modo errato al loro conto. Di solito sono arrabbiati perché ciò significa che non sono stati pagati correttamente.

Laura: Come affronta queste situazioni?

Brad: La prima cosa da fare è calmarli. Scusatevi per l'errore e promettete di lavorare con loro finché il problema non sarà risolto. Finché non si arrabbiano, non fate domande e non guardate il computer.

Laura: Dopo che si sono calmati, qual è l'approccio successivo?

Brad: Devo fare un po' di lavoro da detective. Bisogna fare alcune domande per scoprire quali sono le spese di vendita applicate. Poi bisogna valutare come è stato applicato l'addebito. Poi bisogna scoprire dove si è verificato l'errore.

Laura: Dopo aver individuato la causa dell'errore, ci sono altri conflitti?

Brad: A volte i broker commettono degli errori. In questi casi, è necessario avere un po' di pazienza per aiutarli a capire l'errore.

Laura ha elaborato un elenco di competenze per il successo nel servizio clienti. Si è basata su interviste e osservazioni con Brad e altri dipendenti. Le competenze dei rappresentanti del servizio clienti efficaci comprendono.

- Personalità amichevole,
- gestione dei conflitti,
- gestione dello stress,
- capacità di risolvere i
- problemi, conoscenza

dei prodotti.

Laura consiglia a Kyle di cercare dipendenti che dimostrino di possedere molte di queste competenze. Prima di farlo, però, ritiene che dovrebbe prendere in considerazione la creazione di un programma di formazione che supporti le competenze per un servizio clienti efficace.

Vedere le singole azioni per le raccomandazioni di formazione di Laura.

Identificazione delle competenze.

"Ora sapete quali sono le qualità necessarie in un addetto al servizio clienti. Deve essere estroverso, capace di risolvere i problemi e di gestire lo stress. Devono anche essere buoni ascoltatori e avere una buona conoscenza del prodotto.

formazione sul design

"Si possono trovare dipendenti con competenze di buona qualità, ma non si può pretendere di assumere il 'dipendente perfetto'. La formazione deve essere progettata
Programma a sostegno di queste competenze".

Preparazione dei dipendenti

"La conoscenza dei prodotti, la gestione dello stress e la capacità di gestire i conflitti dovrebbero far parte della formazione dei nuovi dipendenti. Utilizzate la formazione per preparare i dipendenti al lavoro quotidiano".

Migliorare il divario

"Una volta individuata una lacuna nelle competenze, utilizzate la formazione come un modo per svilupparla. Non si può trasformare una persona chiusa in una persona estroversa, ma si può migliorare la sua capacità di ascolto con nuove tecniche".

Come può Kyle trovare le persone giuste per ogni lavoro? Kyle deve trovare le persone con le competenze che Laura ha identificato come essenziali per le mansioni di assistenza clienti. Gran parte di questo può essere fatto durante il processo di colloquio.

Vedere le singole azioni per i consigli di Laura sulla persona giusta per il lavoro giusto.

Trovare le competenze.

Intervistate i candidati in base alle competenze richieste. Fate domande che rivelino la capacità di gestire lo stress e di risolvere i problemi. Cercate persone estroverse. Cercate informazioni sulla loro esperienza nella gestione dei conflitti.

Valutazione del potenziale di crescita

È anche importante chiedere se il candidato ha la capacità di crescere nella posizione. Chiedete quali errori hanno commesso e quali opportunità di crescita hanno sperimentato. Se il candidato è in grado di riconoscere gli errori e di parlare delle esperienze di crescita, dimostrerà di essere consapevole di sé.

Identificazione dei bisogni formativi

Anche il personale più qualificato può avere bisogno di formazione. La scarsa conoscenza dei prodotti o la limitata esperienza nella gestione dei conflitti possono essere compensate dalla formazione dei nuovi dipendenti.

Valutazione approfondita.

Non affidatevi all'autopresentazione del candidato. Potreste organizzare una finta telefonata con un cliente o fargli fare un gioco di ruolo. Alcuni test valutano la capacità di risolvere i problemi. Potete anche ottenere informazioni dalle referenze.

domanda

Lynn assume personale di cabina per una grande compagnia aerea. È importante che gli assistenti di volo siano preparati e competenti. In caso contrario, potrebbero verificarsi gravi incidenti. Se volete abbinare con successo i candidati alle offerte di lavoro, cosa potete fare?

Opzione.

1. Dovrebbero essere assunti sulla base del buon senso e di ciò che serve per essere un buon membro dell'equipaggio di cabina.

2. Lynne deve identificare le competenze necessarie per essere un membro competente dell'equipaggio di cabina.

3. Lynn deve valutare accuratamente ogni candidato in base alle competenze.

4. Lynn deve implementare una strategia di formazione che supporti le competenze richieste.

risposta

In pratica, Lynn deve determinare le competenze dell'equipaggio di cabina e assumere sulla base di queste informazioni. I candidati devono essere valutati in diversi modi, non solo sulla base di un'unica informazione.

Opzione 1: non è corretta. Il buon senso è importante in questo tipo di lavoro, ma giudicare solo su questa base può far perdere di vista molte competenze importanti che sono fondamentali per il successo di un membro dell'equipaggio di cabina.

Opzione 2: Questa risposta è corretta. Per fare un buon abbinamento, Lynn deve determinare le competenze necessarie per essere un membro dell'equipaggio di cabina competente.

Opzione 3: Questa opzione è corretta. Lynn deve valutare accuratamente e abbinare ogni candidato in base alle competenze. In questo modo, è possibile abbinare il dipendente giusto alla posizione.

Opzione 4: Risposta corretta. Lynn deve implementare una strategia di formazione che supporti le sue competenze. Il suo programma di formazione deve essere allineato alle competenze richieste per svolgere il suo lavoro, poiché ci sono competenze specifiche per il lavoro che i nuovi assunti non hanno.

I manager come Kyle spesso lottano con il complesso processo di costruzione di un team forte. Per gettare le basi di un team ricco di emozioni è necessario mettere le persone giuste al posto giusto. Laura ci ha aiutato a iniziare questo processo identificando le competenze fondamentali per il successo. Kyle deve valutare i candidati in base a queste competenze e costruire programmi di formazione che supportino le capacità di successo.

Eric, che lavora come paralegale in uno studio legale, odiava le valutazioni del personale. Si sentiva come se fosse stato attaccato durante la valutazione.

Questo è ciò che provano molte persone quando ricevono un feedback sul posto di lavoro. Molti supervisori e manager riservano il feedback alle valutazioni delle prestazioni e lo trattano come uno strumento per trascinare i dipendenti verso il basso anziché svilupparli. Questo può includere.

- Perché l'empatia è importante quando si dà un
- feedback e come costruire la fiducia attraverso
- il feedback.
- Perché è importante essere sensibili e come si possono sostenere i dipendenti in difficoltà?

L'empatia è un'abilità importante in quasi tutte le situazioni sul posto di lavoro. È particolarmente importante nelle situazioni di feedback, dove può esserci tensione tra chi fornisce e chi riceve il feedback.

Vedere "con empatia" e "senza empatia" per due messaggi di feedback di miglioramento.

Con empatia.

"Sono preoccupato per gli impegni della squadra. So che sono impegnati, ma se le riunioni non iniziano in orario, finiscono per trascinarsi".

senza empatia

Sei arrivato in ritardo un certo numero di volte e questo mi fa davvero arrabbiare. È chiaro che non hai rispetto per gli orari della squadra".

Wendy gestisce una filiale di una grande banca. Avendo diversi dipendenti, sa che per sviluppare l'intelligenza emotiva del suo team deve dare regolarmente la sua opinione sulle loro prestazioni.

Vedere i singoli elementi per i commenti di Wendy sul feedback.

Strumenti di costruzione

"Uso il feedback per 'costruire' i dipendenti. Voglio che costruiscano la carriera che desiderano e il feedback è uno strumento per farlo. Non voglio criticarli costantemente o metterli in difficoltà. Voglio che sappiano cosa stanno facendo.

frequenza (soprattutto delle forme d'onda)

Non mi limito a dare feedback durante le revisioni, ma lo faccio quotidianamente. Do anche feedback positivi su di me. Devo sapere cosa funziona e cosa non funziona, altrimenti non posso crescere come manager".

Pensare in modo positivo

Il "feedback" non è la stessa cosa della "critica". Le persone hanno bisogno di sapere cosa sono brave a fare e di sentirselo dire spesso. Tutti noi siamo orgogliosi del nostro mestiere. Io cerco di rafforzare questo orgoglio piuttosto che abbattere i miei dipendenti".

delicatezza

'Non è che i nostri dipendenti abbiano dei punti deboli, ma che ci sono margini di miglioramento. È importante comunicarlo in modo delicato. Non vogliamo minare la loro fiducia sottolineando i comportamenti che devono essere cambiati. Il sostegno è un partner importante nel feedback. Quando le persone cercano di crescere o di cambiare la direzione del loro lavoro, hanno bisogno di sostegno. Il sostegno può andare dalla fornitura di feedback più positivi al rinvio a programmi di assistenza per i dipendenti.

Nelle tappe della carriera, potreste aver bisogno di un sostegno supplementare. Per ulteriori informazioni sulle esigenze di sostegno, consultare le singole circostanze.

responsabilità aggiuntiva

Spesso le persone hanno bisogno di sostegno quando vengono promosse o ricevono un nuovo lavoro. Si tratta infatti di un periodo di crescita per i dipendenti, che devono sviluppare nuove competenze e comportamenti. Il tutoraggio e la formazione possono fornire il supporto necessario per queste transizioni.

problemi personali

Molte persone vivono momenti difficili nella loro vita personale, che possono influenzare il loro lavoro. Ad esempio, divorzi, malattie o problemi finanziari. In questi casi, i programmi di assistenza ai dipendenti o i consulenti esterni possono fornire il sostegno necessario. **Problemi nelle relazioni interpersonali**

A volte sorgono difficoltà personali. Le persone possono non andare d'accordo tra loro o i problemi personali possono impedire di lavorare. In queste situazioni, il coaching e il feedback possono aiutare a modificare il comportamento che causa la situazione di conflitto.

preoccupazione (incertezza, disagio, insicurezza) per il proprio futuro corso d'azione

Molte persone hanno preoccupazioni legate al lavoro, come "Mi piace questo lavoro?" o "Voglio questo tipo di lavoro?". In questi casi, può essere necessario discutere degli obiettivi di carriera e delle opportunità di arricchimento professionale. Forse vogliono apprendere nuove competenze o intraprendere un nuovo lavoro.

domanda

Benjamin lavora per sviluppare l'intelligenza emotiva del suo team. Sa che il feedback e il supporto sono importanti per il processo di sviluppo e vuole dimostrare questi comportamenti in modo efficace. Quali sono i comportamenti che Benjamin deve tenere quando fornisce feedback e supporto?

Opzione.

1.   Benjamin dovrebbe dare un feedback solo sui punti deboli.

2.   Benjamin deve assicurarsi che i membri del team si sentano sicuri di ciò che fanno.

3.   Benjamin deve usare l'empatia nel processo di feedback.

risposta

In effetti, Benjamin deve dare un feedback positivo e motivante ai membri del suo team. Questo aiuterà a rafforzare la loro fiducia. Anche l'empatia è importante nel processo di feedback.

Opzione 1: non corretta. Se Benjamin fornisse solo feedback sui punti deboli, l'ambiente di lavoro non sarebbe molto buono e i dipendenti sarebbero demotivati. Il feedback deve essere positivo e i punti deboli devono essere trattati come sfide.

Opzione 2: Risposta corretta. Perché sono orgogliosi delle loro capacità ed è importante rafforzare questo orgoglio.

Opzione 3: Questa risposta è corretta. Bruce deve usare l'empatia nel processo di feedback, poiché sia lui che il dipendente potrebbero essere nervosi. La delicatezza è fondamentale.

Ricordate che il feedback e il sostegno aiutano le persone a crescere. Con la crescita dei membri del team, cresce anche la loro intelligenza emotiva. Nel fornire feedback e supporto, tenete presente quanto segue

- Il feedback positivo rafforza la fiducia.
- L'empatia è particolarmente importante quando si fornisce un feedback sulle aree di miglioramento.
- I membri del team hanno spesso bisogno di un sostegno supplementare in occasione delle tappe della carriera. Questo include formazione, coaching e mentoring.

Avete partecipato a un corso di formazione ma avete messo il raccoglitore sullo scaffale quando siete tornati in ufficio? Avete imparato un'abilità ma l'avete dimenticata perché non l'avete usata sul lavoro?

domanda

Ogni anno i datori di lavoro spendono milioni di dollari per offrire ai propri dipendenti programmi di formazione e sviluppo. Eppure, in molti casi, queste competenze vengono dimenticate. Perché le competenze non vengono utilizzate?

Opzione.

1. I dipendenti non vengono ricompensati per aver modificato il loro comportamento.
2. I lavoratori non possono utilizzare le loro nuove competenze sul lavoro.

3. I datori di lavoro non considerano le competenze importanti per il successo lavorativo; 4. I datori di lavoro non considerano le competenze importanti per il successo lavorativo.

I dipendenti sono sopraffatti e incapaci di modificare il loro comportamento.

risposta

In effetti, questi sono tutti motivi per cui i dipendenti non fanno il loro lavoro.

Cambiare il comportamento.

Opzione 1: è la scelta giusta. I dipendenti dimenticano le nuove competenze perché non vengono premiati per il loro comportamento modificato. I datori di lavoro devono fornire supporto e rinforzo nel processo di cambiamento.

Opzione 2: Questa risposta è corretta. Le competenze vengono dimenticate se non vengono utilizzate sul lavoro. Se le nuove competenze non vengono utilizzate immediatamente, di solito non vengono utilizzate affatto.

Opzione 3: Questa risposta è corretta. Se il datore di lavoro non considera la nuova competenza importante per il successo lavorativo, il dipendente la dimenticherà. È frequente che i dipendenti apprendano nuove competenze ma che i loro manager non le rafforzino.

Opzione 4: Corretto. Le competenze vengono dimenticate quando i dipendenti sono costretti a cambiare il loro comportamento. L'adozione di nuove competenze e comportamenti richiede tempo all'inizio, quindi questa curva di apprendimento potrebbe non essere consentita in un ambiente dal ritmo sostenuto.

Tutti imparano nuove abilità e tecniche. Alcune vengono apprese in classe, altre in modo più informale. I datori di lavoro spesso cercano nuovi processi e strategie per lavorare e interagire con i clienti. Perché molte di queste iniziative falliscono? Perché non ricevono il sostegno e l'incoraggiamento necessari per implementare nuovi comportamenti sul posto di lavoro.

Il processo di trasformazione richiede la definizione di obiettivi, il sostegno e il rafforzamento.

Senza questi elementi chiave, di solito le cose rimangono invariate.

L'apprendimento e lo sviluppo dovrebbero essere incoraggiati in tutti i contesti. Tuttavia, i piani di sviluppo sono più efficaci quando tengono conto dei seguenti fattori

- Il cambiamento deve essere avviato autonomamente. Ogni individuo deve cercare di crescere in modo proattivo.
- Il piano di sviluppo deve essere adattato all'individuo, incorporando i suoi interessi e obiettivi.
- Ognuno di noi ha un punto di partenza e un obiettivo diverso.

Il capo di Nancy, Norman, sta lavorando con Nancy a un piano di sviluppo. Vuole che Nancy gestisca meglio il suo tempo. La donna è esausta per le lunghe ore di lavoro e vuole lavorare in modo più efficiente. Ma questo è un obiettivo importante e difficile da misurare.

Norman aiuta Nancy a sviluppare un piano di apprendimento più realistico.

Vedere i singoli aspetti dello sviluppo per i commenti di Norman sui piani di sviluppo.

Piccoli obiettivi

"Gestire meglio il tempo non è un obiettivo esplicito. Abbiamo invece fissato alcuni obiettivi più piccoli, il primo dei quali è che Nancy lasci l'ufficio entro le 17 per tre volte alla settimana senza portarsi il lavoro a casa".

Successo frequente

"Nancy può avere successo più spesso con obiettivi più piccoli. Il suo prossimo obiettivo è affinare le sue capacità di delega, delegando due compiti al giorno a qualcun altro.
Per la dipendente. È per lei che deve avere successo.

Fornire supporto

Questo è un grande cambiamento per Nancy, ha bisogno di sostegno. Sta frequentando un corso di gestione del tempo. Io faccio da tutor. Ci incontriamo una volta alla settimana.
Discutere le tecniche e le situazioni di gestione del tempo. **Valutazione.**

Le capacità di gestione del tempo di Nancy vengono valutate regolarmente. Quando le sue capacità miglioreranno, verrà premiata. Non sarà premiata per aver lavorato 70 ore alla settimana.

Spesso alle persone viene detto di comportarsi in un certo modo, ma vengono giudicate in base ad altri criteri. Se il comportamento non è soggetto a valutazione, il cambiamento non avverrà.

Ogni obiettivo comprende due esempi di dipendenti che sono stati incoraggiati a migliorare le loro capacità di assistenza ai clienti.

Dialogo con i clienti

"Dicono di volere più qualità. Ma le nostre interazioni con i clienti sono sensibili al tempo ed è su questo che siamo valutati. Non ha senso.

(grado di) soddisfazione del cliente

"La nostra priorità è soddisfare i nostri clienti. Per raggiungere questo obiettivo, a volte dobbiamo investire del tempo. Siamo giudicati per la qualità del nostro dialogo, non per la lunghezza".

È importante incoraggiare e premiare i comportamenti che i dipendenti stanno imparando. I nuovi comportamenti dovrebbero far parte del processo di valutazione delle prestazioni. Tuttavia, prima che i dipendenti possano essere valutati, è necessario mettere in atto altri sistemi di supporto.

Per ulteriori informazioni su come sostenere l'integrazione delle nuove competenze e tecnologie nella vita sociale, consultare le singole azioni.

Valorizzare i comportamenti corretti

Assicuratevi che il comportamento che cercate sia quello che apprezzate. Se volete un buon servizio clienti, premiatelo di conseguenza. È facile fissare obiettivi contrastanti: un servizio di qualità e un'assistenza tempestiva. Questo confonderà i dipendenti, che sceglieranno il comportamento da premiare.

Raggiungimento dei dipendenti

Incoraggiateli a provare nuovi comportamenti. Date loro la possibilità di esercitarsi in un ambiente non pericoloso. Se dovete produrre un prodotto utilizzando una nuova macchina, lasciate che si esercitino senza alcuna aspettativa di tempo o di qualità all'inizio.

Fornire supporto

Il sostegno alle nuove competenze è particolarmente importante. I mentori, i sistemi di accompagnamento e i gruppi di lavoro possono ridurre lo stress associato all'apprendimento. Anche il lavoro di gruppo può essere efficace. Alcuni gruppi si riuniscono settimanalmente per discutere come mettere in pratica l'apprendimento.

Fissare il valore misurato

Trovare il modo di misurare l'impatto dell'apprendimento. Stabilite piccoli obiettivi, ad esempio: "Nella seconda settimana, cercate di avere un programma di tre giorni per elaborare i prestiti appresi". Festeggiate il successo e passate a nuovi obiettivi. Nella quarta settimana, puntiamo a una tempistica di due giorni e mezzo". **Feedback.**

Il feedback è importante nel processo di cambiamento. I dipendenti devono ricevere un feedback positivo e orientato alla crescita su come implementare le nuove competenze. Devono ricevere suggerimenti e critiche costruttive per garantire che le nuove competenze siano implementate in modo efficace.

domanda

Martin è un team leader e sta lavorando per migliorare l'intelligenza emotiva del suo team. Quali azioni può intraprendere Martin per incoraggiare e valorizzare i suoi collaboratori?

Opzione.

1. Ai dipendenti dovrebbe essere chiesto di fissare solo obiettivi a lungo termine e di ampio respiro.

2. I dipendenti devono avere l'opportunità di mettere in pratica le nuove competenze.

3. Deve assicurarsi di premiare i suoi dipendenti per il comportamento che ha richiesto loro.

4. I dipendenti devono essere invitati a non utilizzare tecnologie nuove e sconosciute. **Risposta.**

In effetti, Martin dovrebbe incoraggiare i dipendenti a mettere in pratica le loro competenze.

Si sforzano di migliorare. Dovete anche assicurarvi di premiare i comportamenti che riconoscete.

Opzione 1: Questa risposta non è corretta. Per incoraggiare e valorizzare i dipendenti, Martin non dovrebbe chiedere loro di fissare solo obiettivi a lungo termine e di ampio respiro. Questo perché gli obiettivi a lungo termine possono intimidire e potrebbero non essere raggiungibili.

Opzione 2: Risposta corretta. Martin dovrebbe dare ai dipendenti l'opportunità di mettere in pratica le nuove competenze apprese prima di utilizzarle sul lavoro. Questo dovrebbe ridurre lo stress legato all'apprendimento e all'implementazione di nuovi comportamenti.

Opzione 3: Questa risposta è corretta. Martin può incoraggiare i dipendenti premiandoli per il comportamento richiesto. Questo perché rafforza l'uso e il valore del comportamento.

Opzione 4: Questa risposta non è corretta. Martin non deve cercare di evitare l'uso di competenze nuove e sconosciute perché i dipendenti non crescono o cambiano.

Modificare il comportamento può essere difficile. Ma questo processo di apprendimento è la chiave dell'intelligenza emotiva. Se i dipendenti ricevono il giusto supporto quando cercano di introdurre nuovi comportamenti nel loro lavoro, hanno maggiori probabilità di successo.

Con il miglioramento dei dipendenti, migliorano anche le conoscenze e le competenze del team e, soprattutto, la sua capacità di crescere e adattarsi.

Il collante che tiene insieme i team di lavoro di oggi è costituito dalla competenza sociale, dalla capacità di influenzare gli altri, dalla partecipazione e dalla collaborazione. I team devono anche essere in grado di svilupparsi e crescere nel tempo. E devono anche essere in grado di rispondere in modo flessibile ai cambiamenti. Sia le persone che i team hanno la possibilità di sviluppare l'intelligenza emotiva, un elemento chiave del successo.

Capitolo 4: Aumentare l'intelligenza emotiva

Come possiamo aumentare l'"intelligenza umana"? Innanzitutto, è necessario avere una buona conoscenza dell'intelligenza emotiva. Poi bisogna capire come e cosa bisogna migliorare.

Questo capitolo esamina.

- La differenza tra intelligenza emotiva e intellettuale.
- Perché l'intelligenza emotiva è importante sul lavoro?
- Da dove viene l'intelligenza emotiva?
- Come aumentare l'intelligenza emotiva.

Intelligenza emotiva e intellettuale

Vi siete mai chiesti perché la vostra mente funziona come funziona? Vi siete mai chiesti cosa significhi essere "intelligenti"?

Il cervello si è evoluto fin dall'inizio della storia umana. Negli ultimi anni, la ricerca ha evidenziato l'importanza dell'intelligenza emotiva per il successo sul posto di lavoro e nelle relazioni. In questa lezione imparerete a.

- I due tipi di intelligenza emotiva e intellettuale, la differenza
- tra pensiero costruttivo e distruttivo e il funzionamento del
- pensiero razionale ed empirico.

Si vedano i singoli punti sull'importanza dell'intelligenza emotiva per il successo.

Gestione dei conflitti

I conflitti esistono in quasi tutti gli ambienti di lavoro. Lo sviluppo dell'intelligenza emotiva migliorerà le vostre capacità di gestione dei conflitti. Imparerete a gestire gli altri in situazioni di tensione. Migliorando le vostre capacità, potrete gestire efficacemente i conflitti.

Pensare in modo costruttivo.

Il vostro modo di pensare influenza il modo in cui vi sentite e vi comportate. Potete migliorare i vostri processi di pensiero e sviluppare una mentalità costruttiva. L'aumento dell'intelligenza emotiva vi permetterà di pensare in modo da aiutarvi e non da danneggiarvi.

Creare relazioni

La vostra efficacia nel costruire relazioni con gli altri è direttamente correlata alla vostra intelligenza emotiva. Imparerete a migliorare le vostre relazioni con manager, clienti e colleghi. Imparerete a costruire forti alleanze sul posto di lavoro. **Domanda.**

Perché l'intelligenza emotiva è importante per il successo nella vita?

Opzione.

1. Si sviluppa la capacità di evitare situazioni conflittuali.
2. Diventate capaci di pensare in modo da aiutarvi e non da danneggiarvi.
3. Assicuratevi che la vostra carriera sia fruttuosa.
4. Costruire forti alleanze sul posto di lavoro.

risposta

In effetti, l'intelligenza emotiva e il pensiero hanno un impatto drammatico sul successo nella vita. L'intelligenza emotiva si riferisce alla capacità di costruire relazioni forti con gli altri.

Opzione 1: Questa risposta non è corretta. L'intelligenza emotiva non dà la capacità di evitare le situazioni di conflitto, ma quando ci si trova in una situazione di conflitto, l'intelligenza emotiva può aiutare a gestirla in modo efficace.

Opzione 2: Questa risposta è corretta. L'intelligenza emotiva è importante per il successo nella vita. Questo perché l'intelligenza emotiva ci aiuta a pensare in modi che ci aiutano invece di danneggiarci. Migliora i processi di pensiero e aiuta a pensare in modo costruttivo.

Opzione 3: errata. La capacità di assicurarsi una carriera gratificante non è direttamente correlata all'intelligenza emotiva. Piuttosto, l'intelligenza emotiva si riferisce alla capacità di gestire i conflitti, di pensare in modo costruttivo e di creare relazioni forti con gli altri.

Opzione 4: Questa risposta è corretta. L'intelligenza emotiva aiuta a formare forti alleanze sul posto di lavoro, in quanto impara a migliorare le relazioni con la direzione, i clienti e i colleghi.

In questa lezione capirete come funzionano l'intelligenza emotiva e l'intelligenza intellettuale. Vedrete come l'intelligenza emotiva influisce sulla vostra capacità di avere successo. Questa comprensione vi aiuterà a concentrarvi sull'importanza dell'intelligenza emotiva.

Verrà inoltre esplorato il funzionamento della mente e due importanti funzioni cerebrali: la mente razionale e la mente esperienziale.

Ci sono persone che sono intelligenti in più di un modo? Esistono persone intelligenti ma prive di buon senso?

Non esiste un solo tipo di intelligenza. Le persone possono essere forti in entrambi i tipi di intelligenza. Alcune persone possono essere forti in entrambi i tipi di intelligenza. Esplorerete.

- Caratteristiche dei due tipi di intelligenza,
- funzioni dell'intelligenza e intelligenza
- emotiva.

Quando si parla di intelligenza, bisogna considerare sia l'intelligenza emotiva che l'intelligenza. L'intelligenza è il modo tradizionale di considerare la potenza cerebrale. Tuttavia, man mano che il mondo diventa più complesso, l'intelligenza emotiva diventa sempre più importante.

Per ulteriori informazioni su ciascuna funzione, vedere Intellettuale intelligenza emotiva

tipo problem-solving

L'intelligenza si riferisce alle capacità di risoluzione dei problemi, come il ragionamento e l'elaborazione delle informazioni.

sentimento

L'intelligenza emotiva è la capacità di comprendere e gestire efficacemente le emozioni. Ciò include la comprensione delle emozioni degli altri.

L'intelligenza è una delle componenti chiave dell'intelligenza. Svolge un ruolo specifico nella vita. Tuttavia, l'intelligenza da sola non può spiegare il comportamento". Le persone "intelligenti" fanno cose stupide. Anche le persone con un'intelligenza media o bassa possono condurre una vita felice e soddisfacente. È importante capire come l'intelligenza sia coinvolta nell'intelligenza e nei limiti della ragione.

Per ulteriori informazioni sull'intelligenza, consultate le singole domande.

Come funziona?

L'intelligenza è la parte della mente che risolve consapevolmente i problemi. Quando si è consapevoli dei propri pensieri, si usa l'intelletto. Ad esempio, "L'auto dietro di me è troppo vicina. L'auto dietro di me è troppo vicina, quindi mi sposto in una corsia più lenta per poter sorpassare". **Cosa fa l'intelletto?**

L'intelligenza è la capacità di risolvere i problemi. Usate la vostra intelligenza per ragionare sui problemi. Ci si affida all'intelligenza anche per elaborare le informazioni. La vostra intelligenza vi permette di valutare la velocità dell'auto dietro di voi, di controllare se la corsia lenta è libera e di cedere il passo.

Perché è importante?

L'intelligenza è la parte razionale della mente. Si basa sulla logica e non è legata alle emozioni. L'intelligenza aiuta a prendere decisioni e a determinare il miglior corso d'azione quando non è emotiva. Questo tipo di intelligenza aiuta ad avere successo in un ambiente che richiede l'elaborazione di informazioni, come la scuola.

Quali sono i suoi limiti?

La vostra intelligenza può essere lenta. In alcune situazioni, potreste non avere il tempo di elaborare le informazioni e decidere una linea d'azione basata sui fatti. L'intelligenza si misura con il QI, che indica quanto siete "intelligenti". Tuttavia, il QI da solo non predice il successo di un individuo.

L'intelligenza emotiva è il secondo tipo di cervello che contribuisce all'intelligenza. Questo tipo di pensiero collabora con l'intelligenza per determinare il comportamento.

L'intelligenza emotiva è un predittore di successo più affidabile dell'intelligenza.

Le persone con un QI elevato non conducono necessariamente una vita soddisfacente. Le persone con un'intelligenza emotiva elevata hanno maggiori probabilità di gestire le relazioni in modo più efficace e di avere successo nella vita personale e professionale.

Per saperne di più sull'intelligenza emotiva, consultare le singole domande.

Che cos'è?

L'intelligenza emotiva è la capacità di comprendere le proprie emozioni e gli stati emotivi di chi ci circonda. È la capacità di comprendere e gestire efficacemente queste emozioni.

Da dove viene?

La vostra intelligenza emotiva deriva dalle vostre esperienze. Ogni interazione ed evento della vostra vita è impresso nella vostra mente. Memorizzare e recuperare queste informazioni vi permette di fare valutazioni e decisioni emotive immediate.

Come funziona?

L'intelligenza emotiva è qualcosa che avviene sotto la superficie. È qualcosa che accade prima di impegnare l'intelligenza. Non sempre si è consapevoli della propria navigazione emotiva. Si è consapevoli solo delle proprie impressioni e intuizioni.

Perché è importante?

L'intelligenza emotiva è spesso definita come buon senso. Questo potere cerebrale aiuta ad andare d'accordo con gli altri e a costruire relazioni solide. Vi aiuta a dire le cose giuste e a giudicare con precisione le reazioni degli altri.

domanda

Qual è il valore della comprensione dell'intelligenza emotiva e dell'intelligenza?

Completate questa frase.

Intelligenza emotiva e intelligenza.

Opzione.

1. rimangono fissi per tutta la vita.

2. aumenta o diminuisce.

risposta

Infatti, può migliorare sia l'intelletto che le emozioni. Entrambi sono variabili, a seconda dell'esperienza, dell'ambiente e della formazione.

Opzione 1: Questa risposta non è corretta. L'intelligenza emotiva e l'intelligenza non sono fisse per tutta la vita. Infatti, se lo fossero, non potrebbero essere apprese con l'esperienza o con un'ulteriore formazione.

Opzione 2: Questa opzione è corretta. L'intelligenza emotiva e l'intelligenza possono essere aumentate o diminuite attraverso l'esperienza e l'istruzione, che possono aumentare la conoscenza e la sensazione emotiva.

L'intelligenza si basa sulla capacità di risolvere i problemi. Migliorando l'istruzione, sia in un ambiente formale che non accademico, è possibile aumentare le proprie conoscenze.

L'intelligenza emotiva si basa sull'uso costruttivo delle emozioni. Imparando dall'esperienza si può migliorare la propria intelligenza emotiva. "Senso".

domanda

Mettere in pratica quanto appreso. Selezionate le caratteristiche dell'intelligenza emotiva e intellettuale.

Opzione.

1. Il QI determina il livello di intelligenza emotiva.

2. Il QI comprende anche la capacità di risolvere i problemi.

3. Il QI è sempre stabile.

4. Il comportamento è **determinato dall'**intelligenza emotiva e dai **giannizzeri.**

In realtà, l'intelligenza emotiva e il QI sono abilità distinte, ma entrambe sono coinvolte nel comportamento. Entrambe possono cambiare nel tempo.

Opzione 1: Questa risposta non è corretta: il QI non determina il livello di intelligenza emotiva, ma il livello di intelligenza.

Opzione 2: Corretto. Una delle caratteristiche dell'intelligenza intellettuale è la capacità di risolvere i problemi perché si basa sulla logica e non è legata alle emozioni. L'intelligenza aiuta a prendere decisioni e a determinare il miglior corso d'azione quando non è guidata dalle emozioni.

Opzione 3: Questa risposta non è corretta: il QI non è sempre stabile. Questo perché è possibile aumentare le conoscenze diventando più istruiti, sia in un ambiente formale che non accademico.

Opzione 4: Questa risposta è corretta. L'intelligenza emotiva e il QI, cioè la capacità di ragionare e di sentire, determinano insieme il comportamento.

Sia l'intelligenza emotiva che l'intelletto contribuiscono alla vostra intelligenza. L'intelligenza è spesso associata al successo accademico. È legata al pensiero logico e alla capacità di risolvere i problemi.

La capacità di interagire con le persone deriva dall'intelligenza emotiva. Entrambi i tipi di intelligenza possono aumentare o diminuire a seconda dell'ambiente.

Cora e Justin sono redattori di una rivista. Sono sottoposti a scadenze strette e a molte pressioni da parte del loro capo, Frank.

Cora, invece, sembra essere esausta per il continuo stress. Justin e Cora, qual è la differenza tra loro due?

La differenza sta nel pensiero costruttivo. La mente di Justin funziona nel modo in cui ha bisogno per avere successo, mentre i processi di pensiero di Cora la spingono verso le difficoltà. Questo argomento esplora.

- Definizione di pensiero costruttivo, caratteristiche
- dei pensatori distruttivi e caratteristiche dei
- pensatori costruttivi.

Cora e Justin simboleggiano due tipi di pensiero. Justin è un pensatore costruttivo. Questo tipo di pensiero lo aiuta ad avere successo. Il processo di pensiero di Cora è distruttivo e ostacola il suo progresso.

Per maggiori informazioni sul pensiero costruttivo e distruttivo, vedere le rispettive tipologie.

Pensiero costruttivo

Justin pensa ai problemi con il minimo stress e alle relative soluzioni. Il suo pensiero è positivo e orientato all'azione.

pensiero distruttivo

Cora si fa prendere dallo stress, dalle scadenze e dalle distrazioni. Non riesce ad andare avanti perché pensa in modo negativo.

Il pensiero distruttivo di Cora è evidente in alcuni suoi comportamenti. Il suo supervisore, Frank, era consapevole di alcuni processi di pensiero che impedivano la crescita di Cora.

Identificate ogni esempio di pensieri distruttivi di Cora e selezionate i commenti corrispondenti di Frank per vedere come Frank si sente riguardo alle preoccupazioni di Cora.

pensiero negativo

"Quando si inizia ad andare avanti, si sa che qualcosa cambierà la traiettoria. Potrebbe essere un guasto al computer, un cambiamento dell'ultimo minuto o anche ....
I nuovi progetti, sotto questo tipo di pressione, non possono essere realizzati correttamente".

Commenti di Frank.

"Cora" vede il suo ambiente in modo negativo. Vede solo gli aspetti negativi. Presume il peggio. Con questo atteggiamento, le cose vanno spesso male. Se vedesse le cose in modo positivo e propositivo, ci sarebbero meno problemi.

flessibilità

Frank mi chiede sempre di cambiare scadenza. Perché?
Pensa davvero di poter portare a termine un piano così disorganizzato?
Quello su cui dovrei lavorare è.

uno alla volta, altrimenti non possiamo svolgere il lavoro correttamente".

Commenti di Frank.

"Cora non è una pensatrice flessibile. Si aspetta che il mondo sia prevedibile, ma non è così. Le scadenze mutevoli sono una realtà dell'industria editoriale. Questo fa sì che Cora sia completamente sconvolta. Se fosse flessibile, probabilmente non sentirebbe tutta questa pressione.

reagire violentemente

"Frank trova sempre problemi nel mio lavoro. Mi vuole fregare. Non mi sostiene abbastanza. Mi sento sempre sotto attacco. Il mio
Il progetto sarà rivisto e restituito.

Commenti di Frank.

Cora è troppo sensibile alle critiche. Il mio lavoro consiste nell'elaborare il suo lavoro, quindi inevitabilmente devo modificarlo. È la natura del mio lavoro e faccio lo stesso con il lavoro di tutto il personale. Cora la prende sul personale".

Non appreso.

"Mi imbatto sempre nel problema della ricerca. Frank pensa che non abbia abbastanza fonti di informazione. Devo sempre tornare indietro e trovare altre informazioni. Questo rifare mi porta via molto tempo.

Commenti di Frank.

"Cora non impara dall'esperienza. L'ho rimandata indietro diverse volte per controllare meglio il background della storia. Dovrebbe fare questo lavoro in anticipo, invece di imbattersi sempre negli stessi problemi.

Justin ha un approccio costruttivo al pensiero, che lo ha aiutato ad avere successo nel suo ambiente di lavoro. I suoi processi di pensiero tendono a essere più positivi e orientati alla risoluzione dei problemi.
Non la mentalità stressante di Cora, ma quella costruttiva di Justin. Frank nota la differenza che fa il modo di pensare costruttivo di Justin.

Scoprite cosa pensa Frank di ciascuno di questi approcci positivi.

adesione

Justin sa cosa può cambiare e accetta ciò che non può".
Avere più priorità è e rimarrà una realtà dell'editoria. Tuttavia, Justin ci ha chiesto di riassegnare il personale perché avrebbe ritardato il nostro programma".

fiducia (in se stessi)

Justin ha il giusto livello di fiducia. Sa in cosa è bravo e su cosa deve lavorare. Si stima e non è eccessivamente autocritico. Questa fiducia lo aiuta ad affrontare progetti difficili perché crede di avere il potere di farcela".

Evitare l'etichettatura

"Hanno l'abitudine di etichettare un editore come 'cattivo' e un altro come 'buono'. Pensano che un editore sia 'cattivo' e un altro 'buono'. Poi giudicano chi è buono per loro e chi è cattivo. Justin, tuttavia, non fa così. Capisce che le persone apportano competenze e approcci diversi e apprezza tutti".

flessibilità

Justin è flessibile. È in grado di affrontare i cambiamenti senza stressarsi eccessivamente. Questo gli rende la vita più facile, soprattutto perché nel nostro ambiente c'è uno stress costante. Lo aiuta anche ad adattarsi agli altri, perché riesce a vedere le cose da più di una prospettiva".

Concentrarsi sulla risoluzione dei problemi

Justin si concentra sulla risoluzione dei problemi e sull'andare avanti. È meglio che lamentarsi o cercare di evitare le situazioni difficili. Il suo approccio incentrato sull'azione lo aiuta a rimanere positivo. Se va avanti per risolvere il problema, questo non sarà più una fonte di stress".

domanda

Barbara ha recentemente avuto una discussione con il suo nuovo collega di lavoro, Trent. Lui stava lavorando sodo per rispettare una scadenza. Lei era al telefono per organizzare un evento sociale serale. Trent ha iniziato a sgridarla e a darle della pigra.

Come può Barbara pensare in modo costruttivo a questo evento?

Opzione.

1.   Dovrebbe parlare con Trent di questo problema quando lui è tranquillo.

2.   Per Trent sarà difficile tenere insieme gli uffici.

3.   Deve essere consapevole dell'umore di Trent prima di usare il telefono.

4.   Dovreste rendervi conto che è colpa vostra se fate una telefonata personale quando condividete un ufficio.

risposta

In realtà, Barbara dovrebbe concentrarsi su azioni positive piuttosto che incolpare Trent o se stessa. Deve essere consapevole di come ha contribuito al problema, senza colpevolizzarsi.

Opzione 1: corretta. Riflettendo in modo costruttivo sull'evento, Barbara decide di parlare del problema quando Trent è tranquillo. Questo perché, per risolvere il problema, entrambi dovrebbero concentrarsi sugli aspetti positivi della situazione.

Opzione 2: Questa risposta non è corretta. Barbara sta pensando in modo distruttivo, decidendo che sarebbe difficile condividere l'ufficio con Trent. Vede il suo ambiente in modo negativo e non pensa in modo costruttivo a questo evento.

Opzione 3: Questa risposta è corretta. Pensando in modo costruttivo all'evento, Barbara ha deciso che avrebbe dovuto controllare l'umore di Trent prima di usare il telefono. Essere flessibile le permette di adattarsi alle esigenze degli altri.

Opzione 4: Questa risposta non è corretta. Barbara ha avuto un atteggiamento distruttivo quando ha deciso che fare una telefonata personale era un errore. È stata troppo sensibile quando ha preso sul personale i commenti di Trent.

Il pensiero costruttivo è un aspetto importante dell'intelligenza emotiva. Il vostro processo di pensiero contribuisce fortemente al vostro successo. Le persone che pensano in modo distruttivo sono molto stressate e incontrano molti problemi.

Concentrarsi sul pensiero positivo per risolvere i problemi, piuttosto che su approcci negativi, può portare a una vita più produttiva e senza tensioni.

Una mattina, prima del lavoro, Beth, dirigente pubblicitaria, era arrabbiata con i suoi figli. Ha finito per urlare contro di loro.

Quando quella mattina andò al lavoro, Beth apprese di aver perso un cliente importante. Ora, per quanto sia frustrata, non urla ai suoi figli prima del lavoro.

Beth ha perso dei clienti perché ha urlato ai loro figli? Ovviamente no. I due eventi non sono correlati.

Ma poiché una delle due cose è accaduta per prima, la mente di Beth ha deciso che c'era un rapporto di causa ed effetto. Quante volte vi è capitato di fare il gioco mentale di indossare, ad esempio, calzini speciali per andare a una riunione importante o di prendere sempre la stessa strada per tornare a casa?

Lavorate ogni giorno perché non avete mai visto un incidente su quella strada?

Tutti fanno giochi mentali. Da dove viene? La nostra mente ha due funzioni. La mente esperienziale e la mente razionale. Ciascuna funziona in modi molto diversi.

Il cervello umano si è sviluppato in vari modi complessi nel corso dell'evoluzione. I giochi mentali sono solo uno dei modi in cui il cervello impara ad affrontare l'ambiente. Questo argomento esplora i seguenti aspetti.

- Come funziona la mente razionale, perché
- esiste la mente empirica e come la mente
- empirica commette errori.

Sia la mente esperienziale che quella razionale svolgono un ruolo importante nel processo di pensiero e di azione. Ogni parte della mente utilizza diversi tipi di input per pensare e prendere decisioni.

Per ulteriori informazioni, consultare le sezioni dedicate al cuore.

Mente razionale

La mente razionale elabora le informazioni e prende decisioni usando la logica e le prove. È la parte cosciente della mente.

Mente esperienziale

La mente empirica è inconscia. Si sviluppa a partire dall'esperienza piuttosto che da prove concrete.

Quando siamo consapevoli di pensare, stiamo usando la ragione. È la parte cosciente del cervello che serve a pianificare, analizzare e riflettere.

La mente razionale è ciò che tradizionalmente si considera il "cervello". Per saperne di più sulla mente razionale, visitate le singole aree.

processo decisionale

Il pensiero razionale utilizza prove e fatti per prendere decisioni. Cerca prove logiche ed evidenze. È una parte della mente che spesso valuta le decisioni di acquisto. Utilizza programmi, prezzi, elenchi di caratteristiche, ecc. per determinare la scelta migliore.

emozione

La mente razionale è libera dalle emozioni. Agisce esclusivamente sulla base della logica e del ragionamento. Questa parte della mente funziona particolarmente bene durante gli eventi meno emotivi.

Pensare.

Il pensiero razionale è un pensiero lento. Pianifica, analizza, esamina e decide le azioni. Quando si pianifica un progetto, si fa molto affidamento sul pensiero razionale.

Causa ed effetto

Il pensiero razionale cerca con attenzione gli eventi con causa ed effetto. Non salta alle conclusioni sugli eventi: una persona razionale non collegherebbe una cattiva notizia con la persona che l'ha data.

La mente esperienziale si è sviluppata nel corso di migliaia di anni. Ci accomuna strettamente agli altri animali, la cui mente funziona principalmente in questo modo. Il suo scopo è quello di recepire le informazioni, interpretare gli eventi e permetterci di agire immediatamente. Le informazioni raccolte dalle esperienze passate ci aiutano a prendere questa decisione.

Ogni aspetto può essere visualizzato per saperne di più sulla Mente Esperienziale.

Imparare dall'esperienza

Il pensiero empirico prende decisioni basate sull'esperienza. Impara da ogni esperienza e applica queste informazioni ai nuovi eventi. Gli eventi emotivamente significativi (belli e brutti) aiutano la mente a imparare e a svilupparsi. **Reagire rapidamente.**

Questa parte della mente è strettamente legata all'evoluzione ed è un sistema di sopravvivenza. La mente empirica è progettata per pensare rapidamente. Pertanto, in situazioni di stress, reagisce prima di pensare. È come se la reazione si "insinuasse".

Risposta automatica.

La mente esperienziale non è cosciente. Reagisce senza essere consapevole.

Se qualcuno mi dicesse che c'è stata una morte in famiglia, mi metterei subito a piangere". Non pensano: "Sono sconvolto, sto per piangere". Piuttosto, le lacrime iniziano a scorrere prima che i pensieri diventino attivi.

Concentrarsi sui risultati

La mente esperienziale cerca le cause degli eventi piacevoli. Cerca anche le persone e i comportamenti da biasimare quando non si ottengono risultati piacevoli. Questo avviene per associazione piuttosto che per analisi logica.

Collegato alle emozioni.

La mente dell'esperienza cerca di gestire le proprie emozioni. L'obiettivo è massimizzare il piacere e minimizzare il dolore. È anche facilmente influenzabile dalle emozioni. Più una persona è felice o turbata, più la mente esperienziale diventa dominante. Per questo motivo, le persone possono diventare irrazionali quando sono sotto stress.

L'empirismo commette errori perché guarda solo ai risultati. Supponiamo che un pomeriggio chiediate un favore a un collega. Più tardi, quel giorno, vincete alla lotteria. La mente esperienziale potrebbe associare l'atto di gentilezza al risultato piacevole della vincita alla lotteria. Allo stesso modo, potreste ferire i sentimenti di un collega e sperimentare un grave errore del computer più tardi. Non c'è un rapporto di causa-effetto, ma la mente esperienziale è giunta a una conclusione.

Le menti empiriche agiscono rapidamente. Non hanno il tempo di usare la logica. È come il pensiero degli animali selvatici. Collegano gli eventi alle conseguenze, il che a volte è un errore.

domanda

Mettete in pratica ciò che avete imparato. Cercate di applicare alla descrizione una o più caratteristiche appropriate della mente razionale o esperienziale.

Opzione.

A. La mente razionale
B. La mente empirica

Soggetto.

1. essere stufi
2. Elaborare rapidamente le informazioni
3. Esiste un legame causale tra i risultati degli associati.

4. è più attivo nei momenti di basso stress

Risposta.

In realtà, il pensiero razionale funziona anche in situazioni meno stressanti. Il pensiero razionale è logico, mentre il pensiero empirico si basa sull'esperienza e su informazioni elaborate rapidamente.

La mente esperienziale impara da ogni esperienza e applica queste informazioni ai nuovi eventi. Gli eventi emotivamente significativi aiutano la mente a imparare e a svilupparsi.

La mente empirica elabora rapidamente le informazioni perché questa parte della mente è strettamente legata all'evoluzione, come un sistema di sopravvivenza. Ecco perché, in situazioni di stress, reagiamo prima di pensare.

Il pensiero razionale collega i risultati con relazioni di causa ed effetto. Cerca le connessioni tra gli eventi e non salta alle conclusioni sugli eventi.

La mente razionale è più attiva nelle situazioni di basso stress. Poiché la mente razionale è libera dalle emozioni, prende decisioni lente e approfondite, basate sulla logica e sul ragionamento.

Sia la mente razionale che quella esperienziale sono parti importanti del cervello.

Il pensiero razionale implica un processo decisionale lento e approfondito, utilizzando la logica e le prove.

Ma non sempre si ha il tempo per questo tipo di analisi.

Quando è necessario prendere decisioni rapide, prevale la mentalità dell'esperienza. Sono progettati per adattarsi e rispondere rapidamente.

Mettere al lavoro l'intelligenza emotiva.

Le persone intorno a voi possono leggere la vostra mente? Sanno cosa state pensando?

Gli altri non possono leggere la vostra mente, ma spesso possono capire cosa state pensando dal vostro comportamento. I vostri processi di pensiero influenzano direttamente il vostro modo di comportarvi. In questa lezione imparerete a.

- Come pensano le persone di alto livello.
- Come mettere in pratica il pensiero costruttivo e
- perché l'intelligenza emotiva influisce sul benessere.

Il pensiero costruttivo è una parte importante dell'intelligenza emotiva. Più il pensiero è positivo e orientato all'azione, più è facile controllare le emozioni. Valutando il vostro modo di pensare e identificando i processi di pensiero che possono essere migliorati, potete costruire una tabella di marcia per diventare un pensatore più efficace.

Steve, l'amministratore delegato di una grande banca, ha detto a Erin, la responsabile del reparto formazione, che voleva un contenimento dei costi del 20% nel corso del prossimo anno.

Lui pensava che lei sarebbe saltata su e avrebbe reagito in modo stressante. Ma lei l'ha presa come una sfida interessante. E riuscì a migliorare la qualità della formazione e a ridurre i costi. Steve era molto sorpreso.

Erin ha un rendimento elevato. Il suo approccio al lavoro e alla risoluzione dei problemi è più efficace. Inoltre, sembra sperimentare meno frustrazioni lungo il percorso rispetto a molti suoi colleghi. In questo argomento imparerete a conoscere.

- Le caratteristiche delle persone di alto
- livello, il modo in cui affrontano i problemi e
- il motivo per cui le persone di alto livello

sono meno stressate.

Una caratteristica comune agli high performer è l'orientamento all'azione. Alcune persone sono sopraffatte da problemi, errori e conflitti sul posto di lavoro. Gli high performer sono costantemente in movimento.

Per ulteriori informazioni su come l'orientamento comportamentale di Erin porti a prestazioni elevate, consultare le caratteristiche individuali.

Trovare soluzioni

Erin vede un problema e propone una soluzione. Agisce immediatamente. Non si aggrappa ai problemi. **Supera i suoi fallimenti.**

A Erin non piace perdere quando commette errori. Cerca invece di rimediare e di andare avanti il più rapidamente possibile.

L'orientamento all'azione di Erin è una parte fondamentale del suo successo. Ci sono altri modi sottili di pensare che la aiutano a lavorare in modo efficace. Il suo supervisore, Steve, vede Erin intraprendere le azioni necessarie per andare avanti.

Per i commenti di Steve sul fatto che Erin è una persona di alto livello, vedere i tratti individuali dell'orientamento comportamentale.

confidente

Erin è sicura delle sue decisioni". Erin è sicura delle sue decisioni. Anzi, cerca di prendere le decisioni migliori. Non reagisce in modo eccessivo e non la prende sul personale se gli altri non sono d'accordo.

flessibile

Erin è una pensatrice flessibile. Non scende a compromessi con gli altri. Non pensa in modo rigido e riesce a vedere le cose dal punto di vista degli altri. Questo le permette di andare d'accordo con i suoi colleghi". **Positivi.**

Erin non si sofferma sulle cose che vanno male. Né si preoccupa di ciò che non può controllare. Si occupa di ciò che le si presenta davanti al meglio delle sue possibilità e questo è l'uso migliore della sua energia".

Realistico.

Erin è ottimista, ma anche realista. Cerca il meglio nelle persone ogni volta che è possibile. Alcune persone ottimiste cercano di agire su un'"idea". pantaloni". Erin spera nel meglio, ma si prepara al peggio".

domanda

Che differenza fa la mentalità delle persone di alto livello nella vostra vita quotidiana? Selezionate i risultati che ritenete siano stati raggiunti dalle persone di alto livello nella loro vita.

Opzione.

1. È meno probabile che manchino al lavoro.
2. Poca esperienza di malattia.
3. Accettare le critiche con serenità.
4. Meno stress nella vita privata.
5. Costruiscono relazioni gratificanti.

risposta

In effetti, le persone con un alto rendimento si sentono meglio, affrontano i problemi in modo più efficace e hanno relazioni più soddisfacenti rispetto a chi è stressato.

Opzione 1: Questa risposta è corretta. Le persone con un alto rendimento hanno meno probabilità di perdere il lavoro.

Questo perché sono meno stressati, più motivati e meno propensi ad ammalarsi.

Opzione 2: Questa risposta è corretta. Le persone di alto livello sono meno stressate, il che significa che soffrono meno di malattie e sono individui più sani e felici.

Opzione 3: Questa risposta è corretta. Le persone di alto livello accettano le critiche con tranquillità. Sono sicuri delle loro decisioni e non reagiscono in modo eccessivo né la prendono sul personale quando gli altri non sono d'accordo.

Opzione 4: Questa risposta è corretta. Le persone di alto livello sono meno stressate nella loro vita personale perché affrontano le situazioni con calma e traggono il meglio dalle situazioni che si trovano ad affrontare.

Opzione 5: Questa risposta è corretta. Gli high performer sono in grado di costruire relazioni gratificanti perché non pensano in modo rigido e riescono a vedere le cose dal punto di vista degli altri.

Lo stress è negli occhi di chi lo guarda. Il modo in cui pensate alla situazione che dovete affrontare determinerà la vostra reazione. Se vedete il problema come una sfida interessante, reagirete in modo simile a Erin. Invece di essere frustrati o depressi, vi sentirete motivati e ispirati. Gli studi hanno dimostrato che le persone meno stressate sono più ottimiste e riescono a trarre il meglio dalle situazioni che affrontano.

Gli studi hanno anche dimostrato che i dipendenti sono più felici e più sani nelle aziende che incoraggiano un ambiente positivo. Il pensiero positivo fa un'enorme differenza in termini di produttività e di tassi di morbilità. **Domanda.**

Comprendere le caratteristiche della mentalità degli high performer.

Opzione.

1. Gli high performer sono generalmente ottimisti ma anche realisti.
2. Le persone di alto livello si preoccupano di cose che non possono controllare.
3. Le persone di alto livello sono veloci nel correggere gli errori.
4. Le persone di alto livello serbano rancore.

risposta

In effetti, le persone di alto livello tendono a essere pragmatiche e ottimiste. Sono anche dinamici e tendono a non soffermarsi su fallimenti o problemi del passato.

Opzione 1: è la scelta giusta. Una delle caratteristiche degli high performer è che sono generalmente ottimisti ma anche realisti. Cercano il meglio nelle persone ogni volta che è possibile e sperano nel meglio, ma si preparano anche al peggio.

Opzione 2: Questa risposta non è corretta. Gli high performer non si preoccupano di quanto segue.

Perché è uno spreco di energia.

Opzione 3: Questa risposta è corretta. Una caratteristica delle persone di alto livello è quella di correggere rapidamente i propri errori. Non si soffermano su ciò che non funziona, quindi possono reagire rapidamente ai problemi.

Opzione 4: Questa risposta non è corretta. Il rancore non è una caratteristica degli high performer, perché significa essere preoccupati per le questioni passate e non guardare al futuro.

Le persone di alto livello sono dinamiche. Non si aggrappano ai problemi e agiscono rapidamente per risolverli. Inoltre, non si preoccupano di cose che sfuggono al loro controllo e possono affrontare l'impopolarità senza perdere la loro autostima.

Ricordate che lo stress è negli occhi di chi guarda. Gli eventi possono essere travolgenti e i problemi possono essere visti come sfide interessanti.

Tony, analista informatico di una grande azienda di trasformazione alimentare, cerca di mantenere una mentalità positiva per la maggior parte del tempo. Ma come fa a rimanere ottimista in mezzo allo stress del posto di lavoro?

Tony ha un problema comune. Mentre si sviluppano le capacità di pensiero costruttivo, si possono affrontare anche problemi sul lavoro. Questo argomento esamina.

- Come rimanere concentrati sulla risoluzione dei
- problemi, perché il pensiero flessibile è importante
- e come applicare il pensiero costruttivo al proprio lavoro.

Derek è un manager di una catena di fornitura automobilistica. Sa che i dipendenti devono affrontare molto stress da parte di clienti e colleghi durante la loro giornata lavorativa. Crede nel potere del pensiero costruttivo. I dipendenti con questa mentalità positiva e orientata all'azione sono decisamente più efficienti e meno tesi.

Per i consigli di Derek sul pensiero costruttivo, vedere i singoli suggerimenti.

Diventare un risolutore di problemi.

"Concentratevi sempre sulla risoluzione dei problemi. Cercate di mantenere un atteggiamento positivo nei confronti dei problemi che dovete affrontare. Man mano che individuate le fasi di risoluzione dei problemi e iniziate ad andare avanti, vi accorgerete che le sfide diventano sempre più piccole.

È decisamente più produttivo: "**Evitare le distrazioni.**

"Ogni lavoro ha le sue distrazioni. Evitate di farvi distrarre dai pettegolezzi sul posto di lavoro e dai

La politica vi distrae. Vi frustra e ostacola le vostre prestazioni. Concentratevi sul vostro lavoro invece di preoccuparvi della vostra immagine e di ciò che gli altri pensano di voi, e tutto andrà al suo posto.

Siate flessibili.

"Se il comportamento non funziona, cambiatelo. È sempre meglio essere flessibili. Se non funziona con i clienti, cambiate un po' il vostro stile. Se ci vuole troppo tempo per finire un lavoro, cambiate il modo in cui lo fate. Adattatevi alla situazione invece di cercare di adattarvi ad essa. Se lo fate, la vostra vita sarà molto più facile".

Tirate fuori il meglio dalla controparte.

"Cercate di costruire relazioni che facciano emergere il meglio dei vostri colleghi e clienti. Quando incontrate dei problemi, concentratevi per risolverli piuttosto che per sminuirli. Difendete le persone in modo da non ferirle. Rispettate l'altra persona e sarà dalla vostra parte.

Derek incoraggia fortemente i dipendenti a pensare in modo flessibile. La mancata considerazione del punto di vista altrui e l'atteggiamento "c'è solo un modo giusto di fare le cose" possono danneggiare i rapporti con i colleghi e i clienti.

Il pensiero flessibile aiuta ad adattarsi alle diverse situazioni.

I pensatori rigidi possono avere successo solo in relazione a un numero limitato di persone.

Derek è consapevole di dover sostenere il pensiero costruttivo sul posto di lavoro. Sta per discutere il suo ruolo nella costruzione del pensiero costruttivo con Kelly, un manager esperto. Derek chiede a Kelly quale sia il ruolo dei manager nel pensiero costruttivo.

Kelly In primo luogo, si raccomanda di concentrarsi sui tassi di malattia e di assenteismo sul posto di lavoro.

Derek: Se i tassi sono più alti, cosa significa?

Anche gli ambienti di lavoro possono essere problematici. Se l'ambiente di lavoro non favorisce il pensiero costruttivo, le persone tendono ad ammalarsi e a mancare più spesso al lavoro.

Derek: C'è qualcos'altro che possiamo fare per incoraggiare una postura migliore?

Kerry È importante comunicare chiaramente le aspettative di prestazione.

Derek: So che le informazioni sulle prestazioni sono importanti, ma non vedo come si colleghino al pensiero costruttivo.

Kelly Se non si conoscono i propri obiettivi, non si può lavorare in modo positivo e proattivo. Conoscere i vostri obiettivi vi aiuterà a muovervi nella giusta direzione.

domanda

Warren gestisce un gruppo di rappresentanti del servizio clienti. Incoraggia il suo team ad adottare un pensiero più costruttivo. Come può Warren pensare in modo costruttivo e incoraggiare il suo team a fare lo stesso?

Opzione.

1. Warren deve monitorare i tassi di assenteismo del suo team e individuare i segni di stress e stanchezza.

2. Warren dovrebbe attenersi alla sua immagine.

3. Quando Warren affronta i problemi, dovrebbe evitare di sminuire il personale.

4. Warren deve comunicare chiaramente le aspettative di rendimento. **Risposta.**

In effetti, Warren deve essere attento ai segnali di stress e stanchezza. Deve mantenere un atteggiamento positivo nella risoluzione dei problemi e sforzarsi di tirare fuori il meglio dagli altri.

Opzione 1: Risposta corretta. Warren dovrebbe monitorare i tassi di assenteismo del suo team e cercare segni di stress e stanchezza. Infatti, quando il posto di lavoro non incoraggia il pensiero costruttivo, è più probabile che le persone si ammalino e si assentino più spesso.

Opzione 2: Questa risposta non è corretta. Attenersi alla propria immagine non aiuterà Warren a pensare in modo più costruttivo, né incoraggerà la squadra a pensare nello stesso modo, poiché la sua attenzione è rivolta a se stesso e non alla squadra.

Opzione 3: Corretta. Warren dimostrerebbe di essere un pensatore costruttivo affrontando i problemi con i suoi subordinati in modo disinvolto. Quando incontra un problema, dovrebbe concentrarsi sulla sua risoluzione anziché sminuire la controparte.

Opzione 4: Questa risposta è corretta. Warren può incoraggiare il suo team comunicando chiaramente le aspettative di rendimento. In questo modo, i subordinati sapranno quali sono i loro obiettivi e saranno positivi e proattivi nel loro lavoro.

Può essere difficile applicare il pensiero costruttivo al lavoro. Dovrete concentrarvi sul vostro lavoro e non lasciarvi distrarre da questioni secondarie come i pettegolezzi sul posto di lavoro o la vostra immagine.

Il pensiero costruttivo è un approccio positivo e orientato all'azione. Scoprirete che questo approccio vi permette di andare avanti senza rimanere indietro.

Il 26 gennaio, a Dave è successo quanto segue

Le viene affidato un nuovo progetto, viene installato un nuovo sistema informatico sulla sua scrivania e riceve una telefonata dalla sorella che la invita a cena.

Dave ha avuto una buona o una cattiva giornata?

La giornata di Dave è una questione di interpretazione. A seconda della prospettiva di Dave, potrebbe essere un'esperienza positiva o negativa. Di seguito è riportata la sua valutazione del 26 gennaio.

- "Stanno cercando di inserirmi in un progetto schifoso che pensano fallirà".
-

"Il nuovo computer è un grande cambiamento. Eravamo soddisfatti del nostro sistema precedente".

"Probabilmente mia sorella vuole solo prendere in prestito dei soldi".

L'atteggiamento di Dave non è costruttivo ma distruttivo. Vede le cose nella peggiore luce possibile e presume che gli altri abbiano motivazioni negative. Sua sorella lo aveva invitato a cena per festeggiare la sua promozione. Il nuovo progetto era un'opportunità di avanzamento di carriera e lui aveva ottenuto un sistema informatico di alta gamma. I sentimenti negativi di Dave potrebbero danneggiare la sua carriera e i rapporti con gli altri.

Questo argomento esplora il modo in cui i processi di pensiero di base creano le emozioni. Si esaminano le reazioni tipiche e si imparano i primi passi per cambiare le emozioni.

I vostri sentimenti non sono causati dall'evento. Immaginate di essere arrabbiati perché il vostro capo Susan vi ha dato una valutazione mediocre del vostro rendimento. Inizialmente potreste spiegare: "Susan mi ha fatto arrabbiare". Tuttavia, non è stata Susan a causare la vostra rabbia. Questo processo è più complesso.

Vedere le singole fasi per capire come si creano le emozioni.

Sede.

Innanzitutto, l'evento deve verificarsi. Supponiamo che Susan conduca la vostra valutazione del personale e che riceviate una valutazione inferiore a quella che speravate.

Si interpretano gli eventi.

È un'interpretazione degli eventi". Questa non è la valutazione delle prestazioni che volevo. È una valutazione inferiore a quella che volevo". A questo punto, non state ancora reagendo emotivamente e state facendo una valutazione logica dei fatti.

Siete voi a decidere come reagire.

In base all'interpretazione che "questa valutazione è troppo bassa", deciderà la risposta appropriata, che va dalla paura alla rabbia. Inconsciamente, decidiamo che la rabbia è l'emozione appropriata per questo evento.

Nasce l'ispirazione.

Ora state generando l'emozione della rabbia e cominciate a sentirne i sintomi. Questo processo è rapido e inconsapevole. Susan non vi ha fatto arrabbiare. Avete interpretato l'evento e avete deciso che la risposta emotiva appropriata è la rabbia.

Tutte le emozioni hanno un ruolo. Ognuno di questi stati mentali esiste per un motivo e comporta vantaggi e svantaggi. Le quattro emozioni principali sono rabbia, paura, tristezza e felicità.

Vedere i benefici e i problemi associati a ciascuna risposta emotiva.

Benefici del lutto

Il lutto ci aiuta a prendere le distanze dalla situazione e a trovare il modo di affrontarla. Offre un momento di lutto e un'opportunità di riflessione. Quando siamo tristi, possiamo rivalutare le nostre azioni e priorità e pensare ai cambiamenti da apportare.

Problemi di lutto.

Quando si è tristi, si può diventare paralizzati. Ci si può sentire così male da non essere in grado di agire e cambiare una situazione negativa. La tristezza può influenzare il corpo e aumentare le probabilità di ammalarsi.

I benefici della rabbia

La rabbia nasce dalla sensazione che qualcuno sia sbagliato, cattivo e debba essere punito. La rabbia aiuta ad "attaccare". Protegge la vostra autostima. La rabbia rafforza le vostre convinzioni e vi aiuta a prendere decisioni.

Problemi di rabbia.

La rabbia provoca l'allontanamento dagli altri. Stress fisico. Diventa preconcetto e inconsapevole delle proprie mancanze. La rabbia ha uno scopo, ma può distruggere le relazioni.

I benefici della felicità

La felicità è una bella sensazione. Volete impegnarvi con le persone. Siete pronti a provare ed esplorare cose nuove. Quando siete felici, gli altri vogliono starvi vicino.

Problemi di felicità

Quando si è felici, si è molto meno prudenti. Potreste non fare piani o prendere precauzioni adeguate. Quando si è felici, spesso si ha la sensazione di poter conquistare il mondo. Questo porta ad avere aspettative irrealistiche, che alla fine portano alla delusione.

Gli effetti della paura

La paura genera l'impulso a "combattere o fuggire". Può essere altamente motivante. La paura rende consapevoli della minaccia che si sta affrontando e aiuta a prepararsi e a prendere precauzioni. La paura è causata dall'incertezza.

Il problema della paura

La paura crea molta tensione. La paura rende difficile la concentrazione e la creatività. Crea stress. La paura è problematica quando è irrealistica. Impedisce di concentrarsi su questioni importanti.

Il primo passo per cambiare le vostre reazioni emotive è riconoscere come state reagendo. Comprendendo le vostre reazioni, sarete in grado di distinguere tra gli eventi e le vostre emozioni. Vi renderete conto che non sono gli altri a causare le vostre emozioni. Le reazioni derivano da un processo di pensiero sottostante.

Becky ha raccontato a Mark di un momento recente in cui era arrabbiata.

Mark: Qual è stato l'incidente che l'ha fatta arrabbiare?

Becky: L'altro giorno Terry **ha** usato il mio computer e ha cancellato un file. Ero arrabbiata. Pensavo che Terry avesse cancellato i file perché non rispettava la mia proprietà e non pensava che il mio lavoro fosse importante.

Mark: Quando ci ha pensato, ha trovato qualche falla nella sua logica?

Becky: Infatti. Pensavo che Terry avesse deliberatamente cancellato i file, ma non è detto che sia così. Potrebbe essere stato un incidente.

Becky ha fatto i primi passi per assumere il controllo delle proprie emozioni. Ha identificato i processi di pensiero che la portavano alla rabbia. Avendo preso coscienza delle sue abitudini di pensiero, è stata in grado di identificare i motivi per cui le sue emozioni non erano appropriate. In questo caso, si è resa conto di aver dato per scontato che Terry avesse intenzioni negative, mentre la situazione avrebbe potuto essere un incidente.

domanda

Craig avrebbe dovuto incontrare Karen alle 10.30 per discutere le specifiche del progetto; alle 11.15 Karen non si è presentata; in che modo il processo di pensiero di Craig genera emozioni?

Opzione.

1. Craig interpreta questo incidente come se Karen pensasse che il suo tempo non vale la pena.

2. Craig prova sentimenti di irritazione.

3. Craig si sente frustrato perché pensa che Karen non dia valore al suo tempo.

4. Craig decide logicamente e consapevolmente di essere irritato.

risposta

In effetti, l'evento accade e Craig ne dà la sua interpretazione. Sceglierà e proverà emozioni in base alla sua interpretazione dell'evento.

Opzione 1: Questa risposta è corretta. Quando Craig interpreta questo evento come se Karen pensasse che il suo tempo non vale la pena, non sta ancora reagendo emotivamente e sta facendo una valutazione logica dei fatti.

Opzione 2: Questa risposta è corretta. In base alla sua interpretazione del ritardo di Karen, Craig determina la risposta appropriata, in questo caso l'emozione dell'irritazione.

Opzione 3: Questa è la scelta giusta. Il processo di pensiero di Craig sta causando irritazione perché ritiene che Karen non dia valore al suo tempo. Non è stata Karen a creare l'irritazione; Craig ha interpretato l'evento e ha determinato la reazione emotiva appropriata.

Opzione 4: Questa risposta non è corretta. La reazione emotiva di Craig non si basa su una decisione logica e consapevole a causa degli eventi associati alla sua reazione.

Ci sono diverse emozioni che si provano: felicità, rabbia, paura e tristezza sono quattro di queste. Queste emozioni non sono direttamente causate dagli eventi. L'utente attraversa un processo di pensiero che interpreta l'evento e identifica una risposta corrispondente.

Comprendere questo processo di pensiero è il primo passo per modificare il comportamento emotivo.

Le origini dell'intelligenza emotiva.

L'intelligenza emotiva è ampiamente riconosciuta come la chiave del successo negli affari e nelle relazioni. Ma da dove viene questo potere cerebrale?

L'intelligenza emotiva è complessa. È una combinazione di fiducia, immagine di sé, atteggiamento e apprendimento dall'esperienza. In questa lezione imparerete a.

* Perché le persone formano delle convinzioni,
* come si sviluppa il pensiero costruttivo nel
* tempo e perché le esperienze di vita influenzano
il pensiero costruttivo?

In questa lezione avrete l'opportunità di scoprire da dove deriva l'intelligenza emotiva. Perché questa conoscenza è preziosa?

Scoprite perché è importante conoscere le fonti dell'intelligenza emotiva e i benefici di ciascuna.

Migliorare le relazioni.

Una volta compreso perché ci si comporta in quel modo, si è in grado di gestire meglio il proprio comportamento. Quando i modelli comportamentali migliorano, migliorano anche le relazioni con gli altri. È meno probabile che si venga coinvolti in conflitti improduttivi e che si rompano alleanze importanti.

Comprendere il processo di pensiero

Una volta che si sa da dove viene l'intelligenza emotiva, si può capire come funziona la mente. Esaminando i vostri processi di pensiero, potrete fare i primi passi per migliorare il vostro modo di pensare.

Esplorare le emozioni

Le emozioni sono causate dai sistemi di credenze Sapere come nascono le emozioni vi aiuterà a capire perché le provate. Comprendere le cause delle emozioni vi aiuterà anche a gestirle.

domanda

L'intelligenza emotiva può crescere e svilupparsi nel tempo? Completate questa frase.

Intelligenza emotiva - **opzionale.**

1. è fissato alla nascita e non cambia nel tempo.

2. possono crescere e svilupparsi. **Risposta.**

In effetti, l'intelligenza emotiva può crescere e svilupparsi con l'età. Per aumentare l'intelligenza emotiva, è importante capire la fonte di questo potere cerebrale.

Opzione 1: Questa risposta non è corretta. L'intelligenza emotiva non è fissata alla nascita, né rimane invariata nel tempo, ma può crescere e svilupparsi nel tempo.

Opzione 2: Questa risposta è corretta. L'intelligenza emotiva può crescere e svilupparsi perché le esperienze di vita e le convinzioni influenzano il pensiero costruttivo.

In questa lezione imparerete come le esperienze di vita influenzano il pensiero costruttivo e come potete cambiare il vostro modo di pensare. Imparerete perché le persone si formano delle convinzioni e come queste influenzano il vostro stile di pensiero.

È importante capire la fonte dell'intelligenza emotiva per essere consapevoli del perché pensiamo come pensiamo.

Tutte le persone hanno un sistema di credenze. Le credenze possono spaziare dalle superstizioni alle idee pratiche. Perché si sviluppano le credenze?

Le persone costruiscono sistemi di credenze per proteggersi e funzionare nel mondo. Lo esplorerete.

- I bisogni umani
- fondamentali, il rapporto
- tra credenze e bisogni e il

ruolo delle credenze.

I primi due bisogni umani sono semplici. Le persone cercano di ottenere eventi piacevoli e felici nella loro vita. Vogliono anche sentirsi in contatto con il mondo.

Per ulteriori informazioni, consultare le esigenze individuali.

Felicità.

Le persone cercano di massimizzare il piacere e minimizzare il dolore. Questa è una motivazione umana di base. Le persone vogliono essere felici ed evitare situazioni frustranti.

relazioni umane

Le persone desiderano anche avere rapporti stretti con gli altri. Vogliono stabilire amicizie e altri legami.

Identificate ogni elemento di come questo sistema di credenze fornisce una struttura ad Annette.

prevedibilità

Sono una brava persona e la maggior parte delle volte mi capitano cose belle. So che le cose andranno per il meglio e che ci saranno pochissime esperienze negative. Sono una brava persona e in genere so come andrà la mia vita".

significato

"Il mondo è fondamentalmente auto-inflitto, il che ha senso. Non è casuale. Le cose brutte non accadono alle persone che non le capiscono. Le persone buone hanno buone esperienze e conducono vite gratificanti. Per me questo ha senso.

controllo

"Le mie azioni determinano il mio futuro. Posso controllare il mio futuro. Se agisco in modo appropriato, accadranno cose buone. Gli eventi negativi sono una punizione per le cose cattive che ho fatto. Posso limitare le esperienze negative essendo una brava persona".

Le persone vogliono capire il mondo in cui vivono. Le credenze vengono create a questo scopo. I sistemi di credenze sono strutturati e aiutano le persone a comprendere le informazioni e ad applicarle al mondo.

Il sistema di credenze di Annette si basa sull'idea che "le cose buone accadono alle persone buone e le cose cattive accadono alle persone cattive".

Il sistema di credenze di Annette la aiuta a fare delle scelte e ad agire efficacemente nel mondo. La aiuta anche a capire la vita. Crede che le persone "buone" conducano vite gratificanti, quindi il mondo è prevedibile e significativo. È in grado di controllare la sua vita in base al suo sistema di credenze. Questo fa sì che la vita sembri meno caotica e casuale. Le convinzioni di Annette proteggono anche la sua autostima. Finché le accadono cose positive, può avere un'immagine positiva di sé. I sistemi di credenze sono personali e possono vacillare se messi in discussione. Se Annette subisce un evento tragico, dovrà decidere se il suo sistema di credenze è difettoso o se accetta di essere una persona "cattiva".

Lance e Annette hanno discusso del suo sistema di credenze.

I lancieri spesso interpretano gli eventi per adattarli al loro sistema di credenze. Avete mai pensato di essere uno di loro?

Annette Sì, è vero. Ogni volta che succede qualcosa di brutto a qualcuno che conosco, cerco subito di pensare a cosa ha fatto per avere quel problema.

Lance E quando succede qualcosa di bello?

Annette Penso a ciò che la persona ha fatto per avere una buona esperienza.

Lance Spesso i sistemi di credenze diventano profezie che si autoavverano. Come pensate che si applichi a voi?

Annette Sono proattiva nel credere di poter diventare una persona migliore. Queste azioni mi hanno probabilmente aiutato a evitare molti problemi.

Lance e Annette hanno discusso i principali fondamenti delle credenze. Questi sistemi non si basano sui fatti. Annette ha riconosciuto di interpretare gli eventi per adattarli al suo sistema di credenze. Ha anche riconosciuto che il modo in cui si è comportata non ha messo in discussione il suo sistema di credenze, ma lo ha piuttosto riaffermato. Come molte persone, Annette agisce in modo da riaffermare ciò che pensa debba accadere.

domanda

Mettete in pratica ciò che avete imparato. Quali sono i bisogni umani che portano le persone a sviluppare sistemi di credenze?

Opzione.

1. Vogliono massimizzare il piacere e minimizzare il dolore.
2. Vogliono trovare un significato negli eventi.
3. Vogliono vedere il mondo come caotico.
4. Vogliono prendere le distanze dagli altri.
5. Vogliono proteggere la loro autostima.

risposta

In effetti, le persone hanno delle convinzioni perché vogliono massimizzare il piacere e minimizzare il dolore. Vogliono dare un senso al mondo, proteggere la propria autostima e avere strette relazioni emotive con gli altri.

Opzione 1: Questa opzione è corretta. Le persone sviluppano sistemi di credenze perché vogliono massimizzare il piacere e minimizzare il dolore, che è una motivazione umana di base. Le persone vogliono essere felici ed evitare situazioni frustranti.

Opzione 2: Questa risposta è corretta. Le persone vogliono trovare un significato negli eventi, quindi creano sistemi di credenze. Sono in grado di controllare le loro vite in base ai loro sistemi di credenze, in modo che la vita non appaia caotica e casuale.

Opzione 3: Questa risposta è sbagliata. Se le persone volessero vedere il mondo come un caos, i sistemi di credenze non si svilupperebbero.

Opzione 4: Questa risposta non è corretta. I bisogni umani comprendono la necessità di sentirsi in contatto con il mondo. Le persone preferiscono mantenere relazioni strette con gli altri piuttosto che mantenere la distanza da loro.

Opzione 5: questa è la scelta giusta. Perché finché si verifica ciò che ci si aspetta, l'individuo può avere un'immagine positiva di sé.

Le convinzioni aiutano le persone a comprendere il mondo. Le convinzioni nascono dal bisogno umano fondamentale di trovare un senso alla vita e di controllare gli eventi.

I sistemi di credenze non si basano sui fatti e variano molto da persona a persona.

Persone provenienti da.

Le persone con pensieri negativi possono diventare positive? O in genere le persone rimangono invariate nel tempo?

Le persone possono crescere e adattarsi in base alle loro esperienze e all'atteggiamento mentale che hanno. Molti fattori contribuiscono alla capacità di una persona di pensare in modo positivo. Esplora.

- Come si mantiene normalmente il pensiero e
- perché la capacità di pensiero cambia dopo eventi estremi?

Esistono due tipi di pensatori: quelli distruttivi e quelli costruttivi. I pensatori costruttivi si semplificano la vita. Si vedono in una luce positiva e non si angosciano quando le cose vanno male.

Per ulteriori informazioni, consultare le riflessioni su ciascun tipo.

Pensiero costruttivo

I pensatori costruttivi credono che gli eventi positivi siano dovuti al loro carattere. Gli eventi negativi tendono ad essere attribuiti alla fortuna.

pensiero distruttivo

I pensatori distruttivi si rimproverano quando le cose vanno male, ma non si lodano per gli eventi positivi.

Si potrebbe pensare che le persone passino al pensiero costruttivo perché i risultati sono migliori. Gli stili di pensiero sono complessi e si apprendono attraverso gli eventi che ogni persona vive.

Per ulteriori informazioni, vedere i singoli aspetti del perché le persone pensano in questo modo. **Perché il pensiero costruttivo persiste.**

Le persone mantengono uno stile di pensiero positivo perché funziona. Le persone che si aspettano il meglio spesso sperimentano cose positive. I buoni pensatori sviluppano spesso capacità di pensiero costruttivo nel tempo. Le persone anziane spesso mostrano capacità di pensiero costruttivo estremamente forti.

Perché il pensiero distruttivo persiste.

I pensieri negativi persistono perché riducono la delusione. Se vi aspettate il peggio, non rimarrete delusi quando accadranno cose brutte. Non vi aspettavate eventi positivi. I pensieri distruttivi tendono a mantenersi nel tempo.

Perché le persone non possono cambiare?

Il pensiero è un comportamento appreso. Le persone hanno appreso i loro pensieri dagli eventi che hanno vissuto ed è difficile cambiare il loro modo di pensare. Questo vale soprattutto per i pensieri negativi. È difficile annullare ciò che è stato appreso per paura di una punizione.

Gli eventi possono cambiare il modo di pensare. Lynn era solita pensare in modo negativo. Chuck era un pensatore positivo. Un evento ha cambiato il loro modo di pensare.

Guardate i titoli di ciascuno degli eventi vissuti da Lynn e Chuck e come hanno cambiato il loro stile di pensiero.

Eventi a Lynn

"Circa un anno fa ho ricevuto una promozione improvvisa al lavoro. Ho potuto comprare la casa dei miei sogni. Mi sono anche sposato. L'anno scorso è stato molto positivo per me".

I pensieri di Lynn.

Prima ero una persona negativa, ma ora mi aspetto che accadano cose belle. Mi sento positivo nei confronti di me stesso e sono arrivato a credere di meritare che le cose buone accadano nella mia vita. Ora penso che le cose brutte siano solo sfortuna".

Eventi di Chuck

"L'anno scorso sono stata licenziata dal mio lavoro. È stato difficile trovare lavoro e per di più mi è stato recentemente diagnosticato un cancro. Mi hanno detto che guarirò, ma se penso all'anno passato, non riesco a crederci".

I pensieri di Chuck.

"Una volta ero una persona positiva, ma ora non lo sono più. Non credo che un buon atteggiamento faccia la differenza.

Mi sembra di essere sulle montagne russe, in discesa libera e senza fine. Pensiamo al peggio e almeno cerchiamo di non rimanere delusi".

Lynn e Chuck hanno cambiato stile di pensiero. Entrambi hanno sperimentato una reazione comune. Chuck era una persona positiva, ma la sua fiducia è stata scossa e le sue convinzioni sono state messe in discussione in modo molto negativo. A Lynn è successa la stessa cosa, ma l'evento e le sue conseguenze sono state positive. Gli eventi estremi, siano essi positivi o negativi, possono avere un impatto drammatico sullo stile di pensiero delle persone.

domanda

Mettete in pratica ciò che avete imparato. Come cambia il pensiero costruttivo con l'età?

Opzione.

1. Molte persone migliorano le loro capacità di pensiero costruttivo con l'avanzare dell'età.

2. Le persone che vivono eventi estremamente negativi tendono a non essere in grado di pensare in modo costruttivo.

3. Il pensiero costruttivo non vacilla mai.

4. Le persone che hanno vissuto eventi traumatici non sono in grado di pensare in modo costruttivo. **Risposta.**

In realtà, la capacità di pensare in modo costruttivo tende a migliorare con l'età, a meno che non si sia subito un grave trauma. Tuttavia, alcune persone sono in grado di pensare in modo costruttivo anche di fronte a eventi distruttivi.

Opzione 1: Questa risposta è corretta. Gli atteggiamenti positivi si costruiscono e si mantengono nel tempo, perché vengono rafforzati, e la maggior parte delle persone migliora le proprie capacità di pensiero costruttivo con l'avanzare dell'età.

Opzione 2: Corretto. Le persone che hanno vissuto eventi estremamente negativi tendono a non pensare in modo costruttivo perché, se pensano al peggio, non rimarranno deluse quando accadranno cose negative. Non credono che un buon atteggiamento faccia la differenza.

Opzione 3: Questa risposta non è corretta. Gli eventi negativi non influirebbero sul processo di pensiero se le capacità di pensiero costruttivo non fossero compromesse.

Opzione 4: Questa risposta non è corretta. Le persone che hanno subito un trauma possono imparare a pensare in modo costruttivo con l'età e a superare le avversità.

Gli stili di pensiero tendono a mantenersi. I pensatori costruttivi costruiscono un atteggiamento positivo nel tempo, mentre i pensatori distruttivi tendono a mantenere una visione negativa.

I sistemi di pensiero di solito cambiano solo in occasione di eventi drammaticamente positivi o negativi. Anche gli eventi distruttivi possono avere conseguenze positive quando le persone si elevano al di sopra delle avversità.

Eric è cresciuto in un ambiente familiare violento. Da giovane ha faticato molto. Tuttavia, ora è un venditore di successo. Come è riuscito a farlo?

Eric era un pensatore costruttivo, che lo ha aiutato a superare un brutto inizio e a costruire un futuro promettente. Molte persone hanno superato un'infanzia svantaggiata e hanno costruito una vita fruttuosa. In questo argomento imparerete a conoscere.

- Cosa hanno in comune le persone che riescono a superare gli ambienti negativi,
- Comportamenti comuni a questi sopravvissuti.

Molte persone hanno un background negativo. Alcune di queste persone sono.

Possono allontanarsi dal passato e dirigersi verso un futuro più luminoso. Le strategie di coping mostrate da questi "sopravvissuti" sono utili anche per altri problemi di vita.

Per maggiori informazioni sugli effetti di un ambiente sfavorevole, vedere i tipi di stima individuale.

Bassa autostima.

Uno degli effetti più duraturi di un'infanzia negativa è la bassa autostima. Le persone si considerano "cattive" per evitare di incolpare o risentire i genitori o chi si prende cura di loro.

Sana autostima.

I sopravvissuti sono in grado di mantenere la propria autostima. Non si vedono come "cattivi" anche se ricevono costantemente feedback negativi.

Eric ha superato un ambiente infantile negativo per costruire una solida carriera e una vita personale gratificante. È un sopravvissuto. Ce ne sono altri come Eric. Questi sopravvissuti hanno alcune caratteristiche comuni.

Scoprite cosa ha da dire Shari, consulente sul posto di lavoro, su ciascuna delle caratteristiche di Eric come sopravvissuto.

adesione

Eric accetta se stesso e gli altri. Non cerca di cambiare le persone e fondamentalmente si piace. Non è geloso della vita degli altri, né vuole essere qualcuno di diverso da sé. Questo lo aiuta ad accettare ciò che deve affrontare".

indipendenza

Eric non si affida agli altri per risolvere i suoi problemi. Prende in mano la sua vita. Poiché è indipendente, non dà la colpa agli altri per come vanno le cose. Prende l'iniziativa per apportare cambiamenti positivi nella sua vita".

ottimismo

Eric è fondamentalmente un ottimista. Invece di aspettare che accadano eventi negativi, si aspetta che accadano cose positive. Vede le buone qualità degli altri. Progetta il futuro con la sensazione che ci saranno cose buone in futuro".

fiducia

Eric è in grado di trovare persone di cui fidarsi, anche in situazioni negative. Non si esclude dal contatto con le persone. Si rivolge agli altri e chiede aiuto quando ne ha bisogno. Non cerca di fare tutto da solo, ma si rivolge a persone di cui sente di potersi fidare". **Resilienza.**

Eric è stato in grado di superare il suo passato negativo perché è resistente. Non si perde facilmente. Quando accadono cose brutte, adotta un atteggiamento di risoluzione dei problemi piuttosto che un atteggiamento disfattista. È in grado di avere speranza invece di essere sconfitto da pensieri deprimenti al drive-in".

Shari ha parlato con Nick, che di recente aveva attraversato una crisi personale, tra cui un divorzio e un incidente d'auto.

Shari ha raccontato a Nick come ha superato un passato doloroso.

Quali azioni avete intrapreso per superare le difficoltà che avete incontrato nella vostra vita di **shari'a**?

Nick: Ho trovato un mentore. È una persona che mi ha aiutato nei momenti difficili. Il mio amico Chris ha vissuto brutte esperienze. Gli ho parlato dei miei problemi e mi ha dato dei consigli.

Shari: Cosa avete fatto per mantenere viva la speranza?

Nick: Invece di concentrarmi solo sugli eventi negativi, ho cercato di ricordare che mi era successo qualcosa di bello. Ogni giorno pensavo che mi era successo qualcosa di bello e avevo il tempo di pensare a quell'evento positivo.

Shari, quali altri modi ha trovato per aiutarsi nei momenti difficili?

Nick: Ho cercato di ricordare che le cose brutte accadono non perché io sia una persona cattiva. Le cose brutte accadono a tutti. Non potevo assumermi la responsabilità di eventi che erano fuori dal mio controllo.

Nick ha molte delle qualità di un sopravvissuto. Non ha lasciato che le esperienze negative offuscassero la sua visione della vita. Ha mantenuto una visione d'insieme e la speranza che le cose sarebbero migliorate. Ha anche trovato un mentore che è stato fondamentale per rafforzare la sua autostima nei momenti difficili.

domanda

Mettere in pratica quanto appreso. Scegliete le strategie di coping che spesso vengono messe in atto dalle persone che sopravvivono in ambienti deprivati.

Opzione.

1. Mantenere la prospettiva del quadro generale.

2. Quando ricevono un feedback negativo, pensano di essere "persone cattive".

3. Sono indipendenti.

4. Sono ottimisti.

5. Non riescono a mantenere la propria autostima.

Risposta.

In effetti, le strategie di coping includono la visione d'insieme, l'indipendenza e l'ottimismo e il mantenimento dell'autostima.

Opzione 1: Corretto. Una delle strategie di coping mostrate dai sopravvissuti a circostanze svantaggiose è quella di mantenere una visione d'insieme. Non lasciano che le esperienze negative offuschino la loro visione della vita. Se succede qualcosa di brutto, sperano che le cose migliorino.

Opzione 2: Questa risposta è sbagliata. Le persone che sopravvivono ad ambienti distruttivi non si considerano "cattive persone", anche se ricevono un feedback negativo. Piuttosto, mantengono la propria autostima.

Opzione 3: Questa risposta è corretta. Un'abilità di coping spesso esibita dalle persone che sopravvivono in circostanze svantaggiate è l'autosufficienza. Si fanno carico della propria vita. Grazie alla loro indipendenza, è improbabile che diano la colpa agli altri per come vanno le cose.

Opzione 4: Corretto. Un altro meccanismo di coping per i sopravvissuti è l'ottimismo. Si aspettano che accadano cose positive e vedono le buone qualità degli altri. Pianificano il futuro con la mentalità che ci saranno cose buone in futuro.

Opzione 5: Questa risposta non è corretta. I sopravvissuti mantengono la loro autostima e hanno la capacità di recupero necessaria per affrontare i momenti difficili.

Molte persone vivono in ambienti negativi o deprivati, dove ricevono molte critiche negative e pochi rinforzi positivi. Alcune persone resilienti riescono a superare queste esperienze e a costruirsi una vita gratificante. Questi "sopravvissuti" sono in grado di fare affidamento sugli altri per trovare il rinforzo di cui hanno bisogno per aumentare la propria autostima e sentirsi bene con se stessi.

Miglioramento dell'intelligenza emotiva.

E se poteste trovare il modo di migliorare la vostra carriera? E la vostra vita privata?

Volete fare un cambiamento positivo?

Ci sono modi per avere un impatto positivo sulla vostra carriera e sulla vostra vita personale. Potete migliorare la vostra intelligenza emotiva. Le tecniche per migliorare la vostra mente in questo modo sono state documentate. Esplorerete.

* Perché è importante essere consapevoli dei
* propri sentimenti, come si possono valutare i
* propri processi di pensiero e cosa si può fare

per migliorare il proprio modo di pensare?

Questa sezione vi fornisce gli strumenti per migliorare la vostra intelligenza emotiva. Imparerete tecniche comprovate per migliorare il vostro modo di sentire. Vi siete mai chiesti: "Perché mi faccio mettere i piedi in testa dagli altri?". Avete mai cercato di convincervi di non essere di cattivo umore?

Può essere difficile convincere se stessi ad abbandonare i sentimenti negativi. Perché? Perché le emozioni provengono da una parte della mente diversa dalla logica. Le emozioni provengono dalla mente esperienziale, mentre la logica e il pensiero razionale provengono dalla mente logica. Questo argomento esamina quanto segue.

* Metodi di apprendimento empirici
* il proprio sancta sanctorum
* Come iniziare a sintonizzarsi sulle proprie emozioni.

Tra un evento e una reazione comportamentale c'è una serie di passaggi. Durante queste fasi, le vostre emozioni si sviluppano come interpretazione dell'evento o degli eventi che si sono verificati. La vostra interpretazione ha un impatto significativo sulle vostre reazioni.

Vedere le singole fasi per i passaggi coinvolti nella reazione.

Interpretare gli eventi.

Si verifica un evento e voi lo interpretate. Supponiamo che la vostra collega Jane, diversamente dal solito, si sieda alla sua scrivania e non vi parli per tutto il giorno. Sono possibili diverse interpretazioni, ad esempio "Jane è arrabbiata con me per una questione personale", "Jane è arrabbiata con me", ecc.

Reazioni emotive alle interpretazioni.

Avrete una reazione emotiva in base all'evento. Se pensate che Jane abbia problemi personali, potreste reagire con simpatia. Se pensate che Jane sia arrabbiata con voi, potreste iniziare a sentirvi arrabbiati a vostra volta. **Si può quindi interpretare l'evento come segue.**

Se interpretate "Jane è arrabbiata con me" come "No, non lo è, non c'è motivo per cui Jane sia arrabbiata con me. Jane è molto sotto pressione in questo momento e forse è solo stanca.

L'interpretazione del follow-up può creare un cambiamento nel vostro stato emotivo.

Dopo l'interpretazione di follow-up, le vostre emozioni possono cambiare. Se decidete che Jane si sta ritirando a causa della pressione della scadenza, piuttosto che per la rabbia nei vostri confronti, le vostre emozioni possono passare dalla rabbia alla simpatia.

Possono verificarsi reazioni.

A seconda della vostra interpretazione, potrebbe esserci una risposta comportamentale. Se siete arrabbiati con Jane, potreste comportarvi in modo freddo o brusco. Se siete arrabbiati con Jane, potreste essere freddi o arrabbiati; se siete comprensivi, potreste cercare di aiutarla o agire in modo da calmarla.

Qualunque siano i vostri sentimenti, avete la possibilità di reagire in modi diversi. Ad esempio, siete in riunione e il vostro capo fa un'osservazione tagliente. Lo interpretate come se il vostro capo pensasse male di voi ed esprimete la vostra rabbia. Tuttavia, decidete di non reagire in modo visibile.

Questo è il controllo dei danni. Continuate a provare emozioni, ma controllate il vostro comportamento. Questo ha risolto il problema?

Se un evento viene interpretato in modo distruttivo, la risposta di coping è il controllo dei danni. I sentimenti causano comunque stress. Il modo migliore per affrontare le emozioni negative è imparare a conoscere l'interpretazione che si è data e il motivo per cui causa problemi.

Come si fa a conoscere meglio i propri sentimenti? È importante prestare molta attenzione a ciò che accade nella vostra mente. È più facile diventare consapevoli dei propri processi di pensiero quando ci si sente emozionati.

Per ulteriori informazioni su come prendere coscienza della mentalità esperienziale, consultate i rispettivi processi di pensiero.

Parlare di sé

Ascoltate quello che dite a voi stessi quando vi sentite emotivi. "Sono un idiota! Che stronzo! Potreste sentire voci come.

scenario nell'occhio della mente

Quando si è arrabbiati si hanno spesso immagini visive o impressioni vaghe nella mente. Può capitare di "vedere rosso" quando si è arrabbiati.

Nella vostra pratica avete visto come le interpretazioni possono portare a certi sentimenti. Se siete consapevoli delle vostre interpretazioni, potete iniziare a capire perché vi sentite in quel modo.

Domanda.

Mettere in pratica quanto appreso. Sequenza di eventi tra un evento e una risposta comportamentale.

Opzione.

A. Interpretare gli eventi.

B. Si reagisce emotivamente all'interpretazione.

C. È quindi possibile effettuare interpretazioni successive.

D. L'interpretazione successiva può portare a un cambiamento dei sentimenti.

E. Di conseguenza, può verificarsi una risposta comportamentale.

Risposta.

Infatti, prima interpretano l'evento e reagiscono emotivamente ad esso. Successivamente, l'interpretazione può modificare la risposta emotiva. Infine, reagiamo in modo tangibile.

Risposta(e) corretta(e).

Interpretare gli eventi. è il primo passo della sequenza. È la prima fase che si svolge tra l'evento e la risposta comportamentale. Quando si interpreta un evento, si determina la propria reazione iniziale a ciò che è accaduto.

Una risposta emotiva all'interpretazione. è il secondo passo. Il secondo passo consiste nell'avere una reazione emotiva all'interpretazione. Questa reazione si basa sull'evento e su come è stato percepito inizialmente.

L'interpretazione di follow-up può quindi è posizionata come terza fase. Il terzo passo può essere un'interpretazione di follow-up. Dopo aver riflettuto, l'interpretazione può essere modificata.

L'interpretazione del follow-up può portare a un cambiamento dei propri sentimenti. è il quarto passo della sequenza. Il quarto passo è che l'interpretazione del follow-up può portare a un cambiamento nei propri sentimenti se si pensa che il follow-up sia più logico o accurato.

Possono quindi avviare una risposta comportamentale. è posizionato come quinto passo. L'ultimo passo è che si può avere una reazione comportamentale. Si può reagire o meno alla situazione, a seconda dell'interpretazione che si ritiene più corretta.

È difficile applicare il pensiero logico e razionale alle emozioni. Queste emozioni sono causate da fasi che influenzano le vostre reazioni. Per capire perché si prova un'emozione, è necessario conoscere l'interpretazione che se ne dà.

Per sapere perché vi sentite come vi sentite, dovete iniziare ad ascoltare la vostra mentalità esperienziale.

Il lunedì mattina è passato Calvin, l'impiegato. Robin si reca nell'ufficio di Robin per chiedere il rapporto della commissione; Robin risponde a Calvin che il rapporto non è ancora pronto e che dovranno aspettare.

Calvin era furioso. Ho avuto la sensazione che Robin non abbia dato valore al suo tempo", disse. È sbagliato pensarlo?

Calvino si sbagliava? Ha interpretato alcuni eventi. Un'interpretazione non è giusta o sbagliata. Ma la valutazione può essere distruttiva o costruttiva. Quella di Calvino è stata distruttiva perché ha portato alla sua rabbia nei confronti di Robin, che esaminiamo.

- Perché è importante interpretare in modo costruttivo, come
- posso valutare la costruttività delle mie interpretazioni e come
- posso valutare le mie azioni?

La prima interpretazione ha l'influenza più forte sulle vostre emozioni. Le interpretazioni non sono giuste o sbagliate, ma possono essere costruttive o distruttive.

Incontrare ogni dipendente per scoprire cosa pensa, se la sua interpretazione è corretta e selezionare l'analisi corrispondente.

jay

"Il mio capo mi ha chiesto quando sarà completata la relazione a cui sto lavorando. Ho fretta perché me l'ha chiesto e sembra che voglia che lo pubblichi prima. Avrei dovuto completarlo in tre giorni e devono volerlo in fretta per chiedermelo".

Leggere troppo in

Jay sta leggendo troppo nella domanda del suo capo sulle scadenze. I capi non vogliono necessariamente che i rapporti siano presentati in anticipo solo perché fanno una domanda; l'interpretazione di Jay sta causando molta ansia. **Lisa.**

"Di recente ho incontrato Ned, il nostro nuovo project manager. Alla riunione del team di lunedì mattina è stato molto sgradevole. Da questa riunione ho capito che è un vero idiota. Odierò lavorare con lui.

Generalizzazione.

Lisa sta generalizzando su Ned sulla base di un solo incontro. Potrebbe aver avuto una brutta mattinata o aver ricevuto una brutta notizia. Ned potrebbe essere una persona molto simpatica, ma potrebbe semplicemente avere una brutta giornata.

Michelle.

"Una donna al lavoro ha deciso di pranzare con alcuni di noi. L'altro giorno. Ero in riunione e solo nel pomeriggio ho saputo del pranzo. Credo che volesse solo risparmiarmi la fatica".

"Il mio capo mi ha chiesto quando sarà completata la relazione a cui sto lavorando. Ho fretta perché me l'ha chiesto e sembra che voglia che lo pubblichi prima. Avrei dovuto completarlo in tre giorni e devono volerlo in fretta per chiedermelo".

ipotesi

Michelle pensò che la sua collega avesse intenzioni negative. La donna potrebbe averla trascurata solo perché non era in ufficio durante le ore del mattino. Probabilmente non aveva intenzione di escludere Michelle dal gruppo.

leccare

La mia domanda di rimborso delle spese per i corsi di lingua straniera è stata respinta dal vicepresidente". La vicepresidente ha respinto la mia domanda. È chiaro che non mi considera un dipendente valido, visto che non si impegna molto per il mio sviluppo".

Personale.

Rick ha privatizzato l'evento. La sua richiesta di rimborso delle tasse universitarie potrebbe essere stata respinta per problemi di bilancio o di tempistica. Egli presume che sia stata respinta per motivi personali e ignora la possibilità che siano intervenuti altri fattori.

Le interpretazioni successive valutano e apportano modifiche all'interpretazione iniziale. Esistono alcune insidie comuni in questa interpretazione. Esse sono le seguenti.

- Dare la colpa a me stesso". Quella persona è maleducata perché io
- sono stupido", negando fatti a cui non voglio credere". Non ferirei mai i suoi sentimenti". Pensiero irrealistico". Risolverò tutto in qualche modo. Non ho bisogno di aiuto".

La fase finale delle reazioni a un evento è costituita dalle reazioni comportamentali. Queste reazioni, come le interpretazioni, possono essere distruttive o costruttive.

Rivedete gli esempi di reazioni comportamentali distruttive per saperne di più.

aggressivo

L'aggressività è un comportamento distruttivo molto comune. Chi è aggressivo si scaglia e attacca gli altri quando le emozioni sono alte. L'aggressività può essere appropriata, ma spesso allontana o offende gli altri.

Libertà di espressione

Alcune persone scelgono di esprimere le proprie emozioni liberamente, senza controllo. Non considerano le conseguenze di mostrare emozioni forti agli altri. Questa "libera espressione" può scoraggiare gli altri e ferire i loro sentimenti. Può anche causare imbarazzo.

Rappresentazione ipercontrollata

Alcune persone reprimono le proprie emozioni a tal punto da sembrare prive di sentimenti. Agli occhi degli altri appaiono freddi e chiusi. Le persone diventano insicure di ciò che provano e delle loro opinioni. Questo tipo di controllo porta a evitare la soluzione dei problemi.

Un promemoria per essere autodisciplinati.

Alcune persone si puniscono quando sentono di aver fatto qualcosa di sbagliato. Possono sentirsi estremamente in colpa o negarsi esperienze piacevoli. Possono anche costringere a fare qualcosa che non si vuole fare per "rimediare" al cattivo comportamento.

Dipendenza eccessiva

Chiedere aiuto e consigli è perfettamente accettabile. Tuttavia, alcune persone fanno troppo affidamento sugli altri. Non hanno sufficiente autostima per raggiungere i propri obiettivi da soli. L'eccessiva dipendenza può distruggere le relazioni e far calare ulteriormente l'autostima.

Estrema autoresponsabilità

Alcune persone sono eccessivamente indipendenti. Si rifiutano di farsi aiutare o consigliare dagli altri. Fanno sentire gli altri inferiori. Questa estrema indipendenza è anche una fonte di stress. Tutti hanno bisogno di aiuto di tanto in tanto e in alcune situazioni è giusto chiedere aiuto agli altri.

ritiro da un gruppo

Il ritiro comporta la non partecipazione. Il ritiro può essere appropriato in alcune situazioni, ma un uso eccessivo può essere dannoso. Mette distanza tra voi e gli altri e rende difficile costruire relazioni.

Stacy e Sean hanno discusso di comportamenti costruttivi e distruttivi.

Stacey: A volte un comportamento distruttivo è in realtà costruttivo.

Sean: Il comportamento **distruttivo** sembra essere distruttivo in qualsiasi situazione. Può fare degli esempi di quando un comportamento distruttivo è costruttivo?

Stacy: Certo. L'aggressività, ad esempio quella fisica, è molto distruttiva sul lavoro. Ma se si viene aggrediti o minacciati fisicamente, l'aggressione da parte vostra è perfettamente appropriata.

Sean: Capisco. Può farci qualche altro esempio?

Stacey: il ritiro può essere appropriato se avete bisogno di **allontanarvi per un breve periodo.** Se siete estremamente offesi o molto emotivi, potreste aver bisogno di allontanarvi per un po' per calmarvi.

Stacey ha spiegato che il contesto è fondamentale per valutare il comportamento. Il contesto fornisce una cornice. La maggior parte dei comportamenti distruttivi è costruttiva solo in circostanze estreme o rare. Il comportamento aggressivo è raramente appropriato, ma è una risposta costruttiva all'aggressione subita. La maggior parte dei comportamenti distruttivi è costruttiva solo a breve termine, come strategia di coping.

domanda

Mettete in pratica ciò che avete imparato. Elencate alcune delle aree chiave di valutazione per determinare la natura costruttiva o distruttiva di una risposta.

Opzione.

1. Valutare la costruttività dell'interpretazione iniziale.

2. Determinare quanto sia positiva l'interpretazione iniziale.

3. Valutare le risposte comportamentali nel contesto in cui si verificano.

4. Valutare l'interpretazione iniziale e adeguarsi di conseguenza.

risposta

In pratica, è necessario valutare la costruttività dell'interpretazione iniziale, delle interpretazioni successive e delle risposte comportamentali. Il contesto è importante per una valutazione accurata.

Opzione 1: Questa risposta è corretta. La valutazione della costruttività dell'interpretazione iniziale è una delle aree chiave della valutazione, poiché l'interpretazione iniziale ha l'impatto più forte sull'emozione.

Opzione 2: Questa risposta non è corretta. L'interpretazione iniziale non deve essere necessariamente positiva, poiché una risposta negativa può essere appropriata.

Opzione 3: Questa opzione è corretta. Il contesto fa da cornice, quindi la risposta comportamentale deve essere valutata nel contesto in cui si è verificata. In alcune situazioni, una risposta di disturbo può essere appropriata.

Opzione 4: Questa risposta è corretta. Un'altra importante area di valutazione è quella di valutare l'interpretazione iniziale e di adeguarsi di conseguenza, poiché potrebbe essere fuori strada.

Nel valutare il sé esperienziale, è importante considerare le interpretazioni iniziali, le interpretazioni successive e le risposte comportamentali. Per ognuno di questi elementi è possibile valutare se si tratta di elementi costruttivi o distruttivi.

È importante considerare il contesto quando si effettuano queste valutazioni. Il contesto è fondamentale per una valutazione corretta!

Si sa che è importante aumentare l'intelligenza emotiva. Come possiamo migliorare questi poteri cerebrali?

Aumentare l'intelligenza emotiva riduce lo stress e migliora le relazioni. Esistono tre tecniche comprovate per riqualificare la mente. Scoprite quali strumenti possono aiutarvi.

* Allenare le emozioni con la logica,
* modificare le reazioni emotive
* inappropriate, imparare dalle emozioni.

Esiste una grande varietà di approcci e tecniche per sviluppare una mentalità esperienziale. Alcuni strumenti funzionano meglio per alcune persone e altri sono più adatti ad altre. La tecnica che funziona meglio per voi dipenderà dal problema che state vivendo. Potreste voler provare ognuna di queste strategie per migliorare la vostra intelligenza emotiva.

La prima tecnica consiste nell'allenare la mente empirica a usare il pensiero logico e razionale. Si tratta di un processo e le capacità migliorano con il tempo.

Per ulteriori informazioni, vedere Fasi per allenare il pensiero empirico a usare il pensiero logico e razionale.

1. valutazione dell'interpretazione

In primo luogo, è necessario identificare se la propria interpretazione è costruttiva o distruttiva. Questo può essere fatto scrivendo le vostre interpretazioni e reazioni iniziali e successive e valutando ciascuna di esse.**2. Sostituzione.**

In secondo luogo, le interpretazioni e le azioni distruttive devono essere sostituite da quelle costruttive. Fate un elenco di opzioni costruttive. In un primo momento, queste opzioni vi verranno in mente solo dopo che si è verificata la reazione distruttiva.

3. Identificare le opportunità

In terzo luogo, è necessario identificare quando si tende a reagire in modo distruttivo. Questo schema diventerà evidente quando seguirete le vostre reazioni nel tempo. Potreste notare un aumento delle reazioni distruttive quando siete stanchi o stressati.

4. iniziare a cambiare

L'ultima fase si svolge nel tempo. Alla fine, le interpretazioni costruttive e le sostituzioni comportamentali diventeranno automatiche. Noterete che i vostri processi di pensiero migliorano e le vostre emozioni diventano più produttive.

La tecnica successiva che può essere utilizzata è quella di modificare l'emozione in modo logico. In questo metodo, l'emozione viene vissuta e poi ribaltata. Si analizza logicamente e poi si contesta l'emozione.

Jessica intende utilizzare questa tecnica con Tim per sfidare le emozioni difficili; Tim e Jessica hanno discusso la modifica logica delle emozioni.

Tim: Continuo a preoccuparmi delle scadenze dei progetti. Continuo a pensare che succederà qualcosa e non ce la farò in tempo.

Jessica: Come si sente a pensare di non rispettare una scadenza?

Tim: È terribile! Non riesco a dormire la notte e mi rigiro in continuazione.

Jessica: Cosa succederebbe se non ci preoccupassimo di questo?

Tim: Non lo so. Ho l'impressione che non prendiate il progetto sul serio.

Jessica: E se cambiaste il vostro approccio? Pianificate il vostro lavoro, ma non permettetevi di preoccuparvi. Cosa succederebbe?

Tim: Penso che sia **diverso.** La preoccupazione in sé è un'abitudine. Ti blocca e basta.

Per correggersi con questo approccio, è necessario riformulare il proprio pensiero. Ciò significa cambiare il modo di pensare. Innanzitutto, dovete accettare il vostro attuale stato emotivo. Poi bisogna decidere cosa si vuole diventare. Infine, elencare le azioni da intraprendere per raggiungere i propri obiettivi. Questo processo vi permette di guardare avanti e di migliorare il vostro stato emotivo.

L'ultima tecnica non prevede procedure o formalità. Si tratta di ascoltare i vostri sentimenti. Avete mai avuto una brutta sensazione riguardo a una decisione o a un'azione? Spesso i sentimenti coincidono con fatti e motivi specifici. Ascoltando se stessi, si può migliorare il proprio comportamento.

- Quando vi sentite "male", chiedetevi: "Qual è la causa di questo stato
- d'animo?". Chiedete a voi stessi. Può capitare di sentirsi male quando si è a disagio per motivi logici.

domanda

Mettere in pratica quanto appreso. Identificate tre approcci per migliorare il pensiero costruttivo.

Opzione.

1. Il pensiero logico cambia il modo in cui funziona la mente empirica.

2. Ridefinire le interpretazioni sovversive.

3. Imparare dalle risposte emotive.

4. Ignorare le reazioni emotive.

risposta

In realtà, esistono tre approcci per migliorare il pensiero costruttivo: utilizzare il pensiero logico per modificare il pensiero empirico, ridefinire le interpretazioni distruttive e imparare dai sentimenti.

Opzione 1: Corretto. Un approccio per migliorare il pensiero costruttivo consiste nell'utilizzare la mente logica per cambiare il modo in cui funziona la mente esperienziale. Si prova una certa emozione e poi si lavora a ritroso. Si analizza logicamente e poi si contesta l'emozione.

Opzione 2: corretta. Un'altra opzione è quella di ridefinire le interpretazioni distruttive. È necessario accettare il proprio stato emotivo attuale, decidere come si vuole che siano le cose e creare un elenco di azioni per raggiungere i propri obiettivi.

Opzione 3: Corretto. Un approccio per migliorare il pensiero costruttivo consiste nell'imparare dalle proprie reazioni emotive. Spesso le emozioni corrispondono a fatti e ragioni specifiche. Ascoltando se stessi, si può migliorare il proprio comportamento.

Opzione 4: Questa risposta non è corretta. Ignorare le reazioni emotive non è un approccio che migliora il pensiero costruttivo. Ignorare le reazioni emotive può portare a trascurare risposte molto realistiche e logiche alle situazioni.

Sviluppando la conoscenza esperienziale, è possibile migliorare la conoscenza emotiva. Le tecniche di base che si possono utilizzare sono tre.

- La logica può formare la conoscenza empirica.
- È possibile correggere le reazioni emotive
- inappropriate. Potete ascoltare le vostre emozioni, il

che può aiutarvi a sentirvi meglio con voi stessi.

Avete molte occasioni di interagire con le persone, sia al lavoro che con i clienti. Migliorando la vostra intelligenza emotiva, potrete migliorare le vostre relazioni con le persone. Potete anche ridurre i livelli di stress migliorando i vostri processi di pensiero.

Capitolo 5: Una leadership appassionata e intelligente

L'intelligenza emotiva è un concetto ben noto. Che rapporto ha con la vostra efficacia come leader?

Questo capitolo approfondisce l'importanza dell'intelligenza emotiva per i leader di oggi. Esamina.

- Perché i leader hanno bisogno di intelligenza
- emotiva, come sviluppare l'intelligenza emotiva,
- perché è importante sviluppare i subordinati e
- come aumentare l'intelligenza emotiva degli altri.

La necessità di leader emotivamente intelligenti.

"La leadership non è una posizione. Non si è leader perché si ha il titolo di manager. La leadership si acquisisce dai seguaci nei seguenti modi. Ogni giorno è un buon giorno" -- Newsletter del responsabile EMS.

Cosa rende un buon leader? Ci sono molti fattori, ma l'intelligenza emotiva è riconosciuta come un fattore chiave per guidare gli altri al successo. In questa lezione esplorerete.

- Perché l'intelligenza emotiva sta diventando sempre più importante
- per la leadership, in che modo questo tipo di cervello è prezioso per i
- leader e quali sono gli attributi chiave dei leader emotivamente intelligenti?

Mentre la tecnologia rende il business più globale, anche il luogo di lavoro sta cambiando. Dipendenti, sistemi di comunicazione, prodotti e clienti diventano ogni giorno più complessi. I dirigenti di oggi devono essere in grado di gestire efficacemente le relazioni per raggiungere il successo. Sviluppando l'intelligenza emotiva, possono raggiungere nuovi traguardi.

Peter, CEO di un'importante società finanziaria, afferma: "Il mondo del lavoro sta cambiando rapidamente". E aggiunge: "Abbiamo bisogno di leader in grado di rispondere efficacemente al cambiamento".

Peter esprime una preoccupazione condivisa dai leader di tutto il mondo. I luoghi di lavoro stanno cambiando rapidamente. Anche le capacità di leadership richieste si stanno evolvendo. I dirigenti di oggi devono motivare gli altri e adattarsi rapidamente. In questo argomento imparerete come.

- Le tendenze che stanno cambiando il mondo del lavoro
- oggi, l'impatto di questi cambiamenti sulla leadership e
- perché l'intelligenza emotiva può aiutare i leader ad affrontare il cambiamento.

domanda

Quali tendenze stanno avendo un impatto significativo sul mondo degli affari?

Opzione.

1. comunicazione elettronica

2. cambiamento aziendale

3. I progressi della tecnologia

4. telelavoro

5. Aumento della globalizzazione delle imprese **Risposte**
In effetti, tutte queste tendenze e questi progressi hanno un impatto significativo.

Come fare affari

Opzione 1: La risposta è corretta. La comunicazione elettronica è una tendenza che sta avendo un impatto significativo sul mondo degli affari, in quanto ora esistono numerosi modi per comunicare tra gli individui.

Opzione 2: Corretto. I cambiamenti nella struttura delle aziende hanno un impatto significativo sul mondo degli affari. Le strutture organizzative si stanno spostando da una rigida struttura gerarchica verso l'alto a una struttura più decentrata e piatta.

Opzione 3: Questa risposta è corretta. L'evoluzione della tecnologia sta avendo un impatto significativo sul mondo delle imprese attraverso il cambiamento dei canali di comunicazione e nuovi tipi di prodotti e servizi.

Opzione 4: La risposta è corretta. Il telelavoro sta avendo un impatto significativo sul mondo delle imprese perché la forza lavoro non deve più trovarsi in un'area centralizzata.

Opzione 5: Questa risposta è corretta. La crescente globalizzazione delle aziende sta avendo un impatto sul mondo degli affari, in quanto le imprese non devono più fare affidamento solo sui clienti locali. Oggi gli acquirenti sono dislocati in tutto il mondo.

La tecnologia sta portando cambiamenti significativi nella vita aziendale. Gli ambienti d'ufficio si stanno evolvendo a causa del cambiamento dei canali di comunicazione.
I clienti possono scegliere nuovi tipi di prodotti e servizi.

Per maggiori informazioni sui cambiamenti dovuti alla tecnologia, si vedano le singole attività aziendali.

comunicazione

La tecnologia sta cambiando la comunicazione. Le videoconferenze sono diventate più frequenti delle riunioni. La posta elettronica viene ora utilizzata al posto dei promemoria. **Produttività.**

Le nuove innovazioni tecnologiche consentono di realizzare prodotti in modo più rapido ed economico.

I cicli di vita dei prodotti si accorciano perché le nuove invenzioni sostituiscono i vecchi strumenti.

Ci sono altri importanti cambiamenti in atto nei luoghi di lavoro di oggi. Questi cambiamenti hanno un impatto significativo sulle modalità di produzione e vendita di prodotti e servizi.

Ogni aspetto può essere esaminato per conoscere i dettagli della trasformazione.

geografia

Internet permette di percorrere migliaia di chilometri in pochi secondi. Nessuna azienda deve fare affidamento solo sui clienti locali. Oggi gli acquirenti si trovano in tutto il mondo. **Dati demografici.**

In passato, i confini del mercato erano rigorosamente tracciati. Un determinato addetto alle vendite poteva essere responsabile del Sud-Ovest o del Nord-Est. Oggi, invece, i confini del mercato sono più sfumati. I venditori si rivolgono ai dati demografici, non ai territori.

regolamento

Con il coinvolgimento di un maggior numero di governi nell'industria, si creano sempre più regolamenti. Queste norme sono ulteriormente complicate dalla tecnologia. È difficile rispettare e far rispettare tutti questi requisiti normativi.

leadership

Le aziende stanno cambiando al passo con i tempi. Le strutture organizzative stanno passando da rigide strutture gerarchiche sovraordinate a strutture più decentrate e piatte. Ciò significa che in molte aziende ci sono meno leader formali.

Stephanie ha chiesto a Peter quale sia l'impatto dei cambiamenti sul posto di lavoro sulla leadership.

Stephanie: Come pensa che i cambiamenti nel mercato globale abbiano modificato le competenze necessarie ai leader?

Peter Ci sono vari modi per farlo. Uno è che la forza lavoro sta cambiando: non si fa lo stesso lavoro per 30 anni. Si cambia lavoro più frequentemente.

Stephanie: Come devono rispondere i leader a **questo cambiamento?**

Peter Lo sviluppo dei dipendenti è necessario per motivarli. Le persone vogliono sviluppare una serie di competenze diverse per essere occupabili in futuro. I dipendenti sono quindi alla ricerca di opportunità per sviluppare le proprie competenze.

Stephanie: Quali sono gli altri cambiamenti che i leader devono affrontare?

Peter Bisogna essere molto flessibili. Oggi i cambiamenti sono veloci. Abbiamo bisogno di leader forti che sappiano affrontare il cambiamento piuttosto che combatterlo.

Stephanie: Come possono i leader garantire il successo?

Peter Customer service deve comprendere l'importanza del servizio clienti. Il servizio clienti fa la differenza tra vincitori e vinti, dato che molte aziende producono prodotti simili.

L'intelligenza emotiva è la capacità di una persona di risolvere i problemi, di lavorare efficacemente con gli altri e di comprendere il mondo che la circonda. Questa capacità cerebrale è essenziale per la leadership nel mondo degli affari in continua evoluzione.

I leader devono essere abbastanza flessibili da adattarsi ai cambiamenti. Devono anche avere le capacità di motivare gli altri, non solo faccia a faccia ma anche attraverso diverse forme di comunicazione.

domanda

Quali sono le tendenze del business di oggi che mettono in pratica quanto appreso?

Un mondo in cui l'intelligenza emotiva dei dirigenti conta?

Opzione.

1. I confini del mercato sono più rigidi.

2. Le modifiche normative sono più semplici e meno frequenti.

3. Cicli di vita dei prodotti più brevi.

4. La soddisfazione del cliente sta diventando sempre più importante.

5. Il decentramento organizzativo è in aumento. **Risposta.**

Infatti, le tendenze che stanno cambiando il mondo degli affari includono cicli di vita dei prodotti più brevi, la crescente importanza della soddisfazione dei clienti e il decentramento delle organizzazioni.

Opzione 1: Questa opzione è sbagliata. Se i confini del mercato fossero più rigidi, ci sarebbe meno bisogno di manager emotivamente intelligenti perché le linee sarebbero tracciate in modo più rigido.

Opzione 2: Questa risposta non è corretta. Se i cambiamenti normativi fossero più semplici e meno frequenti, ci sarebbe meno bisogno di leader di intelligenza emotiva, perché sarebbe più facile affrontare e implementare tutti i requisiti normativi.

Opzione 3: Corretto. L'intelligenza emotiva diventa importante quando i cicli di vita dei prodotti si accorciano, perché le nuove innovazioni consentono di fabbricare i prodotti in modo più rapido ed economico. I cicli di vita dei prodotti si accorciano quando le nuove invenzioni sostituiscono i vecchi strumenti.

Opzione 4: Corretto. La soddisfazione del cliente sta diventando estremamente importante. Per questo l'intelligenza emotiva è importante, perché i dirigenti devono capire che è il servizio che accompagna il prodotto a distinguere un'azienda dall'altra.

Opzione 5: Corretto. Poiché le organizzazioni diventano più decentrate e in molte aziende ci sono meno leader formali, l'intelligenza emotiva dei dirigenti diventa sempre più importante.

Con il cambiamento del luogo di lavoro, i leader devono adattare le proprie competenze. Con la crescente globalizzazione dei mercati e il decentramento delle aziende, emergerà una nuova categoria di leader di successo. Questi dirigenti saranno in grado di adattarsi rapidamente ai cambiamenti. Sono anche in grado di motivare i dipendenti a raggiungere obiettivi complessi. Questi leader sono in grado di affrontare le sfide di domani.

Come si fa a sapere se un leader è efficace? Quali risultati ottengono i dirigenti emotivamente intelligenti?

I leader emotivamente intelligenti possono fornire valore in diversi modi. Questi leader, indipendentemente dal settore, hanno caratteristiche comuni e ottengono risultati simili. Esaminiamo.

- I vantaggi dei leader emotivi e l'impatto che questi
- hanno su clienti e dipendenti.

Il modo in cui si lavora è cambiato: 20 anni fa i manager assegnavano i compiti ai singoli. Ora i team sono sempre più diffusi. Una competenza importante per i leader è la capacità di organizzare il team giusto e di motivarlo a raggiungere i propri obiettivi.

Per ulteriori informazioni sulle squadre, consultare i singoli attributi.

Struttura piatta

In passato, le aziende erano dominate da società gerarchiche e dall'alto verso il basso. Oggi le organizzazioni sono più piatte e hanno un numero minore di leader chiari. **Integrazione delle competenze**

I leader efficaci costruiscono team forti per raggiungere i loro obiettivi. Tali team non si basano su una struttura di potere, ma su una forte miscela di competenze.

I buoni leader non possono ignorare i profitti e la linea di fondo. La maggior parte dei leader medi è in grado di fornire risultati che possono essere riassunti in dollari e centesimi. I migliori leader sono in grado di fornire altri tipi di valore oltre agli obiettivi finanziari.

Per maggiori informazioni, vedere i contributi individuali che i leader possono fornire.

integrità

I leader integri aiutano a fidelizzare i clienti. I consumatori sono sempre più attenti alla responsabilità sociale delle imprese. I consumatori vogliono che le aziende producano e sostengano i loro prodotti. Le aziende che sfruttano l'ambiente o i loro clienti vengono evitate.

studente di ingegneria

L'apprendimento non si esaurisce con la laurea. I bravi leader incoraggiano l'apprendimento in tutta l'organizzazione. Questa "apertura all'apprendimento" rende l'azienda più reattiva. I dipendenti imparano a conoscere meglio ciò che li circonda e ciò che devono fare per avere successo.

Risultati organizzativi complessivi

I bravi leader non solo ottengono risultati nel proprio reparto, ma influenzano anche l'intera organizzazione. Influenzano l'intera organizzazione. Stabiliscono obiettivi che vanno a vantaggio non solo di loro stessi e del loro team, ma anche dell'azienda. I leader efficaci collaborano con i fornitori e gli altri reparti per garantire che tutti ne traggano beneficio.

responsabilità

Avete mai sentito l'espressione "La responsabilità si ferma qui"? Questa espressione descrive l'atteggiamento di un leader maturo e professionale. Un dirigente di questo tipo si assume le proprie responsabilità, mantiene standard elevati e mantiene i propri impegni.

Don e Joyce hanno discusso dello stile di leadership del suo supervisore.

Don: Come pensa che il suo supervisore abbia migliorato la soddisfazione dei clienti nella sua filiale?

Joyce: sostiene i nostri prodotti e i nostri clienti lo sanno. Quando vengono commessi degli errori, si assume la responsabilità. Non incolpa il referente, ma si assicura che il problema venga risolto.

Don: Il turnover è molto basso nella vostra filiale. Come fa il suo capo a trattenere i dipendenti?

Joyce: Lavorare per lui è una grande opportunità. Ci incoraggia a imparare e a sviluppare le nostre capacità. Inoltre, si assicura che la persona giusta sia al posto giusto.

Don: Cercate di aiutare i dipendenti a conoscersi?

Joyce: Sì. Prima facevamo a gara per vedere chi era il "migliore" tra gli scrutatori. Ora abbiamo imparato che siamo tutti una squadra. Se ci sosteniamo a vicenda, possiamo avere successo. Don: Quale contributo ha dato il suo capo alla banca nel suo complesso?

Joyce La nostra filiale ha successo e contribuisce al risultato economico. I cassieri della nostra filiale sono abbastanza abili da formare i nuovi arrivati nelle altre filiali. Non è solo la nostra filiale, tutti ne beneficiano.

Il capo di Joyce fornisce valore in molti modi. I suoi dipendenti sono eccellenti e la sua filiale è redditizia. La banca nel suo complesso ne beneficia, perché questi dipendenti sono in grado di formare i nuovi dipendenti delle altre filiali. Incoraggia i dipendenti ad agire come una squadra. Incoraggia l'apprendimento continuo e allinea il team in modo che le persone giuste siano al posto giusto. Possiede molte delle caratteristiche di un leader efficace.

domanda

Mettete in pratica ciò che avete imparato. Quali sono le aree di valore fornite dai leader emotivi?

Opzione.

1. ricerca del profitto
2. gerarchia degli edifici
3. arresto
4. Costruzione del team 5. Distribuzione delle risorse **Risposta.**

Infatti, i leader emotivamente intelligenti costruiscono i team, comunicano e distribuiscono le risorse. Sono anche aperti all'apprendimento e possono ottenere risultati in tutta l'organizzazione.

Opzione 1: errata. Concentrarsi sul profitto non è un valore fornito dai leader dotati di intelligenza emotiva. I leader emotivamente intelligenti capiscono che se si concentrano solo sul profitto, perdono molte opportunità di aggiungere valore all'organizzazione.

Opzione 2: Questa risposta non è corretta. I leader emotivi non creano gerarchie, poiché le organizzazioni si stanno appiattendo e ci sono meno leader chiari.

Opzione 3: Questa risposta è corretta. I leader emotivi forniscono valore attraverso una comunicazione efficace in tutta l'azienda.
Cercare il parere di tutti i membri per garantire un processo decisionale efficace.

Opzione 4: Corretto. I leader emotivi sono in grado di fornire valore attraverso un team building efficace perché capiscono che i team forti raggiungono gli obiettivi. Tali team non si basano su strutture di potere, ma su una forte miscela di competenze.

Opzione 5: Corretto. I leader emotivamente intelligenti creano valore attraverso l'impiego delle risorse. Conoscono l'importanza di distribuire gli individui in modo che le persone giuste siano al posto giusto per ottenere risultati efficaci.

I leader emotivi forniscono valore in vari modi. Posizionano l'azienda e i suoi dipendenti per il successo futuro. Questi dirigenti agiscono con integrità e maturità professionale.

Il valore fornito da questi leader aumenta la fedeltà dei clienti e dei dipendenti. Risultati in tutta l'organizzazione.

L'intelligenza emotiva è fondamentale per una buona leadership. Come si possono sviluppare le abitudini di un buon leader?

I buoni leader hanno diverse caratteristiche importanti. La loro intelligenza emotiva si riflette nei loro atteggiamenti e comportamenti. Questo argomento esamina i seguenti aspetti.

* Perché è importante separare i rapporti di lavoro da quelli
* personali; come la fiducia e l'apprezzamento possono migliorare la leadership.
* Perché è importante il
* compromesso e perché è importante assumersi la responsabilità?

I manager compassionevoli devono avere un buon rapporto con i loro subordinati. Tuttavia, devono mantenere una distanza adeguata. Le amicizie personali non devono influenzare gli affari. Né le assegnazioni o le promozioni del personale devono basarsi su relazioni extra-lavorative. Quando i sentimenti personali interferiscono con il lavoro, i problemi possono andare dalla gelosia a gravi errori.

I leader possono avere relazioni personali strette, ma devono fare molta attenzione a tenere separate le loro amicizie dal lavoro. Questo può essere difficile, ma è nell'interesse di tutti.

I buoni leader devono agire con coraggio. Devono anche sviluppare i loro dipendenti per il successo. Per saperne di più sull'intelligenza emotiva e sulla leadership, visitate i singoli gruppi.

Leader sicuro di sé

Un'alta autostima è essenziale per l'intelligenza emotiva. La fiducia in se stessi aiuta i leader a prendere decisioni e ad agire, anche in caso di disaccordo.

Dipendenti di valore

I leader sicuri di sé devono avere abbastanza a cuore i propri dipendenti da sostenere il loro sviluppo e il loro contributo. Devono anche apprezzare i contributi degli altri.

Il compromesso può essere difficile. Soprattutto quando si sa che il proprio team o progetto ne risentirà. Tuttavia, i leader compassionevoli sanno che il compromesso è essenziale per i buoni rapporti di lavoro.

Esaminando ogni fase a turno, il processo di compromesso di Ned è chiaro.

Valutazione della situazione

"Mi capita spesso di dover prendere decisioni difficili. Per esempio, una volta un membro del personale voleva prendersi una vacanza nel periodo più intenso dell'anno. Nessuno aveva mai detto una cosa del genere prima, quindi ho dovuto pensarci bene".

Si veda l'esperienza passata.

"La prima cosa che abbiamo fatto è stata determinare se il problema era stato risolto in passato. Potrebbe esserci una politica in vigore per la situazione. In questo caso, però, si trattava di un'eccezione. Non c'era nessuna politica perché il problema non era mai stato sollevato prima".

Separare la situazione dall'effetto.

"Ho dovuto separare l'effetto dalla situazione. Ai miei dipendenti concedo ferie generose. Dico loro che è importante ricaricare le batterie. Questa persona non ha mai preso una vacanza. Se avessi detto di no, avrei trasmesso un messaggio contraddittorio".

Trovare un compromesso

Così ho deciso di fare un compromesso e di permetterle di prendere il congedo. In questo modo, l'impatto sul team sarebbe stato minimo e non l'avrei privata del congedo. Ho preso una decisione vantaggiosa per entrambe le parti".

I dirigenti devono spesso assumersi la responsabilità di decisioni critiche. Per prendere le decisioni migliori, è importante agire con attenzione. Carrie sta supervisionando un team di progetto che sta costruendo un sistema informatico per un cliente importante. Tuttavia, il cliente ha richiesto diverse modifiche che stanno compromettendo seriamente il budget del progetto. Carrie deve decidere se rivolgersi al cliente per ottenere ulteriori finanziamenti.

Per ulteriori informazioni sulla gestione dei riporti, vedere i singoli compiti.

Direttamente coinvolti

Non mi sono affidato alle informazioni di nessuno. Ho incontrato il team di progetto e ho partecipato alle riunioni con il cliente. In questo modo ho potuto vedere quali erano i problemi. Non volevo che le informazioni fossero sbagliate e fuorvianti".

Ottenere tutte le informazioni.

Ho fatto tutte le ricerche possibili. Conoscevo il budget, il calendario del progetto, la proposta iniziale e tutte le richieste di modifica. Ho memorizzato tutti i costi del progetto. Non c'erano lacune nelle mie conoscenze. Era importante prendere una decisione informata".

testimoniare l'implementazione

"Non ho lasciato la decisione a nessun altro. Ho preso la decisione da solo.

Quando ho chiesto un aumento, ho partecipato a tutte le trattative con il cliente.

Non volevo sentirmi come se qualcuno dovesse giustificare la mia decisione".

domanda

Quali sono le caratteristiche principali dei leader emotivamente intelligenti che mettono in pratica ciò che hanno imparato?

Opzione.

1. relazione diretta

2. determinazione a non arrendersi

3. proposta di compromesso

4. Dipende dagli informatori.

risposta

In realtà, i leader efficaci sono sempre coinvolti. Sono in grado di scendere a compromessi nelle situazioni appropriate. Raccoglie tutte le informazioni disponibili quando sorgono problemi.

Opzione 1: Questa risposta è corretta. Questo perché la conoscenza diretta di tutte le questioni impedisce una cattiva interpretazione dovuta a informazioni errate.

Opzione 2: errata. Questo non è un attributo importante di un leader emotivamente intelligente. Questo perché ci vuole lo stesso coraggio per fare marcia indietro. Il compromesso può avere conseguenze positive.

Opzione 3: Questa risposta è corretta. I leader dotati di intelligenza emotiva hanno la capacità di scendere a compromessi quando è opportuno, in quanto ciò è fondamentale per mantenere buoni rapporti commerciali.

Opzione 4: Questa risposta non è corretta. I leader emotivamente intelligenti non si affidano agli informatori.

I leader emotivi sono sicuri di sé e rafforzano l'autostima dei loro collaboratori. Inoltre, scendono a compromessi quando è opportuno e si assumono la responsabilità delle proprie azioni.

Ricordate che è importante tenere separati i rapporti di lavoro da quelli privati. Avere la giusta distanza vi aiuterà a prendere le decisioni giuste.

Padroneggiare l'intelligenza emotiva come leader.

Le ricerche dimostrano che i bravi leader hanno diverse cose in comune. In che modo queste qualità ispirano i dipendenti?

Gli studi sui top leader dimostrano che hanno diverse competenze comuni. Queste capacità comuni non sono tecniche e non includono il QI. I migliori manager hanno invece sviluppato una "intelligenza emotiva esecutiva". In questa lezione esploriamo cosa significa.

* Sviluppa capacità di giudizio, consapevolezza e
* integrità, si assume la responsabilità dei problemi,
* promuove la lealtà e motiva i dipendenti.

domanda

Quali sono i benefici dello sviluppo dell'intelligenza emotiva?

Opzione.

1. Competenze tecniche.
2. Produttività.
3. Aiuta a costruire relazioni migliori.
4. Essere in grado di gestire meglio il confronto.
5. Vi aiuterà ad affrontare i cambiamenti.
6. Essere in grado di accogliere la diversità.

Risposta.

Infatti, l'intelligenza emotiva può aiutare a costruire relazioni migliori, a gestire i conflitti, ad affrontare i cambiamenti e a rispondere alle diversità.

Opzione 1: Questa risposta non è corretta. Il vantaggio di sviluppare l'intelligenza emotiva non è quello di migliorare le competenze tecniche, ma di migliorare le capacità di gestione delle persone.

Opzione 2: Questa risposta non è corretta. Essere intelligenti dal punto di vista emotivo può non aiutarvi a essere più produttivi, ma sicuramente aiuterà i vostri dipendenti a esserlo di più.

Opzione 3: Questa risposta è corretta. Lo sviluppo dell'intelligenza emotiva può portare a relazioni migliori.

Opzione 4: Questa risposta è corretta. Il vantaggio di sviluppare l'intelligenza emotiva è che rende più facile la gestione dei conflitti, in quanto consente di trattare con individui di ogni livello.

Opzione 5: Questa risposta è corretta. Uno dei vantaggi dell'intelligenza emotiva è che

Essere in grado di affrontare il cambiamento. I cambiamenti colpiscono le persone in modi diversi, quindi sono in grado di rispondere meglio alle diverse reazioni degli altri e di se stessi.

Opzione 6: Questa risposta è corretta. L'intelligenza emotiva aiuta a gestire la diversità. Permette di lavorare con persone diverse e di interagire efficacemente con gli altri.

In questa lezione imparerete a conoscere le qualità necessarie per sviluppare l'intelligenza emotiva dei dirigenti. Comprenderete le caratteristiche condivise dai migliori leader.

Imparerete anche come i vostri atteggiamenti e le vostre intenzioni influenzano la vostra capacità di guidare e gestire gli altri.

In che modo l'atteggiamento di un leader influisce sul suo stile di gestione? Come possiamo sviluppare un occhio di riguardo per i membri del team?

Il vostro atteggiamento nei confronti del personale determina il modo in cui lo trattate. Trattate bene tutti i vostri dipendenti e avrete un rapporto migliore con i vostri collaboratori. Lo scoprirete in.

- Perché è importante evitare il giudizio,
- come la percezione cambia la gestione e
- perché è importante la sincerità?

Trevor è un manager di alto livello nel dipartimento di elaborazione dati di una grande banca. Ha un buon rapporto di lavoro con i suoi dipendenti. Il suo reparto ha un basso turnover, la maggior parte dei dipendenti è soddisfatta e produttiva.

Consultate ogni aspetto per scoprire come Trevor si approccia alla gestione.

adesione

Accetto una persona in base a ciò che offre ora. Non la valuto in base a ciò che ha o non ha avuto in passato". i
Evitate anche di ascoltare i pettegolezzi sul passato di qualcuno".

rispetto

"I vostri dipendenti vi rispetteranno solo se sapranno che voi li rispettate. Cerco di trattarli con cortesia. Rispetto il più possibile le loro capacità e la loro vita privata. Questo dimostra che li stimo e loro lo apprezzano". **Evitare il giudizio**

È facile giudicare le persone, ma non è produttivo. Quando si ricopre una posizione manageriale, è importante non trattare con condiscendenza le persone o valutarle in base a qualità che non sono rilevanti per il lavoro. Un comportamento critico danneggia il rapporto con i propri subordinati".

supporto

"Sostengo i miei collaboratori il più possibile. Faccio sapere loro che mi preoccupo per loro. Cerco anche di essere compassionevole nei confronti delle frustrazioni che devono affrontare. Nel farlo, evito di dire cose come "resisti", perché banalizzano le loro difficoltà.

I buoni leader hanno un buon intuito. Capiscono se stessi e le persone che li circondano. Poiché comprendono il modo in cui gli individui pensano e si sentono, possono prendere decisioni migliori in merito alla delega dei progetti, alla scelta dei team e all'assegnazione di altri rapporti di lavoro. Per saperne di più sulla percezione, controllate ciascuno di questi aspetti.

(di una persona) autosufficiente in termini di comprensione

Comprendere i propri punti di forza e di debolezza è molto importante. Per sviluppare un'autovalutazione accurata, è necessario essere aperti al feedback degli altri. Considerate le reazioni che ricevete dagli altri. Chiedete informazioni su di voi a persone di cui vi fidate.

comprensione degli altri

I buoni leader sono in grado di comprendere i sentimenti degli altri. Riescono a capire esattamente perché gli altri si comportano e pensano come fanno. È importante osservare gli altri e sapere cosa provano. Questa comprensione vi permetterà di interagire efficacemente con gli altri.

timbro

Capire un'altra persona la aiuta a conoscere meglio se stessa. Si deve iniziare con un sincero desiderio di aiutare, non con un'agenda personale per cambiare l'altra persona. Dovete usare il feedback e il rinforzo del comportamento positivo per aiutare l'altra persona a conoscere se stessa.

Sincerità significa essere onesti riguardo ai propri sentimenti e obiettivi. Se siete sinceri, potete comunicare con i vostri subordinati la direzione che volete prendere, anche se sapete che non la gradiranno. L'integrità rende più facile capire come le proprie azioni si inseriscono nel quadro generale e ottenere il sostegno necessario.

Matt ha parlato con Tonya, un manager di alto livello, della dimostrazione di buona fede.

Matt: Perché ritiene che la sincerità sia importante nel suo lavoro?

Come manager **di Tonya**, i miei collaboratori guardano sempre ai miei segnali. Se pensano che non sia sincera, si confondono e si arrabbiano.

Matt: Come possiamo dimostrare la nostra buona fede?

Il modo migliore per dimostrare la sincerità di **Tonya è essere** il più onesti possibile. È anche importante comunicare il più possibile. Cerco anche di esprimere i miei sentimenti in modo che i miei collaboratori possano conoscermi meglio.

Matt: E per quanto riguarda la comunicazione di questioni che sapete che faranno arrabbiare il personale?

Tonya: Non è un bene per le persone se si nascondono informazioni che potrebbero **non piacere.** È meglio dire chiaramente cosa c'è che non va. Cerco solo di fare attenzione a non mettere in imbarazzo nessuno con informazioni riservate.

Tonya e Matt hanno discusso del delicato equilibrio che deve essere garantito per comunicare in modo efficace. È importante essere aperti e onesti, anche nelle situazioni negative. Non si può essere onesti se non si mostra occasionalmente frustrazione o preoccupazione. Tuttavia, bisogna anche fare attenzione a non mettere in imbarazzo il personale.

Se Tonya agisce con integrità, il suo io privato e quello pubblico dovrebbero coincidere. Se non coincidono, significa che sta nascondendo informazioni ed emozioni, il che potrebbe minare la sua leadership.

domanda

Susan gestisce un team di diverse persone. Come può incorporare il non giudizio, la percezione e l'integrità nel suo stile di leadership?

Opzione.

1.	Dovrebbe accettare i membri solo sulla base di ciò che ha sentito in passato.

2.	I membri del suo team dovrebbero ringraziarla.

3.	I membri del team devono evitare di formulare obiettivi che non condividono.

4.	Dovrebbe cercare di capire i sentimenti dei membri del suo team. **Risposta.**

Piuttosto, dovete pensare a cosa potete fare ora per accogliere i vostri soci e farli sentire apprezzati. E capire i loro sentimenti e comunicarli chiaramente.

Opzione 1: Questa risposta non è corretta. Susan non deve valutare le persone in base al fatto che sia successo in passato. Questo perché potrebbe impedirle di vedere le prestazioni attuali della persona.

Opzione 2: Corretto. Essere un leader dotato di intelligenza emotiva significa che Susan si sente apprezzata dai membri del suo team. Trattandoli con cortesia e rispettando le loro competenze e la loro vita privata, sanno che lei tiene a loro.

Opzione 3: Questa risposta non è corretta. Susan non deve evitare di chiarire gli obiettivi che i membri del team non condividono. Questo perché prima o poi dovranno affrontarli e rimandare la comunicazione non renderà le cose più facili.

Opzione 4: Questa risposta è corretta. Susan dovrebbe cercare di capire i sentimenti dei membri del suo team. Questo perché l'intelligenza emotiva non mette in imbarazzo o in difficoltà il personale durante la comunicazione.

Il vostro atteggiamento nei confronti dei vostri subordinati determina il vostro comportamento. Se avete rispetto per i vostri subordinati e un sincero desiderio di successo, potete fare il primo passo per diventare un leader dotato di intelligenza emotiva.

Ricordate che come leader è importante offrire sostegno e non criticare gli altri. La vostra accettazione e onestà sono alla base del vostro successo.

Sul lavoro i problemi sorgono di continuo. Le persone guardano al team di gestione per risolvere i problemi in modo efficace. Come si può adottare il giusto approccio?

La vostra capacità di risolvere efficacemente i problemi è la chiave del vostro successo come manager. I dipendenti si aspettano da voi un forte esempio. Esplorerete i seguenti aspetti.

- Perché è importante assumersi la responsabilità, come
- ottenere le informazioni giuste e perché la comunicazione è
- così importante quando si risolvono i problemi?

Sarah è l'amministratore delegato di un provider di servizi Internet. Ogni giorno è impegnata a risolvere diversi problemi.

Guardate ogni fase per vedere come Sarah affronta le sfide.

Coinvolgetevi immediatamente

"È importante intervenire immediatamente. Non procrastinare e non rimandare il problema. Cercate di rispondere il più rapidamente possibile".

Raccolta di informazioni.

"Possiamo ottenere informazioni grezze su ciò che sta accadendo. Non affidatevi alle informazioni di un solo individuo. Ascoltate tutti i punti di vista.

Le informazioni che raccogliete su un problema determineranno in ultima analisi la soluzione che sceglierete. Tecniche efficaci di raccolta delle informazioni vi aiuteranno a prendere decisioni migliori.

Leggete le tecniche di raccolta delle informazioni di Sarah.

Per saperne di più.

raccolta di informazioni

Prima di tutto, è importante raccogliere quante più informazioni possibili. Cerchiamo di parlare con tutte le persone coinvolte, non solo con quelle che conosciamo. Facciamo domande a tutti. Non diamo per scontato che ci siano persone cattive o che ci siano persone così.

Credo che otterrò tutte le informazioni di cui ho

bisogno" **Ritardi nel processo decisionale**

Cerco di non dare giudizi finché non ho tutti i fatti. È facile trarre conclusioni sulla base di poche informazioni, ma questo tipo di decisione rapida è spesso sbagliata. Inoltre, se traggo una conclusione troppo in fretta, potrei perdere nuove informazioni che potrebbero cambiare la mia decisione" **Fare eccezioni.**

"A volte è necessario prorogare le scadenze o fare eccezioni finché non si hanno tutti i fatti. Se si verifica un problema in un progetto, è meglio aspettare che il problema sia risolto.
Comprendere appieno la questione, anche se richiede più tempo" **Indagine conoscitiva specifica**

È importante essere "specifici". Spesso le persone dicono cose come "lei ha perso la palla" o "lui non sta lavorando secondo il suo potenziale". È necessario essere specifici, ad esempio "Non ha consegnato la relazione" o "Il suo progetto è in ritardo di quattro giorni". Altrimenti, si tratta solo di un'opinione".

È importante affrontare il processo di risoluzione dei problemi con una mente aperta. Il vostro atteggiamento cambierà man mano che vi avvicinerete alle decisioni e alle azioni.

Scoprite come Sarah affronta il processo decisionale in ognuno di questi consigli. **Essere sensibili.**

"A volte i grandi problemi vengono fatti passare per piccoli problemi. Penso sempre alle implicazioni di una situazione. Una volta ho trovato un errore in una fattura apparentemente semplice. Si è scoperto che il sistema contabile era rotto e doveva essere aggiornato.

rimanere aperti

"È importante essere aperti ai suggerimenti. Questo perché tendo a pensare che esista un'unica soluzione giusta. I miei collaboratori hanno molta più familiarità con le questioni tecniche di me. Bisogna sempre ascoltare i loro suggerimenti.

chiarire

Devo assicurarmi che ogni reparto della nostra azienda comprenda le sfide che dobbiamo affrontare. Devono anche capire i nostri obiettivi. In questo modo, quando vedranno degli ostacoli, sapranno dove stiamo cercando di andare".

Perché la comunicazione è importante per risolvere i problemi? Perché i problemi frustrano tutti. Quando le persone incontrano difficoltà sul lavoro, spesso perdono la prospettiva. Quanto più chiaramente comunicherete il vostro approccio alla risoluzione dei problemi, tanto più le persone potranno smettere di concentrarsi sulle loro frustrazioni. Potrete così concentrarle sulla soluzione e sul futuro.

Il vostro stile di comunicazione definisce il modo in cui le persone che guidate condividono le informazioni. Avete l'opportunità di dare l'esempio di una comunicazione fluida ai vostri subordinati.

domanda

Brandi gestisce il reparto di elaborazione dei prestiti. La scorsa settimana ha scoperto che le domande di diversi clienti erano state omesse per qualche motivo. Queste domande non sono state elaborate; Brandi ha bisogno di saperne di più su questo problema; come deve assumersi la responsabilità e comunicare le sue scoperte?

Opzione.

1. Dovrebbe parlare con i funzionari competenti.

2. Dovrebbe chiedere a una terza parte di indagare.

3. Dovrebbe dire al suo staff come fa le cose.

4. Dovrebbe fidarsi delle informazioni fornite dall'ufficiale superiore.

Risposta.

In realtà, Brandi dovrebbe ottenere il contributo di tutte le parti coinvolte. Dovrebbe dire al suo staff come intende affrontare il problema.

Opzione 1: Questa risposta è corretta. Per assumersi la responsabilità, Brandi dovrebbe parlare con le persone coinvolte. Infatti, rivolgendosi direttamente alla fonte delle informazioni, sarà in grado di ottenere informazioni accurate.

Opzione 2: Questa risposta non è corretta. Brandi non dovrebbe chiedere a una terza persona di indagare sul problema. Questo perché non può avvicinarsi abbastanza alle informazioni per prendere una decisione chiara.

Opzione 3: Risposta corretta. Per comunicare in modo efficace, Brandi deve comunicare al personale il suo approccio. Infatti, più si comunica chiaramente il proprio approccio, più si aiutano gli altri a smettere di concentrarsi sulle frustrazioni e a cercare soluzioni.

Opzione 4: Falso. Questo perché l'addetto all'elaborazione di livello superiore non può avere più informazioni di lei su ciò che è andato storto, a meno che non sia stata la persona che ha elaborato la domanda.

Il vostro approccio alla risoluzione dei problemi fa una grande differenza nelle vostre capacità di leadership. I manager forti si assumono la responsabilità dei problemi che sorgono sul posto di lavoro.

La comunicazione è strettamente legata alla capacità di risolvere i problemi. Esprimendosi chiaramente, è possibile implementare meglio le soluzioni.

Come fanno i leader eccezionali a ispirare gli altri? Perché le persone preferiscono lavorare per manager carismatici?

I leader migliori ispirano le persone con un forte entusiasmo per il loro lavoro che va oltre il raggiungimento degli obiettivi. Aiutano i dipendenti a sviluppare una visione del loro ambiente di lavoro. Convalida.

- Tra questi, "Come sviluppare la lealtà nei
- leader", "Perché l'approccio senza fronzoli
- funziona" e "Come la fiducia produce risultati

elevati".

La fidelizzazione dei dipendenti è una delle maggiori sfide che i manager si trovano ad affrontare oggi. I bravi leader sono efficaci nel fidelizzare i dipendenti e nel ridurre il turnover. Winnette è l'amministratore delegato di una società di sviluppo software. I suoi dipendenti sono altamente qualificati ed è importante ridurre al minimo il turnover.

Scoprite le strategie di fidelizzazione di Winnett. **Contribuite a.**

"È importante dire loro che stanno dando un contributo importante al bilancio dell'azienda. Cerco di ringraziarli per quello che hanno fatto. Dico loro come hanno contribuito. Quando do loro degli incarichi, dico loro che il loro lavoro avrà un impatto sull'azienda".

Supporto.

"Il modo migliore per aumentare la fedeltà è sostenere i dipendenti. Questo include il sostegno finanziario e politico interno. Se non fornisco ai miei collaboratori le risorse di cui hanno bisogno per fare le cose, non raggiungeranno i loro obiettivi. Se non li sostengo, si sentiranno frustrati.

Espresso caldo.

"Esprimere gratitudine" ai dipendenti. Ci sono molti modi per mostrare il proprio apprezzamento. Si può scrivere un biglietto personale, lasciare un messaggio vocale o inviare un'e-mail. Inoltre, premiamo i dipendenti per il loro grande impegno invitandoli a pranzo o organizzando una festa di squadra".

Una parte importante dell'essere leader consiste nell'infondere fiducia. I leader devono assicurarsi che i dipendenti abbiano fiducia nel management, nell'azienda e in loro stessi.

Vedere le caratteristiche individuali per i commenti sull'autostima di Winnett.

Calma.

'Affronto i progetti difficili con calma e sicurezza. Faccio capire ai miei collaboratori che ho le capacità per portare a termine il lavoro. Se sono esitante o nervoso, i miei collaboratori lo percepiscono. Sono sicuro di me.

essere incoraggiante

"Incoraggio i miei collaboratori a sfidare se stessi per raggiungere obiettivi difficili. Li incoraggio a sforzarsi di essere superiori alla media. Dico loro che è giusto correre dei rischi e che non li punirò se si impegnano onestamente. In questo modo, possono realizzare il loro potenziale e crescere".

ispirare

"A volte i tempi sono duri e non ci si può permettere più attrezzature o personale. Incoraggio le persone a scavare a fondo nelle proprie risorse per raggiungere i propri obiettivi. Io stesso lo faccio. È importante dare l'esempio".

Coinvolti.

Sono profondamente coinvolto nelle operazioni quotidiane e faccio sapere ai miei collaboratori quanto mi interessa quello che succede. Se io non mi interesso del mio lavoro, come può farlo il mio staff? Spiego i nostri obiettivi e dico loro come stiamo lavorando.

Molti dirigenti di alto livello possiedono qualità spesso definite "entusiasmo". Amano il loro lavoro e sono orgogliosi dei risultati ottenuti. Sono anche in grado di lavorare efficacemente con gli altri.

Per ulteriori informazioni sull'entusiasmo, vedere le caratteristiche individuali.

Si sentono gratificati nel loro lavoro

Questi leader vedono il loro lavoro come appagante e soddisfacente. Sfruttano al massimo il tempo trascorso al lavoro e rimangono coinvolti negli aspetti quotidiani dell'azienda.

Vedere il punto di vista degli altri

Questi leader sono in grado di vedere le cose dal punto di vista degli altri e quindi di gestire meglio i conflitti. Incoraggiano gli altri ad avere una mente aperta.

Kim e Todd hanno discusso del suo approccio di leadership senza fronzoli.

Todd: Lei dice di avere un approccio di leadership senza fronzoli. Che tipo di
Che cosa significa?

Kim: L'aspetto principale è che mi interessano i risultati concreti. Mi interessa fare la differenza per il risultato finale.

Todd: Come comunicate questo **atteggiamento** al vostro personale?

Kim: Sostengo i miei dipendenti il più possibile per aiutarli a raggiungere i loro obiettivi. In una parola, non due.

Todd: Quali sono le sue aspettative nei confronti del personale?

Kim: Mi aspetto che utilizzino le loro risorse nel modo più efficiente possibile. A volte dovranno lavorare più ore per portare a termine il lavoro in circostanze difficili.

Todd: Come riesce a ispirare il suo personale in circostanze difficili?

Kim: Do l'esempio. Non chiedo loro di fare cose che non farei io stessa. Se dico loro di lavorare di più, lo farò anch'io.

Kim ha un approccio alla gestione senza fronzoli. Non chiede ai suoi subordinati di fare qualcosa che non farebbe lui stesso. Aiuta i dipendenti a portare a termine il lavoro. Evita inoltre di distrarre i dipendenti con obiettivi e progetti che non portano a profitti. Kim dà ai dipendenti le risorse di cui hanno bisogno e si aspetta che raggiungano i loro obiettivi.

I manager come Kim aiutano i dipendenti a concentrarsi sul loro lavoro. Per farlo, devono sostenere i loro dipendenti e farli progredire verso obiettivi specifici.

domanda

Mettere in pratica quanto appreso. Identificare gli aspetti di lealtà, audacia, entusiasmo e autoaffermazione richiesti ai leader emotivi.

Opzione.

1.   I dipendenti devono disporre delle risorse necessarie per svolgere il proprio lavoro.

2.   È necessario fissare obiettivi specifici per il personale.

3.   Si devono comunicare solo le questioni che riguardano direttamente il dipendente.

4.   Gli obiettivi immateriali devono essere fissati in modo che i dipendenti non si sentano minacciati. **Risposta.**

In pratica, dovete sostenere i vostri collaboratori fornendo loro le risorse e le informazioni necessarie per svolgere il loro lavoro. Dovete lavorare per raggiungere obiettivi specifici.

Opzione 1: Corretto. Avere intelligenza emotiva significa fornire ai dipendenti le risorse di cui hanno bisogno per portare a termine il lavoro. Il modo migliore per costruire la fedeltà è sostenere i dipendenti. Senza di esso, infatti, i dipendenti si sentiranno frustrati.

Opzione 2: Questa risposta è corretta. Perché è importante che i subordinati sappiano cosa ci si aspetta da loro e cosa è importante per loro.

Opzione 3: Questa risposta non è corretta. Se si parla ai dipendenti solo di questioni che li riguardano direttamente, non avranno lo stesso impegno quando si renderanno conto di come i loro sforzi andranno a beneficio dell'azienda nel suo complesso.

Opzione 4: Questa risposta non è corretta. I leader emotivi non dovrebbero fissare obiettivi intangibili. Questo perché non motiverà i dipendenti a impegnarsi per il successo.

La vostra capacità di ispirare i dipendenti è fondamentale per il vostro successo come leader. Ricordate che i manager più forti sono in grado di fidelizzare i dipendenti grazie al sostegno di questi ultimi. Non feriscono le persone, le rendono più forti. Questo approccio duro ma compassionevole è il modo migliore per organizzare e motivare team efficaci.

Sviluppo del personale

L'intelligenza emotiva è fondamentale per i manager che vogliono costruire buone relazioni con i propri dipendenti. Ma come si può mettere in pratica l'intelligenza emotiva?

L'intelligenza emotiva può essere applicata ogni giorno sul lavoro. Uno degli aspetti più importanti dell'intelligenza emotiva è la capacità di sviluppare e aiutare gli altri. Convalida.

* Perché la delega è importante, come si può delegare in
* modo efficace e come si possono incoraggiare i
* dipendenti a lavorare per obiettivi a lungo termine?

Un ruolo importante dei leader è quello di sviluppare i propri subordinati. Perché è importante sviluppare le competenze dei subordinati? Per ulteriori informazioni, vedere i rispettivi vantaggi.

risparmio di tempo

La formazione dei dipendenti è una strategia per risparmiare tempo. Man mano che le loro competenze migliorano, saranno in grado di lavorare in modo più rapido ed efficiente. Potete delegare i compiti in base al livello di competenza dei vostri collaboratori, liberando così tempo anche per voi.

Migliorare le prestazioni del team

Affidare al personale compiti nuovi e stimolanti ne accresce le capacità. Le persone migliorano quando fanno esperienza con nuove competenze e conoscenze. Il vostro team sarà meglio equipaggiato per affrontare problemi e sfide.

Attività prioritarie.

La crescita del vostro team migliorerà le competenze delle persone. Saranno in grado di affrontare meglio le sfide che dovranno affrontare, liberando così il vostro tempo. Dedicherete meno tempo ad altri compiti, ottenendo così più tempo ed energia da dedicare ad attività più importanti.

La vostra intelligenza emotiva sarà messa alla prova quando lavorerete allo sviluppo dei dipendenti. Utilizzerete costantemente le vostre capacità di comunicazione e di risoluzione dei problemi. La delega è la base per sviluppare le competenze dei vostri collaboratori. Dovrete anche valutare come collaborare con i vostri collaboratori per raggiungere i vostri obiettivi a lungo termine.

"So che devo migliorare la mia intelligenza emotiva", dice Debbie, responsabile delle risorse umane. Ma non ne ho il tempo. Sono troppo impegnata!".

Debbie è estremamente impegnata. Ma non deve essere così opprimente. Un passo importante per sviluppare l'intelligenza emotiva come leader è quello di delegare. Lo scoprirete in.

- Perché è importante delegare e quali sono gli aspetti da
- considerare prima di delegare il lavoro?

Quando le persone salgono di grado, sono spinte da molti obiettivi. Per ulteriori informazioni, vedere i rispettivi vantaggi della delega.

priorità

La delega dei compiti permette di concentrarsi su compiti manageriali più importanti. Ad esempio, la pianificazione a lungo termine, la gestione delle crisi e la comunicazione con i clienti e gli altri manager.

Sviluppo del personale

La delega dei compiti crea opportunità di apprendimento di nuove competenze. Se si accumula il lavoro impegnativo, i dipendenti si annoieranno e diventeranno irrequieti. La delega dei compiti vi dà anche il tempo di fare da tutor ai dipendenti e di migliorare le loro prestazioni.

autosviluppo

Le competenze non migliorano se si dedica tempo a molti compiti. La delega consente di avere il tempo di frequentare corsi di formazione e di ricevere coaching sulle competenze. Inoltre, vi dà il tempo di tenere i contatti con i vostri collaboratori e di identificare le aree di miglioramento.

Debbie ha chiesto a Rick un consiglio su come delegare i compiti. Il collega ha spiegato che prima di delegare un lavoro a un subordinato deve considerare una serie di aspetti.

Vedere i singoli elementi per i commenti di Rick sulla delega.

Obiettivo.

"Qual è lo scopo del lavoro che state assegnando? Qual è lo scopo del lavoro? Prima che il personale inizi un lavoro, il suo scopo deve essere chiaramente definito. Altrimenti, non si otterrà ciò che si vuole".

priorità

Assicuratevi che i membri del team comprendano le loro priorità.
Devono avere ben chiaro come i loro nuovi compiti si inseriranno nel resto
del lavoro e dove devono concentrarsi maggiormente.

comunicazione

"Comunicare meglio con il vostro team. Incoraggiateli a parlare con voi
se hanno domande o ostacoli. Teneteli informati su ciò che accade, ma
evitate di 'controllare' il personale.

fiducia

"Scegliete persone di cui vi potete fidare. Non limitatevi a scegliere
qualcuno che sia disponibile e a fargli fare il lavoro. È importante perché il
tempo che si libera dovrebbe essere utilizzato per altre cose.
Si tratta di lavoro di squadra. Doug ha discusso della delega
con il suo capo, Karen.

Karen: È importante iniziare a delegare alcuni compiti. Avete pensato a
cosa potete regalare?

Doug: Probabilmente potrei occuparmi dei rapporti sulla qualità. In
questo modo potrei liberare qualche ora alla settimana.

Karen: Qual è lo scopo della relazione? Su cosa deve concentrarsi il team
leader?

Doug: Il mio obiettivo è capire il tasso di errore. I rapporti ci aiutano a
capire il tasso di errore. Se il tasso di errore aumenta, è necessario
intervenire per risolvere il problema.

Bene. E le priorità per i team leader? Dove si colloca il reporting nella
gerarchia? Doug: I team leader devono considerare il reporting come una
priorità assoluta. Il mentoring dei nuovi dipendenti è la priorità più alta, ma
il reporting viene dopo.

Karen: Sente di potersi fidare del suo caposquadra per la gestione di
questi rapporti? Vi fidate di loro?

Doug: Ci stiamo pensando. Si occuperanno loro del rapporto. Non credo
che abbiamo nulla di cui preoccuparci.

Doug ha riflettuto sullo scopo di questa missione. Poi ha scelto le
persone di cui si poteva fidare per portare a termine il compito. È
importante comunicare chiaramente i propri obiettivi. Dovete anche
spiegare come il rapporto sulla qualità si inserisce nelle priorità del
caposquadra. Infine, è necessario stabilire dei canali di comunicazione per
garantire che il caposquadra riceva il supporto necessario. **Domanda.**

Mettete in pratica ciò che avete imparato. Quali sono gli aspetti chiave da considerare nella delega?

Opzione.

1. I vostri obiettivi per l'incarico

2. Identificare i membri del team che hanno tempo per lavorare sui problemi

3. Tecniche che possono essere utilizzate per controllare i dipendenti.

4. Come comunicare con il personale **Risposte.**

Infatti, è importante riflettere attentamente sullo scopo dell'incarico e su come si stabilirà la comunicazione con il personale. Dovete anche considerare le priorità dei membri del vostro team e di chi vi fidate a svolgere il compito.

Opzione 1: Questa è la risposta corretta. Una delle questioni chiave da considerare quando si delega è lo scopo dell'incarico. Infatti, se lo scopo non è chiaramente definito prima che il collaboratore inizi a lavorare, non otterrà ciò che desidera.

Opzione 2: Questa risposta non è corretta. Quando si delega, non si dà semplicemente il lavoro a qualcuno che non è occupato. Quella persona potrebbe non essere la persona giusta per il lavoro e voi potreste finire per portarlo a termine.

Opzione 3: non corretta. Non dovreste prendere in considerazione le tecniche da utilizzare per controllare i vostri dipendenti. Questo perché non sembrate fidarvi dei vostri collaboratori. Per delegare in modo efficace, è necessario avere fiducia nella persona a cui si sta delegando il lavoro.

Opzione 4: Corretto. Dovete pensare a come stabilire una comunicazione con il vostro personale. Incoraggiateli a rivolgersi a voi quando hanno domande o incontrano ostacoli. Sappiate sempre cosa sta succedendo ed evitate di "controllare".

La delega è uno strumento importante per sviluppare sia voi che i vostri collaboratori. Vi permette di assegnare ai vostri collaboratori un lavoro più impegnativo, lasciando a voi il tempo di concentrarvi su altri compiti.

Prima di delegare, occorre considerare attentamente gli obiettivi e le priorità. È importante assegnare compiti chiari e gestibili.

Devo coinvolgere Cynthia nel progetto, ma non voglio appesantirla. Come possiamo fare in modo che tutto funzioni senza intoppi?".

La delega efficace è una sfida che i manager devono affrontare ogni giorno. Seguendo alcune linee guida per una delega efficace, Frank può rendere la delega un processo senza intoppi. Esaminiamo.

- Perché è importante ascoltare le opinioni del personale,
- perché è importante fornire informazioni in anticipo e
- come si può fornire supporto durante il lavoro?

Una comunicazione chiara è la chiave di volta di una delega efficace. È necessario stabilire canali di comunicazione con il personale per tutta la durata del compito delegato. È necessario assicurarsi che il personale comprenda il progetto e riceva il supporto necessario per portare a termine i propri compiti. In seguito, si potrà discutere del successo del progetto.

Dovete definire chiaramente gli "obiettivi" dei vostri dipendenti. Cosa volete che facciano? Quando volete che lo facciano? Qual è il budget? Chi può aiutare? Come dovrebbe essere il prodotto finale? Lasciate loro il tempo di fare tutte le domande di cui hanno bisogno. È meglio avere aspettative chiaramente definite in anticipo che essere frustrati in seguito.

Ricordate che quanto più chiare sono le vostre aspettative, tanto più è probabile che otteniate ciò che volete. I dipendenti non sono disposti a impegnarsi con obiettivi che non vedono.

La delega, se fatta correttamente, può essere fruttuosa per tutti. Permette ai manager di avere più tempo per sé e ai dipendenti di apprendere nuove competenze. Tuttavia, è importante che i manager deleghino in modo efficace.

Andrea gestisce un gruppo di ingegneri. Delega regolarmente l'autorità ai suoi subordinati. Selezionate ogni elemento della delega di autorità raccomandata da Andrea. **Importanza.**
I dipendenti devono sapere come il loro lavoro si inserisce nel quadro generale. Spiego come ogni lavoro contribuisce agli obiettivi aziendali e di reparto.
Senza queste informazioni, il loro lavoro sembra poco importante".

tempestività

'Dico chiaramente ai miei dipendenti quando iniziare e quando finire il lavoro. Le tempistiche sono spesso fonte di malintesi. Io metto un calendario e discuto le date esatte di inizio e fine lavoro, in modo che non ci sia confusione.

autorità

Informo i miei dipendenti dei limiti della mia autorità. In altre parole, li informo delle circostanze in cui mi aspetto di essere informato. Non voglio essere coinvolto in decisioni minori, ma ci sono momenti in cui devo essere consultato".

risorsa

Mi piace mostrare ai miei collaboratori le risorse a loro disposizione. Non solo bilanci e risorse umane, ma anche un elenco di persone che hanno svolto un lavoro simile. Mostro loro anche libri e corsi di formazione che possono aiutarli a raggiungere i loro obiettivi".

È importante che il personale fornisca un feedback sui risultati dei propri sforzi. Ecco come Andrea valuta i risultati ottenuti dai suoi collaboratori in ogni fase del processo.

Durante tutto il progetto.

'Man mano che procediamo con il progetto, fissiamo regolarmente delle tappe. Ci incontriamo con i nostri dipendenti e discutiamo dei risultati ottenuti finora. In questo modo possiamo correggere eventuali problemi il prima possibile".

Alla fine del progetto

"Faccio una revisione formale di ogni dipendente alla fine del progetto. Lascio che i dipendenti mi diano un feedback su ciò che avrei dovuto fare meglio".

domanda

Mettere in pratica ciò che ha imparato Darren ha imparato l'importanza di delegare. Ha identificato una serie di compiti che può assegnare ai membri del suo team. Come si possono delegare efficacemente questi compiti?

Opzione.

1. Deve stabilire quando e come comunicare con il personale.

2. Dovrebbe guardarsi indietro e valutare i risultati ottenuti dal suo staff.

3. Dovrebbe incoraggiare il personale a stabilire le proprie tempistiche.

4. Le limitazioni all'autorità del personale devono essere chiarite.

Risposta.

Darren deve infatti stabilire chiaramente i canali di comunicazione e identificare i limiti dell'autorità dei dipendenti. Deve valutare il successo in base a criteri prestabiliti. Deve stabilire gli orari del personale.

Opzione 1: Corretta. Darren può delegare in modo efficace stabilendo quando e come comunicare con i suoi subordinati. Questa è la base per una delega efficace. Assicurarsi che il personale comprenda il progetto e riceva il supporto necessario.

Opzione 2: Questa risposta non è corretta. Darren non deve giudicare il successo dei membri del suo team in base ai risultati ottenuti, ma in base a criteri prestabiliti.

Opzione 3: Questa risposta non è corretta. Darren non dovrebbe lasciare che sia il suo staff a stabilire gli orari. Piuttosto, per essere efficace, dovrebbe stabilire gli orari del personale.

Opzione 4: Questa risposta è corretta. Per delegare efficacemente i compiti

Darren deve chiarire i limiti dell'autorità del suo staff. Deve informare il personale delle circostanze in cui si aspetta di essere informato.

L'intelligenza emotiva è fondamentale per il successo nella gestione. Quando delegate dei compiti, è fondamentale che usiate tutte le vostre capacità di risoluzione dei problemi e di comunicazione per portare a termine con successo il compito.

La delega permette a voi e ai vostri collaboratori di crescere. Voi potete dedicare più tempo a progetti importanti e i vostri collaboratori possono apprendere nuove competenze.

Brad dice: "Gestisco un nutrito gruppo di rappresentanti del servizio clienti presso una società di servizi finanziari. Molti di loro vogliono diventare Chartered Financial Planner. Molti di loro vogliono diventare pianificatori finanziari certificati. La mia azienda non ha un programma di formazione formale".

In quanto manager dotato di intelligenza emotiva, è importante che Brad lavori con i suoi subordinati per svilupparli; Brad può aiutarli lavorando con loro per sviluppare obiettivi e piani di realizzazione. Convalida.

- Come pianificare gli obiettivi,
- quando le prove sono efficaci e
- come fornire un rinforzo.

I piani degli obiettivi aiutano voi e i vostri collaboratori a lavorare per raggiungere i risultati. Il piano suddivide i grandi obiettivi in fasi gestibili. Inoltre, specifica quali sono gli impegni che voi e il vostro collaboratore assumerete.

I piani degli obiettivi sono adatti solo per grandi obiettivi che vengono raggiunti in un lungo periodo di tempo. Non sono adatti per i piccoli compiti.

Margaret ha sviluppato un piano di obiettivi con uno dei suoi dipendenti, Fred. Ha seguito un processo per sviluppare il piano degli obiettivi.

Esaminate ogni fase e un esempio di Margaret che applica quella fase al piano degli obiettivi di Fred per saperne di più sul processo.

1. Dettagli sull'obiettivo.

In questa fase, elaborate i vostri obiettivi". Si dovrebbe fissare un solo obiettivo principale, come "diventare manager" o "passare al servizio clienti". Si tratta di obiettivi, non di compiti.

Esempio: elaborare gli obiettivi

"Fred vuole passare a una posizione di assistente di supervisione. Attualmente è un addetto al trattamento dei dati. Il titolo di assistente supervisore sarebbe il passo successivo nella sua carriera".

2. Risposta richiesta.

Quali sono i passi che state facendo per raggiungere i vostri obiettivi? Può sembrare un compito impossibile per i vostri dipendenti, ma sapranno che vi impegnate per il loro sviluppo.

Esempio - Azione richiesta.

"Gli obiettivi di Fred sono frequentare il corso di formazione per supervisori, ottenere una percentuale di assenza di infrazioni del 95%, lavorare ad almeno due progetti di reparto ed essere raccomandato per la promozione".

3. Impegno dei dipendenti.

Quali azioni devono essere intraprese dal dipendente per raggiungere questo obiettivo? Quali passi sono di esclusiva responsabilità del dipendente?

Esempio: l'impegno dei dipendenti.

Fred dovrà assumersi la responsabilità di raggiungere un tasso di assenza di errori del 95%. Dovrà anche dedicare del tempo in più per lavorare ai progetti del reparto e partecipare alla formazione.

4. Impegno manageriale.

Cosa può fare il manager per sostenere il dipendente? Quale fase del piano di sviluppo è di vostra competenza? Quale impegno è richiesto?

Ad esempio, l'impegno manageriale.

"Devo impegnarmi a concedere a Fred del tempo libero per lavorare ai progetti del reparto. Devo anche assumermi la responsabilità di approvare la sua formazione e di raccomandare la sua promozione quando sarà il momento".

Le prove sono un altro modo per aiutare i dipendenti a raggiungere i loro obiettivi. Questo metodo è adatto quando il personale vuole provare una nuova abilità e ha bisogno di esercitarsi. Le prove sono efficaci solo per un'abilità e non per un obiettivo ampio. In una prova, i dipendenti sono incoraggiati a provare l'abilità. L'azienda fornisce un feedback, rispondendo come se si trattasse di una situazione reale o indicando al dipendente cosa potrebbe accadere in seguito.

Beth deve parlare con i suoi colleghi della pulizia della sua area di lavoro. Teme che la conversazione sia difficile e chiede a Jared di provare la discussione.

Jared ha provato la discussione con Beth.

Beth: Sono riuscita a dirle che doveva tenere pulita l'area di lavoro in generale e che avevo bisogno del suo aiuto.

Jared. E se ti dicesse che è troppo impegnata per tenere pulito il suo posto di lavoro?

Beth: I clienti visitano l'ufficio più spesso, quindi abbiamo potuto mostrare loro quanto sia importante tenere pulite le postazioni di lavoro.

Jared È un buon modo per farlo. Più si coinvolge il cliente, meno lo si sente come un attacco personale.

È vero. Non dovrei dirle che la gente si lamenta del disordine che fa. Se le racconto la storia del cliente, capirà il valore di ciò che sto dicendo.

Jared ha aiutato Beth a riflettere su come approcciare le donne del suo ufficio. Dopo aver parlato con lui, Beth si è resa conto che il suo approccio poteva fare una grande differenza nella conversazione. Questa prova non garantisce che Beth abbia successo, ma aumenta le sue possibilità.

Un'ultima tecnica che i dipendenti possono utilizzare per aiutarsi a raggiungere i propri obiettivi è quella di rinforzare i comportamenti appropriati. Questa tecnica può essere utilizzata quando si cerca di cambiare un'abitudine. Ad esempio, Ruth, un'addetta alle vendite al dettaglio, sta cercando di imparare a controllare la rabbia durante un'interazione con un cliente difficile. Il suo supervisore, Andrew, ha adottato misure di rinforzo positivo quando ha gestito con calma una conversazione difficile.

Per ulteriori informazioni su questa tecnica, vedere i suggerimenti individuali di Andrew.

Rafforzare costantemente

Ogni volta che Ruth si è trovata di fronte a un cliente arrabbiato, mi sono assicurato di lodarla. E ogni volta che manteneva la calma, mi assicuravo di lodarla. Una volta o due che ci è riuscita, sapevo che non avrei potuto ignorarlo".

Rinforzo tempestivo.

Ho cercato di elogiare Ruth il prima possibile. In questo modo, l'evento sarebbe stato fresco nella sua memoria. Potevamo anche discutere di come aveva affrontato la situazione e di quali azioni specifiche efficaci aveva intrapreso. Dopo qualche settimana, le lodi diventano quasi prive di significato.

Dare un senso al rinforzo

Significa molto per Ruth che la direzione è consapevole dei suoi miglioramenti. E ora che è in grado di gestire meglio i conflitti, l'abbiamo incaricata di formare un'altra linea di prodotti. In questo modo, può vedere che il suo cambiamento di comportamento ha portato a eventi positivi".

domanda

Julie, che mette in pratica ciò che impara, è una manager di vendita al dettaglio. Vuole aiutare i suoi dipendenti a crescere. Quali tecniche può utilizzare per aiutare i suoi dipendenti a pianificare e raggiungere i loro obiettivi?

Opzione.

1. I sistemi di gestione degli obiettivi possono anche essere utilizzati per aiutare a preparare i dipendenti a compiti specifici.

2. Può fare le prove con i dipendenti che sono pronti a utilizzare competenze specifiche.

3. Possono sviluppare piani di obiettivi con i dipendenti che vogliono raggiungere grandi traguardi.

4. Può fornire un rinforzo positivo ai dipendenti che cercano di cambiare il loro comportamento.

Risposta.

Può sviluppare un piano di obiettivi per aiutare i dipendenti a raggiungere i loro grandi obiettivi.

Possono anche utilizzare tecniche di prova e di rinforzo positivo.

Opzione 1: Questa risposta è sbagliata. Julie non dovrebbe usare la pianificazione degli obiettivi per prepararsi a un compito specifico. Questo perché la pianificazione degli obiettivi è troppo dettagliata per un singolo compito.

Opzione 2: Corretto; Julie può utilizzare le prove per aiutare i dipendenti a pianificare compiti specifici. Questo funziona bene perché i dipendenti possono testare le loro capacità e Julie può fornire un feedback.

Opzione 3: Questa risposta è corretta. Julie può sviluppare un piano di obiettivi con i dipendenti che stanno cercando di raggiungere un grande obiettivo. Questo è efficace perché lei e i suoi dipendenti possono suddividere gli obiettivi in fasi gestibili.

Opzione 4: Questa risposta è corretta. Quando forma i dipendenti, Julie può usare il rinforzo positivo per modificare il comportamento. Se utilizza un rinforzo coerente e tempestivo e un feedback significativo, sarà efficace.

Una componente chiave dell'intelligenza emotiva è la capacità di sviluppare gli altri. Esistono molti strumenti che i dipendenti possono utilizzare per far progredire la propria carriera. Può aiutare a pianificare gli obiettivi e a progredire verso il loro raggiungimento. Possono anche fare prove di abilità specifiche. Infine, si possono fornire rinforzi positivi per aiutare i dipendenti a sviluppare nuove competenze.

Migliorare l'intelligenza emotiva degli altri.

In qualità di leader, avete la responsabilità di sviluppare e motivare il vostro team. Sapete che per ottenere risultati efficaci, ognuno di voi deve sviluppare la capacità di intelligenza emotiva. Come potete costruire l'intelligenza emotiva nel vostro team?

La gestione dei conflitti è una delle componenti chiave dell'intelligenza emotiva. Quando i team sono in grado di risolvere i problemi in modo efficace, sono in grado di aumentare la loro intelligenza emotiva. Esplorerete.

- Quale prospettiva potete portare in una situazione
- emotiva, cosa potete fare per calmare una persona
- emotiva, come potete essere un ascoltatore di
supporto?

domanda

Qual è il valore di aumentare l'intelligenza emotiva degli altri?

Opzione.

1. Maggiore capacità di gestire i conflitti del personale.
2. Ridurre la necessità di coaching.
3. Motiva il team.
4. Può migliorare le competenze tecniche del team.
5. Riduce il tempo perso in conflitti improduttivi.
6. Assicura che il personale sia contento del proprio lavoro.

Risposta.

Infatti, aumenta la motivazione del team e migliora la capacità del personale di gestire i conflitti. Inoltre, riduce la quantità di tempo perso per contatti improduttivi.

È inoltre necessario fare da mentore ai membri del team.

Opzione 1: Questa risposta è corretta. Il valore dell'aumento dell'intelligenza emotiva degli altri è il miglioramento della capacità di gestire i conflitti. Risolvere i problemi in modo efficace può portare a un aumento dell'intelligenza emotiva dei subordinati.

Opzione 2: Questa risposta non è corretta. Il coaching sarà sempre importante e quindi la sua necessità non cambierà anche se l'intelligenza emotiva delle persone è aumentata.

Opzione 3: Questa risposta è corretta. Aumentare l'intelligenza emotiva del vostro team lo motiverà, in quanto sarà in grado di mettere i problemi in prospettiva e di aiutare le persone a risolverli.

Opzione 4: Questa risposta non è corretta. L'obiettivo è aumentare la potenza emotiva del team, quindi l'aumento dell'intelligenza emotiva non aumenta le competenze tecniche.

Opzione 5: Questa risposta è corretta. Aumentando l'intelligenza emotiva del team, si impara a risolvere i problemi in modo efficace, riducendo così il tempo perso in conflitti improduttivi.

Opzione 6: non corretta. Garantire che il personale si diverta a lavorare non è il valore di aumentare l'intelligenza emotiva degli altri. Piuttosto, aumentare l'intelligenza emotiva del team li aiuta a risolvere i problemi in modo efficace.

Agite come voce razionale del team. Siete in grado di calmare le emozioni prima che esplodano. Date una prospettiva ai problemi e permettete alle persone di risolverli.

Avete mai trascorso del tempo con una persona triste? O con una persona arrabbiata? Avete mai avuto la sensazione che il suo cattivo umore fosse contagioso?

Gli stati d'animo, come il comune raffreddore, sono "contagiosi". Quando una persona prova una forte emozione, questo stato d'animo può essere contagioso per il resto del team. In qualità di leader, dovete fare in modo che le emozioni negative non si diffondano a tutto il team. Per fare questo.

- Perché è importante distinguere tra le nostre emozioni e quelle degli altri, cosa possiamo fare per avere conversazioni emotive e come
- possiamo alleviare l'ansia?
-

Un primo passo importante per sviluppare l'intelligenza emotiva negli altri è controllare le proprie emozioni. In qualità di leader, spesso si ha a che fare con collaboratori nervosi o ansiosi. Quando ciò accade, è necessario comprendere le loro emozioni e aiutarli a gestirle senza agitarsi.

Il modo migliore per controllare le emozioni durante una conversazione difficile è prepararsi in anticipo. Potete sapere in anticipo se dovrete affrontare un'interazione difficile. Se siete preparati, sarete in grado di affrontare la situazione in modo razionale e non emotivo.

Osservate ogni tecnica e preparatevi a imparare di più.

Anticipare i sentimenti

Se sapete di dover incontrare una persona emotiva, cercate di capire come si sente. È arrabbiata? È frustrata? Considerate la sua personalità e come ha reagito in situazioni simili.

Decidere l'approccio.

Decidete il vostro approccio in base alle emozioni che probabilmente proveranno. Dovrebbe essere razionale? Dovrebbe essere empatico? L'altra persona risponde ai fatti o risponderebbe meglio a una discussione empatica?

Alla ricerca di indizi

A volte può capitare di non conoscere l'altra persona abbastanza bene da prevedere la sua reazione. In questi casi, è necessario osservare il suo comportamento e reagire rapidamente. Ascoltate il tono di voce e osservate il linguaggio del corpo per cogliere gli spunti emotivi.

domanda

Una vostra collega, Dawn, è molto arrabbiata per gli straordinari obbligatori nel vostro reparto. Durante le prossime festività, tutti dovranno lavorare fino a tardi. Lei pranza con Dawn e un'altra donna e si lamenta dell'inconveniente. Come pensate di sentirvi dopo aver ascoltato la loro rabbia?

Opzione.

1. non è tutto negativo
2. con l'aria un po' contrariata
3. arrabbiato
4. Abbastanza arrabbiato 5. Molto arrabbiato **Risposta.**

Le emozioni forti sono facili da "catturare". Spesso, quando si trascorre del tempo con una persona che si sente forte, le sue emozioni iniziano a trasmettersi anche a noi.

È facile farsi influenzare dalle emozioni degli altri. Per evitare questa reazione, è importante distinguere e separare le emozioni.

Scoprite di più su ogni tipo di emozione e su come distinguerle.

Emozioni degli altri

Riconoscere come si sente l'altra persona "Greg è depresso. Si sente senza speranza".

Le vostre emozioni.

Separate le vostre emozioni dalle loro". Greg è depresso, ma io sono felice. Mi sento fiducioso e ottimista".

Theo e Gwen hanno parlato di come mantenere la calma quando si raccontano storie difficili.

Gwen: Hai dovuto parlare con Denis quando era arrabbiato. Come siete riusciti a tenere la situazione sotto controllo?

Theo: Prima di tutto, sapevo che si sarebbe arrabbiato per i problemi che aveva. Quindi ero preparato al suo comportamento.

Gwen Se sapevi che era arrabbiato, forse non ti sarebbe piaciuto organizzare l'incontro.

Theo: Ho cercato di pensare in anticipo a come avrei gestito la sua rabbia. Avevo già preparato la mia reazione. Dissi con calma ciò che avevo preparato. Mi sono detto che sapevo che Dennis era arrabbiato e che avrei cercato di non arrabbiarmi in risposta.

domanda

Mettere in pratica quanto appreso. Identificare le caratteristiche necessarie per gestire le situazioni emotive.

Opzione.

1. Si tratta di cercare di capire i sentimenti dell'altra persona.

2. È meglio evitare di "farsi carico" delle loro emozioni.

3. Si tratta di "rispecchiare" le emozioni dell'altra persona.

4. Dovreste sviluppare una strategia di coping adatta alle loro emozioni.

Risposte.

Infatti, è importante non "catturare" o "rispecchiare" le emozioni dell'altro. È necessario distinguere tra le emozioni dell'altro e le proprie e sviluppare strategie per affrontare gli avversari emotivi.

Opzione 1: Questa risposta è corretta. Nelle situazioni emotive, si dovrebbe cercare di capire i sentimenti dell'altra persona. Questo perché vi aiuterà a decidere il modo migliore per trattare con quella persona.

Opzione 2: Corretto. Per gestire le situazioni emotive, bisogna evitare di "catturare" le emozioni dell'altra persona, reagendo con calma e in modo fluido e separando le proprie emozioni dalle sue.

Opzione 3: Questa risposta non è corretta. Rispecchiare le emozioni degli altri non fa che complicare la situazione. È necessario evitare di rispecchiare le emozioni degli altri.

Opzione 4: Questa risposta è corretta. Quando si cerca di gestire una situazione emotiva, è necessario sviluppare una strategia per affrontare le emozioni dell'altra persona. Dovete decidere il vostro approccio in base alle emozioni che pensate possa provare l'altra persona.

Come leader vi trovate spesso a dover parlare con persone emotive. Per essere efficaci in queste interazioni, è importante controllare le proprie reazioni.

Il modo migliore per affrontarli con calma e senza problemi è riconoscere le loro emozioni e separarle dalle proprie.

Uno dei vostri dipendenti è mai diventato estremamente emotivo? Vi siete mai chiesti come calmarlo e risolvere il problema?

Le persone sono emotive sul lavoro. A volte per buone ragioni, a volte per motivi incomprensibili. Potreste trovarvi in una posizione in cui dovreste essere la voce della ragione. Allora valutate quali sono i motivi.

- Tecniche che possono essere utilizzate per calmare una
- persona emotiva e come allontanare le persone da eventi sconvolgenti.

Il primo passo per affrontare una persona turbata è quello di calmarla. Potrebbe urlare, imprecare, piangere o tremare. Una persona in questo stato può avere difficoltà a comunicare il problema. Il vostro ruolo è quello di aiutarlo a parlare di ciò che lo rende così emotivo.

domanda

Come completereste la seguente frase?

Dire a qualcuno di "calmarsi" quando è arrabbiato.

Opzione.

1. la aiuta a rilassarsi e a concentrarsi sul problema.

2. non avrebbe fatto altro che farla arrabbiare ancora di più.

Risposta.

Anzi, dirle di "calmarsi" non farà altro che farla arrabbiare di più. Potrebbe darle l'impressione che non stiate prendendo la questione abbastanza sul serio.

Opzione 1: Questa risposta non è corretta. Dire a qualcuno di "calmarsi" quando è arrabbiato non lo aiuterà a rilassarsi e a concentrarsi sul problema. Per aiutare qualcuno a rilassarsi, è necessario entrare in empatia con quella persona.

Opzione 2: questa è la scelta giusta. Dire a qualcuno di "calmarsi" quando è arrabbiato probabilmente lo farà arrabbiare ancora di più perché pensa che non siate interessati ai suoi problemi.

Quando si parla con qualcuno che è arrabbiato, può essere necessario calmarlo prima di avere una conversazione razionale. Spesso Sid deve aiutare il dipendente a calmarsi.

Per ulteriori informazioni sui metodi di sedazione spesso utilizzati da Sid, consultare le rispettive tecniche.

sedersi

"Vi chiediamo di sedervi. Seduti ci si mette in uno stato di riposo e si abbassa la frequenza cardiaca. Se si sta in piedi, ci si eccita più facilmente e il ritmo aumenta. Se ci si siede, si diventa fisicamente più calmi".

time-out

"Offriamo loro del tempo per rilassarsi. Non sempre lo offriamo direttamente. Potremmo dire: 'Lo spedisco per posta, aspetta un attimo'. A volte questa piccola tregua serve a calmarla". **Rallentare.**

"A volte non capisco cosa dicono perché parlano troppo velocemente. Spesso dico: "Vedo che sei arrabbiato e voglio davvero capire il problema. Puoi ricominciare e parlare un po' più lentamente?". E.

Calma.

A volte offro loro da bere, come caffè, soda o acqua ghiacciata. In questo modo vedono che mi preoccupo per loro. Inoltre, inizia a calmarmi fisicamente, che è il primo passo verso la calma mentale".

A volte è necessario aiutare a portare avanti la conversazione, anche se l'interlocutore è calmo. Per ulteriori informazioni, vedere ciascuna delle tecniche utilizzate da Pam per cambiare la direzione della conversazione.

interrompere

"A volte devo interrompere. Questo perché so che si stanno ripetendo molto o che si stanno infastidendo sempre di più mentre parlano. Quando succede, dico: "Ti interrompo per un minuto". Allora il suo pensiero si ferma e io
può portare la conversazione in una direzione diversa".

Fornire una prospettiva diversa

"A volte si cerca di dare una prospettiva diversa su un problema. Questo è utile quando l'altra persona vede il problema in bianco e nero. Si può dire: 'Hai mai pensato a questa cosa in questo modo' o 'C'è un altro modo di vederla'".

Trova aiuto

"Quando vedo che la persona è molto turbata e ha bisogno di aiuto, chiedo: "Cosa posso fare per sostenerti?". A volte hanno bisogno di una guida, di risorse aggiuntive o di tempo. Altre volte hanno solo bisogno di qualcuno che li ascolti.

Diane parlò con Chuck, che era molto turbato.

Chuck: Non posso credere che abbiano questo supporto tecnologico, ho lasciato 5 messaggi e non hanno ancora fatto nulla per il mio computer!

Sembri molto frustrato. Perché non ti siedi e mi racconti cos'è successo?

Chuck: Il mio disco rigido si è bloccato, è danneggiato. Continuo a lasciare messaggi, a mettere in attesa, ma sono già passate ore e non riesco a ottenere aiuto.

So quanto sei frustrato. Ma non riesco mai a capirti. Rallenta un po' e spiega cosa è successo.

Chuck: Sì, il mio disco rigido si è bloccato due volte. Ho perso alcuni dei miei documenti. Ho bisogno che risolvano il problema, ma non mi hanno risposto.

Diane: Vuoi che mi metta in gioco? Potrei fare una telefonata di controllo Chuck: Penso che sarebbe davvero utile. Forse potresti attirare la loro attenzione.

Diane usò innanzitutto una tecnica per calmare Chuck. Lo fece parlare a un ritmo abbastanza lento da permetterle di capirlo. Mostrò anche compassione e chiese a Chuck come poteva sostenerlo. Chuck era sollevato dal fatto che Diane fosse coinvolta in questo problema. Perché da solo non se la cavava bene.

domanda

Grace sta parlando con Stuart, che ha appena perso mezza giornata di lavoro a causa di un blocco del computer. Stuart è molto arrabbiato e le urla contro. Grace deve calmarlo prima che crei problemi a tutto il reparto. Cosa può fare Grace per calmare Stuart?

Opzione.

1. Dovrebbe chiedergli di calmarsi.
2. Dovrebbe concedergli un "time-out" e fargli fare qualche respiro profondo.
3. Dovreste chiedere loro di parlare più lentamente.
4. È riuscita a reindirizzare la conversazione.

Risposta.

In effetti, Grace potrebbe chiedere a Stuart di parlare più lentamente, invitarlo a sedersi o dargli un "time-out" per calmarsi. Potrebbe anche reindirizzare la conversazione.

Opzione 1: Questa risposta è sbagliata. Se Grace chiede a Stuart di calmarsi, è probabile che Stuart si arrabbi ancora di più perché pensa che a lei non importi o non capisca.

Opzione 2: Corretto; una tecnica calmante che Grace può utilizzare è quella di concedere a Stuart un "time-out" per fare un respiro profondo. Questa pausa può aiutarlo a calmarsi.

Opzione 3: Questa risposta è corretta. Una tecnica calmante che Grace può usare è chiedere a Stuart di parlare più lentamente. Questo perché se Stuart parla troppo velocemente, potrebbe non capire qual è il problema.

Opzione 4: Corretto. Un metodo che Grace può utilizzare per calmare Stuart è quello di reindirizzare la conversazione. Se lui continua ad agitarsi mentre parla, lei deve interrompere il suo pensiero e spostare la conversazione in un'altra direzione.

Il luogo di lavoro è un luogo emotivo. Le persone sono spesso sopraffatte dalle emozioni nei confronti di colleghi, progetti o problemi. In queste situazioni, potete aiutare le persone ad aumentare la loro intelligenza emotiva. Il primo obiettivo è quello di calmare le persone quando le loro emozioni sono fuori controllo. Poi si può andare avanti aiutandole a trovare delle soluzioni.

Siete mai stati turbati e vi siete rivolti a un mentore? Avete mai desiderato che qualcuno con potere ascoltasse i vostri problemi?

Come leader, avete l'opportunità di aiutare gli altri a risolvere i loro problemi. Potete dare sostegno e direzione prestando attenzione e offrendo indicazioni utili. Prenderete in considerazione.

- Perché la capacità di ascolto è
- importante, come procedere nel
- processo di ascolto e come porre

domande stimolanti.

Avrete sentito dire che una buona capacità di ascolto è fondamentale per una leadership efficace. In che modo le vostre capacità di ascolto vi aiutano a essere un manager migliore?

Per maggiori informazioni su ciascuna di queste funzioni, leggete L'importanza dell'ascolto.

supporto

L'ascolto può aiutare i dipendenti in situazioni difficili. Il semplice atto di ascoltare può essere di grande aiuto per chi è sotto stress.

sviluppo

L'ascolto può anche essere uno strumento di sviluppo. Ascoltare e rispondere permette ai dipendenti di imparare dall'esperienza.

L'utilizzo di un processo di ascolto può contribuire a garantire un dialogo più solido con i dipendenti. Per ulteriori informazioni, consultare le fasi della sezione "Supporto all'ascolto".

parafrasi

Riformulare ciò che l'interlocutore vuole veramente dire può aiutarlo a chiarire i suoi pensieri. Si riformula ciò che si pensa che l'altra persona stia dicendo con parole proprie. Ad esempio, si può dire: "Sembra che tu stia dicendo che sei sopraffatto dal nuovo progetto". Darete poi all'interlocutore l'opportunità di confermare ciò che ha detto.

Condividere le percezioni.

Dite loro cosa pensate che stiano provando. Chiedete un riscontro sulle vostre percezioni. Potreste pensare che siano arrabbiati con voi, mentre in realtà sono feriti. Potete anche scoprire come vi percepiscono gli altri.

Porre domande mirate

Fate domande per capire meglio la situazione". Cosa ne pensa di...?". oppure "Quali sono, secondo lei, i pro e i contro...?". oppure "Di quali informazioni ha bisogno per prendere una decisione?". Anche queste domande aiuteranno a chiarire i loro pensieri.

Porre domande e fornire feedback può aiutare a chiarire il processo di pensiero dell'altra persona. Tuttavia, è importante non giudicare o valutare l'altra persona.

Per ulteriori informazioni sull'ascolto di sostegno, consultare i singoli consigli. **Non criticare.**

Non sfumate quello che state dicendo come se steste criticando quello che la persona sta dicendo. Condividete le vostre percezioni, ma non dite che pensate che la persona abbia ragione o torto. Chiarite che la vostra percezione è unica.

Evitare la negatività.

Evitate di dare l'impressione che qualcuno abbia ragione o torto. Prestate attenzione al tono di voce e al linguaggio del corpo e assicuratevi di non trasmettere un messaggio negativo.

Non lo metto in discussione.

Evitate di fare affermazioni impegnative che facciano sentire l'interlocutore sulla difensiva. Affermazioni come "non capisco" o "non capisci" non fanno che peggiorare la conversazione. **Evitare le interpretazioni errate.**

Assicuratevi di ricevere correttamente i sentimenti dell'altra persona. Sembra che siate arrabbiati con loro, è vero? Lo siete? In questo modo vi assicurerete di capire l'altra persona. **Domanda.**

James parla con Connie del fatto che è arrabbiato per un conflitto con un collega. Vuole essere d'aiuto. Come può James applicare le tecniche di ascolto supportivo a questa conversazione?

Opzione.

1. Dovrebbe porre a Connie domande mirate.

2. Dovrebbe apprezzare ciò che Connie sta dicendo.

3. Connie dovrebbe essere in grado di parafrasare ciò che pensa.

4. Dovrebbero condividere la consapevolezza dei problemi.

Risposta.

In realtà, James dovrebbe riformulare ciò che pensa stia dicendo Connie. Dovrebbe condividere le sue percezioni e fare domande. Deve evitare di criticare o valutare Connie.

Opzione 1: Questa risposta è corretta. Per applicare la tecnica dell'ascolto di sostegno, James deve porre a Connie domande mirate. Così facendo, può capire meglio la situazione e chiarire i pensieri di Connie.

Opzione 2: Questa risposta non è corretta. L'applicazione di tecniche di ascolto solidale non implica la valutazione di ciò che Connie sta dicendo. Così facendo, James dà a Connie l'impressione di pensare che lei abbia ragione o torto.

Opzione 3: Risposta corretta. James può applicare la tecnica dell'ascolto di sostegno riformulando ciò che pensa stia dicendo Connie. Deve riformulare ciò che pensa che Connie stia dicendo con parole sue e dare a Connie l'opportunità di confermare ciò che ha detto.

Opzione 4: Risposta corretta. James può applicare le tecniche di ascolto supportivo condividendo con Connie la consapevolezza dei suoi problemi. Può anche imparare come viene visto dagli altri.

L'ascolto di sostegno è uno strumento che potete utilizzare per guidare i vostri collaboratori. Ascoltando e guidando potete offrire sostegno e aiutarli a crescere. Quando ascoltate, evitate atteggiamenti critici o negativi.

Una capacità di ascolto efficace è importante per i leader a tutti i livelli. Scoprirete che l'ascolto solidale è uno strumento importante per interagire con i dipendenti.

L'intelligenza emotiva è sempre più riconosciuta come una competenza importante per i leader a tutti i livelli. Questo corso ha esaminato una guida passo passo per aumentare la vostra efficacia come leader. Sono state esplorate tecniche comprovate per migliorare le relazioni con i subordinati. I partecipanti hanno inoltre appreso le strategie di leadership per ottenere di più con meno stress.

www.ingramcontent.com/pod-product-compliance
Lightning Source LLC
Chambersburg PA
CBHW061336250726
48657CB00004B/1192